劳动争议处理实务

LABOR DISPUTE
RESOLUTION PRACTICE

毛磊　刘鹏

编著

经济管理出版社

ECONOMY & MANAGEMENT PUBLISHING HOUSE

图书在版编目（CIP）数据

劳动争议处理实务 / 毛磊，刘鹏编著. -- 北京：
经济管理出版社，2024. -- ISBN 978-7-5243-0149-3

Ⅰ. D922.591.4

中国国家版本馆 CIP 数据核字第 2025CU6025 号

组稿编辑：张巧梅
责任编辑：张巧梅
责任印制：许　艳
责任校对：陈　颖

出版发行：经济管理出版社
　　　　　（北京市海淀区北蜂窝 8 号中雅大厦 A 座 11 层　100038）
网　　址：www. E-mp. com. cn
电　　话：（010）51915602
印　　刷：唐山玺诚印务有限公司
经　　销：新华书店
开　　本：720mm×1000mm/16
印　　张：16.5
字　　数：303 千字
版　　次：2025 年 2 月第 1 版　　2025 年 2 月第 1 次印刷
书　　号：ISBN 978-7-5243-0149-3
定　　价：88.00 元

前　言

　　在当今这个快速变化的社会里,劳动关系作为社会和谐与经济稳定的重要基石,其复杂性和多样性日益凸显。随着经济全球化、技术进步以及劳动力市场的不断变化,用人单位与劳动者之间的利益冲突与合作模式也在不断演变,劳动争议随之成为一个无法回避且亟待妥善解决的问题。在此背景下,《劳动争议处理实务》一书的出版,旨在为广大劳动者、用人单位管理人员以及法律实务工作者提供一本兼具理论深度与实践指导价值的参考手册。

　　劳动争议处理是一个复杂的有机整体,包括解决劳动争议的途径、处理劳动争议的机构以及这些机构在处理劳动争议过程中的地位和相互关系。劳动争议处理是一个需要付出时间、精力和费用的过程,《中华人民共和国劳动争议调解仲裁法》确立了以下四种处理劳动争议的基本方式:协商、调解、仲裁和诉讼。其中,协商和调解是选择性程序,仲裁是诉讼阶段的必经程序。需要说明的是,劳动争议仲裁不同于商事仲裁,不需要争议当事人达成仲裁合意,也不排除司法管辖,仲裁机构也由国家设置,呈现出明显的公权力特征。本书聚焦于劳动争议处理的各个环节,从法律框架的构建到具体案例的分析,从预防机制的设立到争议解决策略的探讨,力求全面而深入地剖析劳动争议的本质与应对策略。

　　劳动争议处理并非仅仅是对演化成"案件"的劳动争议进行是非对错的判断,更要注重化解矛盾和纠纷,最大限度地保护争议当事人的合法权益。从劳动争议处理经验中衍生出的劳动争议预防策略,既可以置于劳动争议各种处理方式的前端,有效地避免劳动争议发生,从而避免当事人因争议引发的损失,也可以避免浪费社会公共资源来解决纠纷。

　　劳动争议处理涉及多方主体,从哪一个角度对劳动争议进行阐释都非常重要。本书力图对劳动争议处理的整个过程进行全方位剖析:既有劳动者和用人单位参与劳动争议处理的流程和策略等内容，也有劳动争议处理机构的运作方式和判断标准等内容。对劳动争议处理进行多重透视，可以满足读者的多元化需求。

本书非常注重通用性、实用性和时效性，既是对当前社会劳动关系现状的一种回应，也是对未来劳动关系发展趋势的一种前瞻。本书涉及的理论知识均采用"经典之通说"，并以适用为度，避免陷入理论争鸣。劳动争议处理的实践性很强，本书在知识阐释过程中大量使用辅助材料：对关键内容进行强调的"重点提示"、作为延伸阅读的"相关知识"、对真实案例进行分析解读的"精选案例"、对典型工作任务进行示范操作的"示例"、可以进行常用法规快捷查询的"附录"等。

期待这本书能够成为广大读者在处理劳动争议时的得力助手，为构建更加和谐稳定的劳动关系贡献一分力量。同时也希望借此机会激发更多关于劳动争议处理的思考与讨论，共同推动这一领域的理论创新与实践进步。

编著者

2024 年 11 月

目　录

第1章　劳动争议处理基础

◎ 引　例

用人单位不能通过订立承包合同规避劳动关系

2022年2月，崔某到某高纤公司的车间工作。2022年3月，某高纤公司与该车间全体人员（含崔某）签订车间承包协议。该承包协议约定，崔某等要遵守某高纤公司的各项安全制度，本协议视为某高纤公司与该车间全体人员（含崔某）签订了集体劳动合同。某高纤公司于2022年3月、4月、5月分别向崔某支付报酬。2022年6月，崔某在工作中受伤。崔某向某劳动人事争议仲裁委员会申请仲裁，请求确认其与某高纤公司存在劳动关系。某劳动人事争议仲裁委员会予以支持。某高纤公司不服，诉至人民法院，审理法院判令崔某与某高纤公司之间存在劳动关系。

劳动争议仲裁委员会和法院均认为，崔某具备劳动者主体资格，某高纤公司具备用工主体资格。崔某2022年2月至6月一直在某高纤公司的生产线工作，所从事的工作是公司业务的组成部分，按月领取劳动报酬。崔某需遵守公司各项安全制度等约定亦证实某高纤公司的相关规章制度适用于崔某，崔某接受了公司的劳动管理。

随着市场经济的转型和发展，劳动密集型企业出于降低成本、提高效益等考虑，采取种类多样的经营模式。实践中存在部分企业滥用承包经营方式，通过与劳动者签订内部承包合同规避订立劳动合同的情形。用人单位以已经签订承包合同为由否认与劳动者之间的劳动关系，转嫁用工风险。人民法院在判断用人单位与劳动者之间是否存在劳动关系时，不仅要审查双方签订合同的名称，更要通过合同的内容和实际履行情况实质性审查双方之间的法律关系是否具备劳动关系的从属性特征，准确认定双方之间的法律关系，纠正通过签订承包合同等规避用人单位义务的违法用工行为，切实维护劳动者的合法权益。

（资料来源：2024 年 4 月 30 日最高人民法院发布劳动争议典型案例。）

劳动关系是现代社会一种常见的社会关系，工作场所是劳动关系运行的环境。在工作场所中，不可避免地会发生各种冲突，其中包括劳动争议。为了避免各种冲突带来的消极影响，制定合理的冲突解决办法，也是社会发展的客观需要。

1.1　劳动争议的概念和分类

在合同法上，争议（Disputes）是指交易的一方认为另一方未能全部或部分履行合同规定的责任而引起的业务纠纷。工作场所的争议通常是指劳动争议。从研究视角来看，劳动争议的概念应该有广义和狭义之分。广义的劳动争议是指用人单位和劳动者在工作场所因劳动关系所发生的一切纠纷；狭义的劳动争议是指用人单位与劳动者因实现劳动权利和履行劳动义务而发生的争议。

1.1.1　劳动争议的概念

从我国立法的实践来看，对劳动争议界定的范围是狭义的，即劳动争议又称为劳动纠纷、劳资纠纷、劳资争议，是指劳动者与用人单位之间基于劳动关系，因实现劳动权利和履行劳动义务而发生的纠纷。

在生产领域中，劳动者追求报酬，用人单位追求绩效，报酬和绩效的对等承诺和对等实现是劳动关系建立的前提，同时也是工作场所用工管理的主要矛盾和主要问题。在分配领域，劳动者和用人单位要对生产领域共同取得的成果进行合理分配，才能维持双方的继续合作。然而，虽然相关法律法规划定了劳动者和用人单位各自应当坚守的行为空间，指引劳动关系规范运行，但在利益驱动下，一些劳动关系当事人仍会逾越边界，双方利益的对立进一步演化为激烈对抗，劳动争议由此产生。

《中华人民共和国劳动法》（以下简称《劳动法》）规定，劳动者享有平等就业和选择职业的权利、取得劳动报酬的权利、休息休假的权利、获得劳动安全卫生保护的权利、接受职业技能培训的权利、享受社会保险和福利的权利、提请劳动争议处理的权利以及法律规定的其他劳动权利。同时，劳动者负有完成劳动任务、提高职业技能、执行劳动安全卫生规程、遵守劳动纪律和职业道德等义务。与之相对应，劳动者的权利即为用人单位的义务，劳动者的义务即为用人单位的权利。当一方不履行义务时，另一方权利受损，其结果表现为劳动争议。

在我国，人事争议是与劳动争议并行的概念，有时并称为劳动人事争议。人事争议，是指人事关系双方因劳动权利、义务产生的争议。其中，人事关系包括我国实施公务员法的机关和聘任制公务员之间、事业单位与编制内工作人员之间、社团组织与工作人员之间，以及军队文职人员聘用单位与文职人员之间的关系。

🪐 重点提示

区别劳动争议和人事争议的关键在于职工一方的身份。事业单位只有与编制内的工作人员在劳动权利与义务方面产生纠纷才能被视为人事争议。如果事业单位与编制外人员或劳务派遣人员发生了相关纠纷，仍属于劳动争议。

我国曾经运行不同的劳动争议处理制度和人事争议处理制度，随着社会的发展，劳动争议和人事争议处理制度走向一体化，但是，实践中劳动争议案件的数量远远高于人事争议案件的数量。在某些劳动人事争议仲裁机构，人事争议案件的数量甚至不及劳动人事争议案件总量的千分之一，可见实践中劳动争议的数量占绝对主导地位。因此，本书主要围绕劳动争议的处理实务展开讨论，人事争议处理特殊规定将设专章阐述。

1.1.2 劳动争议的分类

1.1.2.1 按劳动争议主体划分

（1）个别劳动争议

个别劳动争议又称为个体劳动争议，是指劳动者一方当事人数量在规定人数限额以下，与用人单位发生的纠纷。根据我国法律规定，劳动者一方的人数在1~9人时，为个别劳动争议。在现阶段劳动争议处理机构受理的劳动争议案件中，绝大多数劳动争议案件为个别劳动争议。

（2）集体劳动争议

集体劳动争议的概念有狭义和广义之分。狭义的集体劳动争议是指劳动者一方当事人数量在规定限额以上，且因共同理由与用人单位发生的纠纷。根据《中华人民共和国劳动争议调解仲裁法》（以下简称《劳动争议调解仲裁法》）第七条的规定，发生劳动争议的劳动者一方在 10 人以上，并有共同请求的，可以推举代表参加调解、仲裁或者诉讼活动。因此，狭义的集体劳动争议所涉及的劳动者一方当事人的人数至少为 10 人，且这些劳动者有共同诉求，通过推举代表参加调解、仲裁或诉讼活动。

广义的集体劳动争议除了狭义的集体劳动争议外，还包括因签订集体合同的争议、因履行集体合同的争议和集体行动争议。因签订集体合同争议是指在签订或变更集体合同过程中当事人双方就如何确定合同条款所发生的争议，其标的是在合同中如何设定尚未确定的劳动者利益。因履行集体合同争议是指在履行集体合同过程中当事人双方就如何将合同条款付诸实现所发生的争议，其标的是实现合同中已经设定并且表现为权利义务的劳动者利益。集体行动争议是指由于集体行动而引发的争议，集体行动以维持改善劳动条件或获得其他经济利益为直接、间接目的，其表现形式主要为雇主闭厂和工人停工，核心内容是工人停工。

重点提示

区分个别劳动争议和集体劳动争议的意义在于处理程序的区别。常规的劳动争议的处理程序通常适用于个别劳动争议，集体劳动争议会通过一些特别的程序予以处理。

❖ 相关知识

2023 年度人力资源和社会保障事业发展统计公报（节选）

全年全国各级劳动人事争议调解组织和仲裁机构共办理劳动人事争议案件 385.0 万件，涉及劳动者 408.2 万人。全年办结争议案件 373.4 万件，结案金额 829.9 亿元。全年劳动人事争议调解成功率 77.7%，仲裁结案率 98.1%，仲裁终结率 72.3%。

1.1.2.2　按争议性质划分

如果按劳动争议的性质进行划分，可以分为权利争议和利益争议。尽管这是一种理论上的划分，相关法律并未直接规定，但这种划分方法已经明显体现在立法中了。具体而言，权利争议是可诉的，而利益争议是不可诉的，这两种争议需要完全不同的两种处理系统。

（1）权利争议

权利争议是指对既定的、现实的权利发生争议，因为权利已由劳动合同、集体合同等约定产生或者已由法律规定确立，所以又称为既定权利争议。权利争议可能是个别劳动争议，也可能是集体劳动争议。

我国立法中提到的"因履行集体合同发生的争议"，是对权利争议中集体权利争议的一种法律表述。《中华人民共和国劳动合同法》（以下简称《劳动合同法》）第五十六条规定，用人单位违反集体合同，侵犯职工劳动权益的，工会可以依法要求用人单位承担责任；因履行集体合同发生争议，经协商解决不成的，工会可以依法申请仲裁、提起诉讼。

（2）利益争议

利益争议是指在集体协商时双方为订立、续订或变更集体合同条款而产生的争议，即对集体合同规定的权利及其变更提出新的权利要求而引起的争议。利益争议不是现实的权利争议，而是对如何确定双方未来的权利义务关系发生的争议，因此又称为待定权利争议。

根据我国《劳动法》第八十四条的规定，我国的利益争议并没有纳入劳动争议仲裁处理范围，而是依靠行政调解协调处理。具体而言，当利益争议的双方当事人不能通过协商达成一致时，当事人一方或双方只能向当地劳动行政部门请求解决，不能通过仲裁或诉讼的方式解决。而劳动行政部门只能通过宣传国家法律政策，对分歧进行协商，促使双方达成共识，协商解决争议，但是不具有强制性。

🔾 重点提示

区分权利争议和利益争议的意义在于，利益争议是待定争议，必须经协商解决，无法直接进行司法裁判。

1.2 劳动争议的范围

在劳动关系领域发生的所有争议并不能全部归属劳动争议的范畴。目前，我国对于劳动争议范围的规定主要依据是《劳动争议调解仲裁法》第二条的规定，具体包括以下内容。

1.2.1 因确认劳动关系发生的争议

因确认劳动关系发生的争议是指劳动者与用人单位就劳动关系定性问题发生的争议，如对劳动关系是否存在、是否终止、是否有效等进行确认。实践中，确认劳动关系的诉求往往随着其他诉求一起出现，或者作为其他维权事项的一个基础。例如，劳动者要求确认与用人单位存在劳动关系，并同时要求用人单位支付未签劳动合同的两倍工资；又如，劳动者要求确认与用人单位存在劳动关系，得到确认之后，再申请工伤认定等。

1.2.2 因订立、履行、变更、解除和终止劳动合同发生的争议

劳动合同是指劳动者与用人单位确立劳动关系、明确双方权利和义务的协议。用人单位与劳动者之间的劳动关系，涉及订立、履行、变更、解除和终止劳动合同的全过程。在这一过程中任何一个环节发生的争议，都属于劳动争议仲裁的受案范围。根据相关法律的规定，劳动合同的订立是指用人单位与劳动者经过平等协商，就双方的权利和义务达成合意，并签订劳动合同予以确定的法律行为。劳动合同的履行是指劳动合同当事人双方履行劳动合同所规定的义务，实现合同内容的法律行为。劳动合同的变更是指劳动关系双方当事人就已订立的劳动合同的部分条款达成修改、补充或者废止协定的法律行为。劳动合同的解除是指劳动合同订立后、尚未全部履行之前，由于某种原因导致劳动合同一方或双方当事人提前消灭劳动关系的法律行为。劳动合同的终止是指劳动合同依法生效后，因出现法定情形而导致劳动合同的效力消灭，当事人之间的权利义务终止的法律行为。

1.2.3 因除名、辞退、辞职、离职发生的争议

这类劳动争议是指由于解除和终止劳动关系而引发的争议。所谓除名，是指职工无正当理由经常旷工，经批评教育无效，连续旷工时间超过 15 天，或者 1 年以内累计旷工超过 30 天的，企业有权予以除名。所谓辞退，是指用人单位依照法律规定的条件和程序，解除与其工作人员的工作关系。所谓辞职，是指劳动者根据本人意愿，自动解除与所在单位的劳动关系的行为。所谓离职，是指劳动者离开现有的职位。值得一提的是，除名、辞退、辞职和离职都是用人单位在劳动关系管理活动中经常使用的概念，然而在《劳动合同法》中这些概念并未出现。在实行劳动合同制度的情况下，这些概念所指的行为就是解除劳动合同，因此这些行为所引发的劳动争议都属于劳动争议仲裁的受案范围。

1.2.4 因工作时间、休息休假、社会保险、福利、培训以及劳动保护发生的争议

因工作时间、休息休假发生的争议主要涉及用人单位规定的工作时间是否符合有关法律的规定，劳动者是否能够享受到国家的法定节假日、带薪休假的权利而引发的争议。因社会保险发生的争议是指劳动者要求用人单位按照社会保险法律法规的规定，缴纳社会基本养老保险、基本医疗保险、工伤保险、失业保险和生育保险费用和劳动者在发生劳动风险的情况下获得社会保险待遇而发生的争议。因福利、培训发生的劳动争议，主要涉及用人单位与劳动者在订立的劳动合同中规定的有关福利待遇、培训等约定事项的履行而产生的争议。因劳动保护发生的劳动争议，主要涉及用人单位是否为劳动者提供符合法律规定的劳动安全卫生条件等标准而产生的争议。

🔗 重点提示

涉及社会保险的争议并非都可以通过现有的劳动争议处理途径解决。用人单位未为劳动者建立社会保险关系、欠缴社会保险费或未按规定的工资基数足额缴纳社会保险费的，劳动者主张予以补缴的，劳动争议处理机构一般不予受理，而是告知劳动者通过劳动行政部门解决。但是，由于用人单位未按规定为劳动者缴

纳社会保险费的，导致劳动者不能享受工伤、失业、生育、医疗保险待遇，劳动者要求用人单位赔偿损失或按规定给付相关费用的，劳动争议处理机构就应予受理。

1.2.5 因劳动报酬、工伤医疗费、经济补偿或赔偿金等发生的争议

劳动报酬即劳动者根据劳动合同的约定，按照自己提供的劳动数量和质量应当取得的工资收入。劳动者求职的主要目的就是为了获取劳动报酬，实践中，因劳动报酬发生的争议也占很大比重。

工伤医疗费是指职工因公负伤或患职业病而花费的治疗费用。用人单位依法参加工伤保险的，工伤保险费由工伤保险基金和单位按规定分别支付；用人单位未依法参加工伤保险的，工伤费用由单位支付。

经济补偿金是指用人单位根据国家规定或者劳动合同的约定，在与劳动者解除或终止劳动合同时以货币形式直接支付的补偿费用。经济补偿的应用范围、条件、标准等均由法律强制性条款规定。赔偿金是指劳动关系的一方当事人因自己的违法行为而向另一方依法支付的赔偿费用。赔偿金一般带有惩罚性质。《劳动合同法》对经济补偿金和赔偿金的支付范围、条件和标准都作了明确的规定，此处不再赘述。

1.2.6 法律、法规规定的其他劳动争议

法律、法规规定的其他劳动争议包括因损害赔偿发生的争议，因违约金问题发生的争议，因女工权益保护或患病、受伤的医疗和生活费用而发生的劳动争议等。

1.3 劳动争议的特点

1.3.1 劳动争议的法律属性

1.3.1.1 劳动争议主体是特定的

劳动争议主体，也称为劳动争议当事人，一方是用人单位，另一方必然是劳

动者。这些劳动者或者与用人单位签订了劳动合同，双方建立了劳动关系，或者与用人单位虽然没有签订书面的劳动合同，但存在用工事实（事实劳动关系）。即使那些最后被仲裁机构或法院确认不存在劳动关系的劳动争议当事人，也由劳动者和用人单位组成。与用人单位对应的一方多数情况下是劳动者个人，也可能是多个劳动者组织起来的集体，如工会。

劳动者，是指达到法定年龄（年满16周岁），且具有劳动能力，能够依法签订劳动合同，独立给付劳动并获得劳动报酬的自然人。如果作为劳动者的一方因病、工伤等死亡的，其亲属可以作为劳动争议的当事人。

用人单位是我国劳动法中的一个特定概念，根据《劳动合同法》第二条规定，用人单位是指中华人民共和国境内的企业、个体经济组织、民办非企业单位、国家机关、事业组织、社会团体。

重点提示

实践中，在谈及劳动争议当事人时，人们往往会使用"企业和劳动者"的术语，这是因为绝大多数劳动争议的用人单位一方为企业。实际上除企业以外，其他类型的用人单位也有可能发生劳动争议，只不过数量较少而已。

但是，如果争议双方涉及的不是劳动者与用人单位，而是用人单位与用人单位（如劳动派遣单位与接受被派遣劳动者的用工单位）、劳动者与劳动者、用人单位与劳动行政部门、劳动者与劳动行政部门等，他们之间由于没有劳动关系的存在，因此其争议就不能视为劳动争议。

◎ 精选案例
工伤职工对伤残等级鉴定结论不服，不属于劳动争议

在A市某建筑企业工作的肖某不慎从9米高空坠落，造成多处骨折。企业帮助肖某申请了工伤认定，肖某在医院也得到了较好治疗，但仍然留下了腿部浮肿、行动不便等后遗症。A市劳动能力鉴定委员会将肖某的伤残等级鉴定为8级。肖某认为自己受伤的后遗症相当严重，8级的伤残鉴定结论过轻，表示不服，想要进一步维权。

本案焦点在于：肖某对伤残等级鉴定结论不服是否属于劳动争议？肖某应如何维权？

本案中，肖某对 A 市劳动能力鉴定委员会的伤残等级鉴定结论不服，不属于劳动争议。劳动争议仅仅发生在劳动者和用人单位之间，而本案中的 A 市劳动能力鉴定委员会并不是"用人单位"，其与肖某之间也没有劳动关系。因此肖某对 A 市劳动能力鉴定委员会的鉴定结论不服，不属于劳动争议。

肖某对伤残等级鉴定结论不服，可以向 A 市所在的省（自治区、直辖市）劳动能力鉴定委员会提出再次鉴定申请。我国《工伤保险条例》第二十六条规定："申请鉴定的单位或者个人对设区的市级劳动能力鉴定委员会作出的鉴定结论不服的，可以在收到该鉴定结论之日起 15 日内向省、自治区、直辖市劳动能力鉴定委员会提出再次鉴定申请。省、自治区、直辖市劳动能力鉴定委员会作出的劳动能力鉴定结论为最终结论。"

1.3.1.2 劳动争议的内容是特定的

劳动争议的内容必须是在社会生产劳动过程中，劳动关系双方因实现劳动权利、履行劳动义务而引发的纠纷。用人单位与劳动者之间的争议并非都是劳动争议，只有当争议涉及的是双方当事人之间的劳动权利和义务时，才是劳动争议。

劳动权利和义务既包括法律规定的权利义务，也包括集体合同、劳动合同约定的权利义务。对于劳动权利和义务以外的其他权利义务争议，则不属于劳动争议的范围。

1.3.1.3 劳动争议的处理程序是特定的

很多国家都将劳动争议作为一种特殊争议对待，规定了特别的处理程序，我国也不例外。我国《劳动争议调解仲裁法》规定，发生劳动争议时劳动者可以与用人单位协商，也可以请工会或者第三方共同与用人单位协商，达成和解协议。当事人不愿协商、协商不成或者达成和解协议后不履行的，可以向调解组织申请调解；不愿调解、调解不成或者达成调解协议后不履行的，可以向当地劳动争议仲裁委员会申请仲裁；对仲裁裁决不服的，除法律另有规定外，可以向人民法院提起诉讼。

我国的劳动争议处理程序中，有当事人可以自由选择的程序，如协商和调解；也有当事人无法逾越的程序，如仲裁，即劳动争议当事人只有对仲裁裁决不服时才可以向法院提起诉讼，仲裁是诉讼的前置程序。

1.3.2 劳动争议的时代特征

在市场经济趋利性、法律法规渐进性和社会主义初级阶段长期性的共同作用下，国有企业深化改革和民营企业的大幅发展，我国的劳动争议问题日益凸显，劳动争议案件总量居高不下的趋势仍将持续，并显现如下特点：

1.3.2.1 劳动争议多发性

市场经济条件下的劳动关系具有经济性与社会性兼有、平等性与从属性兼有、冲突性与协调性兼有的特点。由于产生利益的共生性、要求分配的合理性，容易引发劳动争议，当前劳动关系领域许多引起社会关注的热点事件，几乎都以劳动争议的形式呈现。

从劳动争议处理机构受理案件的数量来看，最近10年来，我国劳动争议案件数量呈现攀升趋势，尤其从2008年金融危机爆发以来，劳动争议案件数量一直居于高位。其中，2008年的劳动争议受理案件数是2007年同期的近1倍。2008年的劳动争议案件增长的原因是，金融危机使得许多劳动密集型企业和中小出口加工企业停产倒闭，导致裁员增多，致使这些劳动者与用人单位发生劳动争议。劳动争议案件数量的高位运行，是转型时期我国劳动关系急剧变化的正常反应，也是多种因素共同作用的结果。

1.3.2.2 集体劳动争议的强冲突性

近年来，集体劳动争议案件虽然在数量上并没有大幅攀升，但是涉及劳动者众多，劳资双方的对抗性加强，社会影响较大。值得注意的是，集体争议案件多发生在劳动密集型企业与中小企业。涉及的劳动者大部分是农民工或女职工。冲突性较强、处理难度较大，部分案件已产生了恶劣的社会影响。集体劳动争议还有一个显著的特点，就是劳动者的诉求由争取基本的劳动条件逐渐向要求分享企业发展成果转变，由以劳动报酬为主向包括劳动报酬，年终绩效分配，社会保险，解除或终止劳动合同的经济补偿、赔偿金，休息休假等多维诉求转变。

集体劳动争议涉及人数多、问题复杂、对抗性强、处理难度大，处理不当极易引发连锁性的群体性事件。这也是我国在劳动争议处理制度上优先处理集体劳动争议的一个重要原因。

1.3.2.3 劳动争议的复杂性

劳动争议的复杂性体现在当事人复杂、争议内容复杂与诉求复杂三方面。当事人复杂，既有企业与职工（包括劳动合同制职工、劳务派遣工和农民工），又有事业单位与工作人员，还有军队与文职人员。争议内容复杂，是指拖欠加班工资、欠缴社会保险费和劳动关系确认等历史积累的案件突出。诉求复杂，案件已由单一诉求向多维诉求发展，大部分案件都涉及劳动报酬、社会保险、经济补偿、违约金、赔偿金等内容，其审理难度大。

劳动争议处理难度加大，主要表现在：①劳动争议案件事实认定难，很多劳动者未与用人单位签订劳动合同而形成事实上的劳动关系的现象比较普遍，出现纠纷后劳动者举证困难；②劳动用工案件与国家政策关联度强，法律规范不系统，法律适用比较困难；③当事人对立情绪大，调解工作难做，案件的处理周期加长；④执行难，劳动争议案件申请人一方多为劳动者，劳动纠纷影响到其基本生活，而用人单位或无力履行相应义务，或在出现纠纷后抽逃资金、躲避债务，难以执行。

1.4　劳动争议的处理原则

1.4.1　合法原则

合法原则，就是在劳动人事争议的处理过程中，劳动人事争议处理机构应当通过深入调查，查明争议的起因、发展和现状，依照相关的劳动法律、法规以及规章规定的程序要求和权利、义务要求来解决劳动人事争议。同时，要遵循法律效力从大到小的原则掌握好依法的顺序，即首先依照相关法律规定，无相关法律规定的依照行政法规，无相关行政法规规定的依照地方行政法规、规章。达成的调解协议、作出的裁决和判决不得违反国家现行法律、法规以及政策规定，不得损害国家利益、社会公共利益或他人合法权益。

总的来说，合法原则主要包含以下三层含义：一是劳动合同、聘用合同的主体必须合法；二是劳动合同、聘用合同的内容必须合法；三是劳动合同、聘用合同订立的程序和形式必须合法。合法原则是指在劳动人事争议处理过程中依据程序法，处理结果依据实体法。

1.4.2 公正原则

公正原则主要包含两层含义：一是劳动人事争议双方当事人在处理争议过程中的法律地位平等，平等享有权利和履行义务，任何一方都不得把自己的意志强加于另一方；二是劳动人事争议处理机构应当公正执法，保障和便利双方当事人行使权利，对当事人在适用法律上一律平等，不得偏袒或歧视任何一方。劳动人事争议双方当事人在劳动关系中虽然具有隶属关系，其隶属性体现在劳动权力、义务履行的过程中，但是双方在法律地位上是平等的，体现在劳动人事关系的建立、变更、解除以及终止方面。

1.4.3 着重调解原则

着重调解原则是指处理劳动人事争议时，着重以调解方式解决，使双方当事人达成协议并认真履行，它贯穿于整个争议处理程序之中。双方当事人发生劳动人事争议，当事人可以依法申请调解、仲裁、提起诉讼，也可以协商解决。调解有利于矛盾的解决、避免激化，也有利于及时维护劳动人事关系双方当事人的合法权益。

着重调解原则的基本含义主要包含三个方面：首先，在处理劳动人事争议案件时，应尽量采用调解方式结案，避免采取裁决的方式结案；其次，在调解过程中必须坚持平等、自愿、合法的原则，有利于协议的履行；最后，着重调解原则要求应对劳动人事争议案件及时裁决，对于当事人不愿调解或调解不成的，不应久调不决，以免拖延时日，有损当事人的合法权益，甚至造成不良后果。

需要注意的是，调解过程必须服从合法原则，即双方达成一致不能以牺牲一方当事人的合法利益为条件。但以弱势方当事人的合法利益受损来达成调解的事例在现实中出现得较多。

1.4.4 及时处理原则

处理劳动人事争议还应遵循及时处理的原则，防止久调不决。因此，我国《劳动争议调解仲裁法》第十四条规定，自劳动争议调解组织收到调解申请之日起15日内未达成调解协议的，当事人可以依法申请仲裁。同时该法第二十七条规定，劳动争议申请仲裁的时效期间为1年。此外，《劳动人事争议仲裁办案规则》第四十五条规定，仲裁庭裁决案件，应当自仲裁委员会受理仲裁申请之日起

45 日内结束。案情复杂需要延期的，经仲裁委员会主任批准，可以延期并书面通知当事人，但延长期限不得超过 15 日。

劳动争议案件具有特殊性，它关系到职工的就业、报酬、劳动条件等切身利益问题。而人事争议案件也具有特殊性，它关系到申请人的生存问题，如不及时处理，势必影响劳动者的生活和生产秩序的稳定。因此，在处理劳动人事争议时可采取先行裁决、先予执行的方式。例如，《劳动争议调解仲裁法》第四十三、第四十四条规定，仲裁庭裁决劳动争议案件时，其中一部分事实已经清楚，可以就该部分先行裁决。仲裁庭对追索劳动报酬、工伤医疗费、经济补偿或者法定赔偿金的案件，根据当事人的申请，可以裁决先予执行，移送人民法院执行。

1.5 我国劳动争议处理方式

一般而言，在劳动争议产生以后，争议解决途径强调多元化处理，包括争议的协商、调解、仲裁与诉讼。其中，协商与调解是争议解决途径中的柔性措施，仲裁具有准司法性质，而诉讼是争议解决的最终程序。《劳动争议调解仲裁法》第五条规定："发生劳动争议，当事人不愿协商、协商不成或者达成和解协议后不履行的，可以向调解组织申请调解；不愿调解、调解不成或者达成调解协议后不履行的，可以向劳动争议仲裁委员会申请仲裁；对仲裁裁决不服的，除本法另有规定的外，可以向人民法院提起诉讼。"

1.5.1 协商

劳动争议的协商是指劳动者与用人单位为解决劳动争议，通过平等自愿、互谅互让的沟通商谈，在认清事实、明辨是非的情况下，化解矛盾达成共识的过程。双方当事人这种自主化解决争议的方式，是当事人解决争议的首要途径，并贯穿于争议处理全过程。《劳动争议调解仲裁法》第四十一条规定，当事人申请劳动争议仲裁后，可以自行和解。达成和解协议的，可以撤回仲裁申请。它表明协商是争议解决过程中能随时采用的最便捷的方式。相对于调解、仲裁与诉讼，它具有双向性、便捷性、经济性以及协商结果灵活性的特征。

1.5.2 调解

劳动争议的调解，是指在第三方主持下，依据法律规范和道德规范，劝说争议双方当事人，通过民主协商，互谅互让，达成协议，从而消除争议的一种方法与活动。第三方包括各类调解组织、劳动争议仲裁委员会或法院。其中，劳动争议基层调解组织包括企业劳动争议调解委员会、依法设立的基层人民调解组织与在乡镇、街道设立的具有劳动争议调解职能的组织。这些基层调解组织在解决劳动争议的过程中发挥着软组织、硬功夫的作用。

调解原则贯穿争议处理程序始终，它不仅是调解组织的行为原则，也是处理劳动争议的一般工作原则，即在劳动争议仲裁程序中也是应进行的工作。《劳动争议调解仲裁法》第四十二条规定，仲裁庭在作出裁决前，应当先行调解。调解达成协议的，仲裁庭应当制作调解书。调解书应当写明仲裁请求和当事人协议的结果。调解书由仲裁员签名，加盖劳动争议仲裁委员会印章，送达双方当事人。调解书经双方当事人签收后，发生法律效力。调解不成或者调解书送达前，一方当事人反悔的，仲裁庭应当及时作出裁决。表明调解在劳动争议仲裁中是法定程序。

1.5.3 仲裁

一般而言，争议仲裁包括劳动争议仲裁与人事争议仲裁。劳动争议仲裁，是指经争议当事人申请，由劳动争议仲裁机构对争议当事人因劳动权利、义务等问题产生的争议进行评价、调解与裁决的一种处理争议的方式。争议仲裁是一项具有准司法性质的处理劳动争议的方法。生效的劳动争议仲裁裁决都具有法律上强制执行的效力。

但由于《劳动人事争议仲裁办案规则》由上至下地统一了劳动争议仲裁办案程序，而《劳动人事争议仲裁组织规则》统一了劳动争议仲裁机构，所以，目前劳动争议处理与人事争议处理在仲裁办案程序与仲裁机构上已经统一。在组织设立方面，根据《劳动人事争议仲裁组织规则》第二条规定，劳动争议仲裁委员会由人民政府依法设立，专门处理争议案件。在人员组成方面，《劳动人事争议仲裁组织规则》第五条规定，仲裁委员会由干部主管部门代表、人力资源社会保障等相关行政部门代表、军队文职人员工作管理部门代表、工会代表和用人单位代表等组成。

我国劳动争议仲裁采取了"仲裁前置，裁审衔接"的体制。此外，根据《劳动争议调解仲裁法》第四十七条规定，对两类争议仲裁案件进行终局裁决，裁决书自作出之日起发生法律效力，这是附条件的"一裁终局"制度。这两类争议案件包括：①追索劳动报酬、工伤医疗费、经济补偿或者赔偿金，不超过当地月最低工资标准 12 个月金额的争议；②因执行国家的劳动标准在工作时间、休息休假、社会保险等方面发生的争议。这项规定把相当一部分当前普遍发生的、劳动者和社会反映强烈的争议案件留在仲裁程序解决，不再经过诉讼程序，有利于提高劳动争议处理工作效率，缩短劳动争议处理周期，也进一步增强了仲裁裁决的法律效力和仲裁机构的公信力。同时，该法第四十八条规定，劳动者如果对这些终局裁决有异议，可以自收到仲裁裁决书之日起 15 日内向人民法院提起诉讼。这项规定实际是对劳动者的司法救济，表明劳动法律关系区别于普通民事法律关系，更加侧重于保护劳动者的合法权益。

重点提示

劳动争议仲裁的一裁终局是对用人单位而言的，起诉的机会只赋予了劳动者，体现了法律的倾斜保护。

利益争议只能依靠劳动行政部门协调进行解决，不能申请仲裁。例如，因签订集体合同发生的集体合同争议是对利益争议的一种法律表述，不能申请仲裁。

1.5.4 诉讼

1.5.4.1 劳动争议民事诉讼

《劳动法》第八十三条规定，劳动争议当事人对仲裁裁决不服的，可以自收到仲裁裁决书之日起 15 日内向人民法院提起诉讼。一方当事人在法定期限内不起诉又不履行仲裁裁决的，另一方当事人可以申请人民法院强制执行。因此，当事人向人民法院提起劳动争议诉讼必须满足以下两个条件：一是劳动争议已经经过仲裁；二是满足自收到裁决书之日起 15 日内向人民法院提起诉讼的时间要求。

我国的劳动争议诉讼属于民事诉讼，目前法院是由民事审判庭依据《中华人民共和国民事诉讼法》（以下简称《民事诉讼法》）和《劳动争议调解仲裁法》的规定，对劳动争议案件进行审理，实行二审终审制，即如果劳动争议的当事人不服一审人民法院的判决，可向上一级人民法院上诉，后者的判决是二审判决，是生效的终审判决，当事人必须执行。

即使用人单位对《劳动争议调解仲裁法》第四十七条规定的劳动争议案件终局裁决持有异议，也不得向人民法院提起诉讼。但根据《劳动争议调解仲裁法》第四十九条的规定，用人单位在有证据证明第四十七条规定的仲裁裁决中包含法律规定的六种情形之一时，可以自收到仲裁裁决书之日起 30 日内向劳动争议仲裁委员会所在地的中级人民法院申请撤销裁决。而人民法院经组成合议庭审查核实裁决有以上规定情形之一的，应当裁定撤销。此外，仲裁裁决被人民法院裁定撤销的，当事人可以自收到裁定书之日起 15 日内就该劳动争议事项向人民法院提起诉讼。

1.5.4.2 劳动争议刑事追诉

刑事处罚是对违法行为最严厉的处罚，并非每件劳动争议都会引发刑事追诉，因此严格来说，刑事追诉程序并不属于处理劳动争议的方式之一。

2011 年 2 月 25 日，第十一届全国人大常委会第十九次会议通过了《中华人民共和国刑法修正案（八）》，其中规定，以转移财产、逃匿等方法逃避支付劳动者的劳动报酬或者有能力支付而不支付劳动者的劳动报酬，数额较大，经政府有关部门责令支付仍未支付的，处三年以下有期徒刑或者拘役，并处或者单处罚金；造成严重后果的，处三年以上七年以下有期徒刑，并处罚金。单位犯前款罪的，对单位判处罚金，并对其直接负责的主管人员和其他直接责任人员，依照前款的规定处罚。有前两款行为，尚未造成严重后果，在提起公诉前支付劳动者的劳动报酬，并依法承担相应赔偿责任的，可以减轻或者免除处罚。上述法律规定被称为我国刑法新增罪名"拒不支付劳动报酬罪"，意在用最严厉的处罚手段提醒用人单位及时足额支付劳动者的劳动报酬，对于提高对劳动者的保护力度大有裨益。当然，劳动争议适用刑事追诉也需要一定的条件，需要注意以下几点：

（1）劳动报酬的概念

劳动者依照《劳动法》和《劳动合同法》等法律的规定应得的劳动报酬，包括工资、奖金、津贴、补贴、延长工作时间的工资报酬及特殊情况下支付的工资等，都属于劳动者的劳动报酬。

（2）以逃避支付劳动者的劳动报酬为目的

具有下列情形之一的，应当认定为"以转移财产、逃匿等方法逃避支付劳动者的劳动报酬"：隐匿财产、恶意清偿、虚构债务、虚假破产、虚假倒闭或者以其他方法转移处分财产的；逃跑、藏匿的；隐匿、销毁或者篡改账目、职工名册、工资支付记录、考勤记录等与劳动报酬相关的材料的；以其他方法逃避支付劳动报酬的。

（3）数额较大情节的认定

2013 年，最高法院出台并施行《最高人民法院关于审理拒不支付劳动报酬刑事案件适用法律若干问题的解释》，规定了拒不支付劳动报酬犯罪数额较大的幅度：拒不支付 1 名劳动者 3 个月以上的劳动报酬且数额在 5000~20000 元以上的；拒不支付 10 名以上劳动者的劳动报酬且数额累计在 30000~100000 元以上的。

（4）经政府有关部门责令支付仍不支付的认定

经人力资源和社会保障部门或者政府其他有关部门依法以限期整改指令书、行政处理决定书等文书责令支付劳动者的劳动报酬后，在指定的期限内仍不支付的，应当认定为"经政府有关部门责令支付仍不支付的"，但有证据证明行为人有正当的理由未知悉责令支付或者未及时支付劳动报酬的除外。行为人逃匿，无法将责令支付文书送交其本人、同住成年家属或者所在单位负责收件的人的，如果有关部门已通过在行为人的住所地、生产经营场所等地张贴责令支付文书等方式责令支付，并采用拍照、录像等方式记录的，应当视为"经政府有关部门责令支付"。

（5）造成严重后果情形的认定

造成严重后果的情形包括：造成劳动者或者其被赡养人、被扶养人、被抚养人的基本生活受到严重影响、重大疾病无法及时医治或者失学的；对要求支付劳动报酬的劳动者使用暴力或者进行暴力威胁的；造成其他严重后果的。

1.6 国外劳动争议处理制度简介

1.6.1 美国的劳动争议处理制度

1.6.1.1 美国劳动争议处理制度的历史沿革

美国劳动争议处理制度是随着 20 世纪 30 年代美国社会大动荡而诞生的。1935 年，美国国会通过《国家劳动关系法》，保障工人建立并参与工会活动或不参与工会活动的权利，调整工会与雇主的关系，鼓励通过工会与雇主的集体谈判解决双方的争端。同年，成立国家劳动关系委员会，由雇主界与劳工界各出 6 名杰出人士组成，作为独立的联邦机构负责执行和实施国家劳动关系法。同时，在企业、地区和行业也建立劳动关系委员会，国家对委员会给予必要的拨款。

后来，美国国会进一步确定，集体谈判双方可以使用一个站在中立立场的帮手，以公平地向工会和公司管理层提供帮助。国会基于此种考虑，成立了联邦调停调解局（FMCS）。FMCS 是以一个由调解人组成的团队，以第三方的中立身份随时向劳动者和管理层提供调解服务，帮助工会和雇主解决双方的合同争议。

另外，为了帮助企业、地区和行业劳动关系委员会成员掌握集体谈判技巧以及预防和管理冲突的能力，FMCS 及其地区办公室将通过对他们进行培训的方式提供指导和咨询帮助。自此，美国劳动争议处理制度以调解调停为基础的框架便形成了。

1.6.1.2 美国劳动争议处理制度的基本框架

雇主和雇员代表之间通过谈判协商解决争端，政府通过使用调解中介的方法帮助雇主和雇员在发生工资、工时和劳动条件等纠纷时达成协议或当事人申请仲裁作出裁决，这是美国劳动争议处理制度的基本形式。

美国的劳动争议处理制度包括调解、仲裁以及法院审理三个层次。调解是由劳动关系双方当事人自愿选择，仲裁则是由双方当事人在集体合同或个人劳动合同中约定（但邮政和铁路包括航空公司员工与公司引发的争议，有专门规定由仲裁解决）。一旦选择了仲裁，仲裁裁决是终局决定。

调解是在中立方主持下当事人达成协议的一种方式，其中由 FMCS 及其地区办公室派出的调解员尽管有政府雇员的身份，但在调解中则完全处于中立立场。FMCS 的调解是免费的。双方当事人也可以找第三方作调解，但第三方与 FMCS 所持的中立方的立场不同，可能带有某种倾向。美国法律不要求劳动关系双方必须接受调解，调解是否成功取决于双方当事人接受的程度，调解本身不具有约束力，但调解达成的协议双方应当执行。

仲裁是仲裁员以私人和独立的身份实施仲裁，其裁决结果是终局的，对双方当事人具有约束力。当事人一方对仲裁的裁决结果不满可以向法院起诉，法院受理后，除非仲裁员在审理和裁决中有徇私舞弊、超出受案范围等违反法律的行为，否则对于其作出的裁决决定，法院通常会予以维持。由于仲裁与法院相比，具有时效快、费用低的特点，以及由于仲裁员属专家型、熟谙劳动法律法规，而法官则未必是这方面专家等原因，目前美国绝大多数雇主和工会在集体合同中一般都约定发生争议由仲裁裁决。

个别没有约定的，出现争议则通过联邦巡回法院审理解决。非工会雇员即个人劳动合同出现的劳动争议，传统上由法院审理解决，但目前这种状况正在改变。

1.6.1.3 美国企业内部劳动争议处理程序

美国的劳动争议处理制度重在企业内部予以解决。从企业层面通过集体谈判和协商解决劳动纠纷是主要方式。为保证企业内部的申诉得到公正处理，越来越多的美国公司，主要是那些没有工会的公司，都建立了同事核实委员会或审查团，全部或部分由企业雇员组成，参与内部申诉程序的某个环节。同事核实委员会通常参与解决更为严重的争议（如解雇雇员或重要的索赔等）。

一个企业内部解决劳动争议的典型程序是：首先，雇员向工长或监管提出口头申诉；其次，向工长或监管提交经雇员或工会签名的书面申诉，工长或监管对申诉应作出书面答复。若对答复不满，雇员或工会可向所在部门领导或经理上诉，部门领导在短期内应予答复。如果对上述答复还不满意，雇员或工会可向工厂经理或其代表上诉。雇主将对申诉作出书面答复。如果仍然不满意，雇员或工会将根据雇主的人事政策或惯例或集体谈判协议采取下一步措施——可能是调解、仲裁、同事审查或这些程序的综合。

1.6.1.4 集体合同与个人合同采取不同的争议处理方式

依据集体合同与个人劳动合同的差异，美国的劳动争议处理制度分为两类：一类是雇员属工会会员的，由工会代表与雇主签订集体合同以保障双方当事人的权利；另一类是雇员属非工会会员的，则由个人与雇主签订劳动合同。按照现行制度，前者引发的劳动争议主要由国家劳动关系法调整，FMCS 侧重对这类集体争议实施调解；后者引发的劳动争议则由各州立法调整，出现非集体争议即个人劳动争议时，通常通过法院审理以及仲裁解决。目前在美国，越来越多的劳动者没有参加工会，越来越多的雇主与劳动者在签订劳动合同时也约定选择仲裁作为解决劳动争议的途径。FMCS 在调解集体争议的同时，也在努力尝试调解这类非集体争议。FMCS 对集体合同争议的调解，不仅是就争议本身的调解，还有所谓预防性的调解。美国国家劳动关系法规定，企业工会或管理层在集体合同到期前30 天必须通知 FMCS。

FMCS 的调解员通过调解协助双方在合同到期前达成协议。由于调解的结果双方都满意，而仲裁的结果不一定都满意，再加上仲裁费、律师费等费用昂贵，因此绝大多数雇主和雇员以及工会愿意在调解程序中解决问题，很少进入仲裁程序。

为促进劳动关系的改善，避免和减少劳动纠纷，由雇主、雇员和代表雇员的劳工组织共同组成并在企业、地区和行业建立的劳动关系委员会，积极改善劳动关系，增加尊重双方利益的有益的对话，尽力在企业一级解决劳动争端。

1.6.2 德国的劳动争议处理制度

德国是世界上劳动法律制度建立比较早和比较完善的国家之一，从20世纪70年代开始就制定了《集体协议法》《解雇保护法》《劳动法院法》等法律。虽然至今尚未制定出一部统一的《劳动法》，但德国在长期的实践中已形成了一套完备有效的劳动争议解决体系，从而有效地保障了劳动者的合法权益和企业的正常生产经营，维护了社会秩序、稳定和安全。

1.6.2.1 劳资双方协商

为了降低成本提高生产效率和利润率，德国许多企业需要经常裁减人员。由于德国制定了《解雇保护法》等法律，对解雇决定不服的职工可以向企业职工委员会提出异议，并可以向劳动法院提起诉讼。所以企业为避免纠纷，首先采取与职工协商并给予被解雇职工以经济补偿的做法。如某轧钢厂，为让职工提前退休，采取了增加退休金比例等办法与职工协商，有效地避免了劳动争议的发生。协商是一个双赢的解决争议的方法，但可以肯定地说，没有完备的法律保障体系，协商就没有基础和可能。

1.6.2.2 工会和企业委员会处理劳动争议

在德国，工会和企业委员会在有关劳动争议的处理中发挥着非常重要的作用。

（1）工会

德国工会联合会（DGB）（以下简称德工联）是德国最大的最重要的雇员工会组织。此外，比较大的工会组织还有德国职员工会（DAC）、德国基督教工会联合会等。目前德工联下属有15个工会（大多为行业性工会），会员达900万人。为了帮助工会会员，维护他们的权益，德工联在全国各地设立了162个法律保护办事处，其任务主要就是为会员提供法律帮助。这些办事处是根据劳动法院和社会法院的分布、设置而相应设立的，也就是说，哪里有劳动法院和社会法院，就在哪里设立办事处，这主要是为了方便会员诉讼，使会员不至于为诉讼而四处奔波。每一个办事处都配备了相当数量的法律工作者。

（2）企业委员会

按照1952年颁布、1989年修订的《企业宪章法》，在企业中都设立了企业委员会。企业委员会由就业者或者就业者代表组成，它享有代表就业者讲话以及决定部分企业内部关于就业者事务的权利。企业委员会虽不是企业内部有关争议的调解机构，但在调解和处理争议中却发挥着重要的作用。在处理雇员与雇主之间的简易纠纷时，企业委员会按照雇员的申请，主动出面调解协商，往往都能及时妥善解决争议；在解雇纠纷中，雇主解雇雇员必须听取企业委员会的意见，企业委员会可以行使异议权；在雇主与企业委员会就签订和履行企业协议发生争议时，或者由雇主与企业委员会自行协商解决，或者另行组成调解委员会调解解决。实践证明，通过协商、调解解决不了而起诉到法院的只是极少数。

1.6.2.3　法院裁判

在德国，劳动纠纷是由专门的劳动法院处理。根据德国《劳动法院法》，劳动法院分为三级：①基层劳动法院。它负责劳资纠纷案件的初审，即第一审案件的审理，因此也称为初审劳动法院。②州劳动法院。它负责劳资纠纷案件的上诉案件的审理，因此也称为上诉审劳动法院。③联邦劳动法院。主要负责不服上诉法院裁判的全德劳资纠纷案件的复审。为使劳动司法得以统一，全德只设一个联邦法院，它实际上是德国劳动法院的最高法院。

在长期的实践中，德国劳动司法形成了一套独具特色的比较完善的诉讼程序。其特点有以下几点：

第一，强调调解，把调解作为初审法院审理劳资纠纷案件的必经程序。在初审中，每一个案件都必须经过庭内调解，否则不能收取诉讼费用。根据《劳动法院法》的规定，在初审程序开庭之前，即在担任法庭审判长的职业法官主持下，做双方当事人的工作，促使当事人双方相互协商，以期促成双方互谅互让，达成调解协议。

第二，设置"裁判程序"和"决议程序"，以适应解决不同类型的劳资纠纷案件的需要。裁判程序适用于一般的劳资纠纷案件，比如单个雇员与雇主之间发生的劳资争议；决议程序则适用于集体劳动合同纠纷案件的处理，比如涉及《企业章程法》方面的雇主与企业委员会的争议。

1.6.3 日本的劳动争议处理制度

长期以来，日本劳动争议以集体劳动争议为多，个别劳动争议很少，但是，随着近年来社会经济形势的急剧变化及由此引发的劳动关系现实的变化，劳动争议的种类和内容等也发生了很大的变化。由于劳动关系日趋稳定，劳动者成立工会的情形也越来越少，在这种情况下，集体劳动争议的案件数也急剧下降；同时，发生的集体劳动争议的内容与此前相比亦发生了显著的变化。然而，个别劳动争议却大幅增长且呈现出多样化的趋势。传统类型的个别劳动争议，如解雇争议、拖欠工资争议等，在民事诉讼和劳动咨询中仍然占有很大的比例，但是近年来，关于劳动条件待遇下降而引发的争议日显突出。

1.6.3.1 行政机构主导的争议解决机制

（1）劳动委员会

《工会法》和《劳动关系调整法》都明确规定，集体劳动争议的解决，交由劳动委员会专门负责：一是不当劳动行为的救济机制；二是集体劳动争议的调整机制。1999 年修改后的《地方自治法》和 2001 年制定并实施的《个别劳动争议解决促进法》，亦赋予了劳动委员会对个别劳动争议提供咨询信息服务或斡旋等的权限。

（2）都道府县劳动局

作为厚生劳动省设置在都道府县的地方机关，根据《个别劳动争议解决促进法》的规定，劳动局为解决个别劳动争议提供了三种方式和程序：提供咨询和信息服务；提供建议或指导、劳动局争议调整委员会斡旋。

（3）劳动基准监督机关

并没有法律明确规定，对劳动法的实施负有监督职责的劳动基准监督署拥有解决争议的职权，但在实践中，它在一定程度上也起着解决劳动争议的作用。

1.6.3.2 法院主导的争议解决机制

（1）普通民事诉讼程序

凡是属于民事性质的劳动争议案件都可以通过这种方式，按照《民事诉讼法》的规定由法院予以解决，民事诉讼程序中的保全程序和小额诉讼程序，也都可以用来解决劳动争议案件。

（2）民事调解程序

同样，凡是属于民事性质的劳动争议案件也都可以选择适用这一方式，按照

《民事调停法》的规定，由法院通过调解予以解决，劳动审判程序即依据规定向法院提出申请，由法院组成劳动审判委员会对其进行审理解决。如前所述，该法虽已颁布但目前尚未施行。

(3) 其他相关方式和程序

在日本劳动争议解决实务中，也存在着自力救济等其他的方式和程序。日本在劳动争议解决相关法律中，都强调即使在劳动争议发生后，争议双方当事人都应先行予以自主协商解决。此外，在企业之外，还可通过一些民间性的组织机构解决劳动争议，如工会或其他劳动者组织，特别是一些地区性的或行业性的有影响的工会，都提供咨询和信息服务或进行相关协调。

◎ 综合案例分析
企业承接平台业务应根据用工事实承担用工主体责任

2020年5月2日，饶某通过朋友介绍，在某专门从事空调安装的App上进行注册，随后开始承接某安装公司通过微信发来的空调安装派工单。工作中，饶某与腾某同组，二人固定搭档进行空调安装。2020年6月5日，某安装公司的姜某通过微信向腾某派单，指派前往某小区安装空调。次日，饶某与腾某一起去该地点安装空调，在安装空调的过程中饶某摔伤。事故发生后，饶某委托的律师曾与某安装公司的负责人霍某通过微信协商认定工伤事宜，双方约定一起去人力社保部门认定工伤，但霍某未按时到场，饶某未能进行工伤认定。2021年5月12日，饶某提出仲裁申请，要求确认其与某安装公司存在劳动关系。庭审过程中，腾某出庭作证称，其2020年5月至7月在某安装公司工作，与饶某为同组同事，安装空调费用是根据安装空调数量按月结算，某安装公司通过银行转账将其与饶某的工资进行支付，其再将饶某的工资转付给饶某。霍某出庭作证称，某安装公司通过App平台承接空调安装业务，饶某是腾某招的小工，两人为固定搭档，根据派单安装空调，饶某的工资由腾某结算，某安装公司与饶某是劳务关系。饶某提交霍某的微信朋友圈截图显示，霍某多次在朋友圈发布招聘信息，称某安装公司负责空调的安装维修，长期招聘带车送货安装师傅、学徒等。某安装公司对上述两人的证言及朋友圈截图的真实性均认可，但认为，即使其公司长期招聘安装人员，也是其公司的商业行为，不能证明与饶某存在劳动关系，其与饶某只是劳务关系。

处理结果：仲裁机构裁决支持饶某的仲裁请求，一审、二审判决结果与仲裁裁决结果一致。

案例评析：本案争议的焦点在于，饶某与某安装公司之间究竟是劳动关系还是劳务关系？

《关于确立劳动关系有关事项的通知》（劳社部发〔2005〕12号）第一条规定："用人单位招用劳动者未订立书面劳动合同，但同时具备下列情形的，劳动关系成立。（一）用人单位和劳动者符合法律、法规规定的主体资格；（二）用人单位依法制定的各项劳动规章制度适用于劳动者，劳动者受用人单位的劳动管理，从事用人单位安排的有报酬的劳动；（三）劳动者提供的劳动是用人单位业务的组成部分。"某安装公司与饶某均符合建立劳动关系的主体资格，其通过微信形式派单，饶某按照某安装公司派单从事空调安装工作，某安装公司将工资发放给腾某后，腾某再将工资发放给饶某，由此可以看出，饶某受某安装公司管理、控制和支配，从事的工作内容也是某安装公司的业务范围，饶某与某安装公司并非平等关系，而是从属关系，符合《关于确立劳动关系有关事项的通知》规定的劳动管理及从属性特征。某安装公司虽辩称饶某系腾某找的小工，饶某与某安装公司系劳务关系，但未能提交有力证据予以证明，故仲裁机构不予采信。

近年来，平台经济发展迅猛，创造了大量的就业机会，依托互联网平台就业的劳动者数量大幅增加，与之伴随而来的则是劳动者权益保障面临新情况新问题。《关于维护新就业形态劳动者劳动保障权益的指导意见》（人社部发〔2021〕56号）中规定："符合确立劳动关系情形的，企业应当依法与劳动者订立劳动合同。不完全符合确立劳动关系情形但企业对劳动者进行劳动管理的，指导企业与劳动者订立书面协议，合理确定企业与劳动者的权利义务。个人依托平台自主开展经营活动、从事自由职业等，按照民事法律调整双方的权利义务。"实践中，一些平台企业将相关业务外包给其他用人单位，承接平台相关业务的用人单位也应按照上述规定要求，明晰双方法律关系，与符合确立劳动关系的劳动者订立劳动合同并依法缴纳社会保险费，与不完全符合确立劳动关系情形的劳动者订立书面协议明确双方权利义务，并在条件允许的情形下依法参加职业伤害险，还可购买人身意外、雇主责任等商业保险，既有力保障劳动者合法权益，也有效降低企业用工风险，促进企业健康发展。

（资料来源：北京市人力资源和社会保障局 2022 年 12 月 22 日发布的 2022 年北京市劳动人事争议仲裁典型案例。）

第2章 劳动争议协商

◎ 引 例

劳动者与用人单位订立放弃加班费协议，能否主张加班费？

张某于 2020 年 6 月入职某科技公司，月工资 20000 元。某科技公司在与张某订立劳动合同时，要求其订立一份协议作为合同附件，协议内容包括"我自愿申请加入公司奋斗者计划，放弃加班费"。半年后，张某因个人原因提出解除劳动合同，并要求支付加班费。某科技公司认可张某加班事实，但以其自愿订立放弃加班费协议为由拒绝支付。张某申请仲裁，请求裁决某科技公司支付 2020 年 6 月至 12 月加班费 24000 元。仲裁结果支持了张某的请求。

本案的争议焦点是张某订立放弃加班费协议后，还能否主张加班费。

《劳动合同法》第二十六条规定："下列劳动合同无效或者部分无效……（二）用人单位免除自己的法定责任、排除劳动者权利的。"《最高人民法院关于审理劳动争议案件适用法律问题的解释（一）》（法释〔2020〕26 号）第三十五条规定："劳动者与用人单位就解除或者终止劳动合同办理相关手续、支付工资报酬、加班费、经济补偿或者赔偿金等达成的协议，不违反法律、行政法规的强制性规定，且不存在欺诈、胁迫或者乘人之危情形的，应当认定有效。前款协议存在重大误解或者显失公平情形，当事人请求撤销的，人民法院应予支持。"加班费是劳动者延长工作时间的工资报酬，《劳动法》第四十四条、《劳动合同法》第三十一条明确规定了用人单位支付劳动者加班费的责任。约定放弃加班费的协议免除了用人单位的法定责任、排除了劳动者权利，显失公平，应认定无效。

本案中，某科技公司利用在订立劳动合同时的主导地位，要求张某在其单方制定的格式条款上签字放弃加班费，既违反法律规定，也违背公平原则，侵害了张某工资报酬权益。故仲裁委员会依法裁决某科技公司支付张某加班费。

崇尚奋斗无可厚非，但不能成为用人单位规避法定责任的挡箭牌。谋求企业发展、塑造企业文化都必须守住不违反法律规定、不侵害劳动者合法权益的底线，应在坚持按劳分配原则的基础上，通过科学合理的措施激发劳动者的主观能动性和创造性，统筹促进企业发展与维护劳动者权益。

（资料来源：最高人民法院 2021 年 8 月发布的第二批劳动人事争议典型案例。）

从经济学角度看，争议当事人通过协商自行解决争端是成本最低的争议解决方式。在劳动争议领域同样如此，通过协商来化解劳动争议具有高效率低成本的显著特征，这也是在我国劳动争议处理体制中设立劳动争议协商制度的初衷。

2.1 劳动争议协商概述

2.1.1 劳动争议协商的概念

劳动争议的协商是指劳动者与用人单位为解决劳动争议，通过平等自愿、互谅互让的沟通商谈，在认清事实、明辨是非的情况下，化解矛盾达成共识的过程。双方当事人这种自主化解决争议的方式，是当事人解决争议的首要途径，并贯穿于争议处理全过程。

《劳动争议调解仲裁法》第四条规定，发生劳动争议，劳动者可以与用人单位协商，也可以请工会或者第三方共同与用人单位协商，达成和解协议。同时，该法第四十一条还规定，当事人申请劳动争议仲裁后，可以自行和解。达成和解协议的，可以撤回仲裁申请。可见，协商可以贯穿于劳动争议处理的各个环节，是一种灵活便利的解决劳动争议的方式。

2.1.2　劳动争议协商的特点

作为由争议双方自行解决纠纷的重要途径，劳动争议协商的特征包括自愿性、双方性、灵活性以及非选择性等。

2.1.2.1　协商必须出于当事人双方完全自愿

没有内外压力，自愿是劳动争议协商和解的基础和前提条件。协商的自愿性主要表现在：通过协商达到消除矛盾、解决争议是当事人双方的共同意愿和要求，是双方主动的自觉行为，不受任何第三方和外界因素的制约和干扰；经协商达成的和解协议是双方意志的体现，由当事人自觉履行。当事人不愿协商或协商不成时，一方不能强迫另一方接受其不愿接受的条件；达成和解协议后，对于和解协议必须由当事人自觉自愿履行，一方不能强迫另一方履行和解协议；当事人不愿协商或者协商不成时，有权自主决定申请调解或仲裁，任何组织或个人无权干涉；如果当事人不是完全自愿的，就不可能进行协商，协商中也难以达成和解，对和解协议也不会自觉履行。

2.1.2.2　协商应当建立在相互信任和尊重的基础上

相互信任和尊重是当事人协商劳动争议的必要条件。协商能够形成的重要原因之一就在于劳动争议的双方当事人主观上均不愿意使矛盾扩大，都希望经双方的共同努力，使争议及时、妥善解决，以便以后更好地合作共事。只有双方当事人在协商过程中都能坦诚相见，并做到互谅互让，才有助于对解决争议的主张给予充分尊重，使争议在不伤和气的气氛中合理解决，从而促进双方关系的和谐融洽。因此，在协商和解过程中当事人只有相互信任和尊重，才能坦诚相见、互谅互让，使争议得到圆满解决。

2.1.2.3　劳动争议的协商具有灵活性

劳动争议双方可以在法律规定的范围内就争议事项进行协商，只要其协商的事项不违背法律法规的强制性规定即可。也就是说，劳动争议发生后，当事人双方可以自由选择协商的方式、时间、地点，在达成和解协议后虽然要求制定书面的协议书，但不像仲裁、诉讼那样要求特定的制作格式。由于劳动争议的解决事关劳动者的就业和家庭生活、关系到用人单位正常有序的经营活动，因此，灵活简便的协商方式充分体现了柔性化的原则，有利于消除对抗，营造和谐的处理气氛。由于不是法定的劳动人事争议解决步骤，因此协商也没有严格的程序化规定，劳动争议发生后，当事人双方可即时就具体事项进行协调和商谈，在较短时间内使争议得到妥善解决。

2.1.2.4　协商不是处理劳动争议的必经程序

协商和解是处理劳动争议的简易程序，通过协商可以简便、快捷地使一些争议得到解决，有利于企业生产和维护职工利益。国家提倡劳动关系当事人双方发生争议后，首先主动协商，但是协商并不是处理劳动争议的法定必经程序。当事人双方可以自愿协商，国家提倡但不强迫；不愿意协商或者协商不成的，争议一方可以向企业劳动争议调解委员会申请调解，或直接向劳动争议仲裁委员会申请仲裁。对于因签订集体合同发生争议，当事人协商解决不成的，应由劳动行政部门组织有关各方协调处理。

2.1.3　劳动争议协商的原则

2.1.3.1　平等原则

在平等的前提下进行协商是劳动争议协商和解的重要原则和条件。根据《劳动法》的规定，用人单位和劳动者作为劳动关系的主体，其法律地位是平等的，双方应互为权利与义务。当发生劳动争议并进行协商时，双方都应以平等的态度对待对方，决不允许给对方施加压力，或以某种手段相要挟。协商劳动争议时，应遵循平等原则，劳动争议当事人双方互不从属，没有高低、主次之分，任何一方不得给另一方施加压力，或者以某种手段相要挟。

2.1.3.2　自愿原则

自愿原则是指劳动人事争议的协商，必须以双方当事人自愿为基础。主要表现在双方是否愿意以协商方式解决争议，是否愿意达成和解协议并自愿履行，当事人有不愿意协商而申请调解、仲裁乃至诉讼的权利。

2.1.3.3　合法原则

合法原则是劳动争议处理的基本原则，也是协商的基本原则之一。该原则是指劳动争议协商的当事人必须是符合劳动法律的规定，与该争议有直接利害关系的劳动关系双方，即用人单位和劳动者，当然，劳动者可以要求所在基层工会参与或者协助其与用人单位协商，工会也可以主动参与劳动争议协商的处理，维护劳动者的合法权益。集体合同争议作为劳动争议的一种特殊形式，其主体一方是用人单位，另一方必须是代表劳动者利益的工会或职工代表。

2.1.4 劳动争议协商的作用

2.1.4.1 快速解决劳动争议

劳动争议协商并非解决劳动争议的必经程序，选择协商并达成和解协议都必须基于劳动争议双方当事人的自愿。劳动争议发生后，当事人可以在完全自愿的基础上，通过互谅互让，达成一个双方都愿意接受的和解协议，然后分别履行协议的内容。以协商的方式处理劳动争议，有利于构建和谐的劳动关系，也有利于纠纷的迅速解决。由于以协商的方式解决劳动争议，通常不需要经过第三方居中调解，也不需要经过仲裁和诉讼程序，可以大大节省争议双方的时间、财力和精力。

2.1.4.2 引起时效中断

《劳动争议调解仲裁法》第二十七条规定了仲裁时效因当事人一方向对方当事人主张权利，或者向有关部门请求权利救济，或者对方当事人同意履行义务而中断。从中断时起，仲裁时效期间重新计算。当事人就劳动争议进行协商，就是"向对方当事人主张权利"的证明。当事人通过协商达成和解协议，就是"对方当事人同意履行义务"最好的证明。因此，劳动争议当事人进行协商，无论最终是否达成和解协议，都将导致时效的中断，从而为争议的最终解决赢得更充分的时间。

2.1.4.3 转化争议性质

《最高人民法院关于审理劳动争议案件适用法律问题的解释（一）》第十五条规定，劳动者以用人单位的工资欠条为证据直接提起诉讼，诉讼请求不涉及劳动关系其他争议的，视为拖欠劳动报酬争议，人民法院按照普通民事纠纷受理。因此，用人单位与劳动者因工资支付产生争议，通过协商达成和解协议，如果用人单位为劳动者提供欠条，又不履行支付义务，劳动者可持欠条直接向法院起诉。这样就使原来的劳动争议直接转化为普通民事争议。

🔅 重点提示

争议性质的转变将带来两个法律后果：一是劳动者可以越过劳动争议仲裁程序，直接到达诉讼程序；二是时效不再是《劳动争议调解仲裁法》规定的一年，而是《民法典》规定的三年。

2.1.4.4　协商达成的和解协议可以作为证据使用

《企业劳动争议协商调解规定》第十一条规定，协商达成一致，应当签订书面和解协议。和解协议对双方当事人具有约束力，当事人应当履行。经仲裁庭审查，和解协议程序和内容合法有效的，仲裁庭可以将其作为证据使用，但是，当事人为达成和解的目的作出妥协所涉及的对争议事实的认可，不得在其后的仲裁中作为对其不利的证据。由此可见，当事人双方通过协商达成的和解协议，在劳动争议仲裁审理阶段可以作为证据使用。

2.2　劳动争议协商的实施

作为劳动争议处理的第一道防线，劳动争议协商调解有望将大量劳动争议案件化解于用人单位内部。2012 年 1 月 1 日，《企业劳动争议协商调解规定》施行，该规定针对企业内部劳资双方沟通机制普遍缺失、劳动者的利益诉求表达渠道不畅、企业劳动争议调解委员会作用弱化等比较突出的问题，明确提出建立企业内部劳资双方沟通协商机制，并对协商的主体、方式、时限、效力等也都有详细的明确规定。

2.2.1　劳动争议协商的渠道

2.2.1.1　直接与用人单位面对面协商

劳动争议发生后，劳动者可以直接与用人单位的相关负责人或代表进行面对面的沟通，就劳动争议的问题表达自己的观点和诉求，并尝试寻找双方都能接受的解决方案。

2.2.1.2　借助第三方力量开展协商

劳动争议发生后，劳动者可以邀请工会组织作为第三方，共同参与与用人单位的协商过程。工会作为劳动者的代表，能够更有效地维护劳动者的权益，促进双方达成和解协议。除了工会外，劳动者还可以选择邀请其他第三方机构或专业人士，如基层人民调解委员会、乡镇街道组织等来协助进行协商，以帮助双方达成和解。

劳动争议协商的渠道多样，劳动者可以根据自己的实际情况和需求，灵活选择适合的协商方式。在协商过程中，劳动者应充分了解自己的权益和诉求，并积极与用人单位沟通，争取达成双方都能接受的解决方案。同时，也可以寻求工会、第三方调解机构或专业法律人士的帮助和支持。

2.2.2　劳动争议协商前的准备工作

2.2.2.1　查明争议事实

劳动争议发生后，负责组织协商的人员应及时查明争议产生的原因、规模、性质等，并对争议可能带来的后果做出判断。针对不同原因、不同性质的劳动争议，应采取不同的应对措施和手段。

根据劳动争议的性质划分，在我国，目前将劳动者一方人数 10 人及 10 人以上的劳动争议确立为集体争议，集体争议若解决不好可能直接影响企业的正常生产经营秩序，甚至会影响社会的和谐稳定。根据劳动争议产生的原因，一些争议是由于员工的切身利益甚至基本生存权利受到了侵害，例如，劳动报酬、工伤医疗费、赔偿争议等，负责协商和解的人员应引起足够重视并正确估计事态后果，而另一些争议是由于企业无法满足员工职业发展的需要，例如，培训、福利、升职等，这类争议矛盾冲突相对较小，比较容易通过协商和解的方式解决。

2.2.2.2　熟悉相关法律法规

我国颁布并实施的与劳动争议相关的法律、法规有很多，例如，《劳动法》《劳动合同法》《劳动争议调解仲裁法》《企业劳动争议协商调解规定》等。发生劳动争议的双方应充分学习、了解相关的法律法规，才能在协商过程中做到有理、有据、有节。在更有效地维护自身合法权益的同时，也能考虑到对方的利益。这样更有利于双方通过协商的方式解决劳动争议。

2.2.2.3　选择协商人员

在个别劳动争议中，劳动者一方一般为发生劳动争议的当事人本人，企业一方选择的协商人员通常应考虑三点要求：尽量与该劳动争议无利害关系；具备相应法律知识、经验；在企业和员工中具有一定声望。在集体争议中，劳动者一方，通常选择能够代表员工利益并且具有沟通、应变能力较强的劳动者作为代表。《劳动争议调解仲裁法》第七条规定：发生劳动争议的劳动者一方在 10 人以上，并有共同请求的，可以推荐代表参加调解、仲裁或者诉讼活动。

另外,《劳动争议调解仲裁法》第四条规定:发生劳动争议,劳动者可以与用人单位协商,也可以请工会或者第三方共同与用人单位协商,达成和解协议。由此可见,协商人员除了劳动者和用人单位代表外,还有可能出现第三方,只不过与劳动争议调解程序相比,这个第三方是由劳动者聘请的,并不是完全保持中立地位,也不主导整个协商过程。

2.2.2.4 确立协商的目标

在对劳动争议事件有了一定了解后,准备进入协商过程的双方当事人应初步确立其预期或期望达成的目标。我们可以将劳动争议协商和解的目标划分为三个层次,分别是:一是必须达成的目标,是协商不成也不能放弃的目标,即进行协商和解可以接受的底线;二是预期达成的目标,但是在迫不得已的情况下可以选择放弃的;三是期望达成的目标,在必要时可以放弃的。劳动争议双方如果均愿意进行协商,那就应当初步确定其预期达成的目标。确定劳动争议协商目标时,应注意以下问题。

(1)准确判断劳动争议性质

准确判断劳动争议的性质,是属于劳动关系确认、劳动合同履行、工资福利、社会保险、工伤待遇等方面的争议,同时分析劳动争议的具体内容,以便在协商中提出具体的解决方案和目标。

(2)评估证据充分性

证据材料的充分性直接影响协商过程中双方的主张和支持力度。争议双方都应当充分收集和整理与劳动争议相关的证据材料,如劳动合同、工资单、打卡记录等。

(3)评估协商目标的合理性

劳动争议协商的目标应当合理,符合法律法规政策,同时应具有一定的现实性,即双方都有能力或可能性实现这些目标,具备实际操作的可能性。目标还应具体明确,避免使用模糊或含糊不清的表述。例如,对于工资调整的目标,应明确具体的涨幅或调整后的工资水平。

(4)关注双方的共同利益

协商过程必须兼顾双方的利益,寻求双方都能接受的解决方案。通过有效的沟通和协商,寻求双方共同利益的平衡点。

◎ **精选案例**

协商目标的确定

某学校应届毕业生小王 2023 年 4 月去甲公司实习,双方约定待小王毕业后签订劳动合同。2023 年 6 月底,小王毕业,向甲公司提出签订正式的劳动合同,甲公司未予以回应,小王未再提请求继续工作。2023 年 10 月中旬,小王未履行请假手续就离开甲公司。2023 年 11 月 5 日,甲公司以小王无故旷工为由,做出了解除小王劳动关系的决定。2023 年 12 月初,小王回到甲公司,提出如下要求:

(1) 甲公司支付 2023 年 10 月、11 月的工资。

(2) 甲公司未签订劳动合同,支付 2023 年 7~11 月的双倍工资。

(3) 甲公司违法解除劳动关系,应支付 1 个月工资作为赔偿金。

如果小王与甲公司进行协商,应如何确定各自的协商目标?

本案比较明确的事项有:甲公司已经实施用工行为,但未与小王签订劳动合同,这是甲公司的责任;小王未履行请假手续就离开甲公司,这是小王的责任。

本案还需进一步明确的事项有:当小王未履行请假手续离开甲公司时,甲公司是否采取过敦促其上班的措施;甲公司以无故旷工为由作出解除小王劳动关系的决定,是否有相关的劳动规章制度作为支持;小王离开甲公司时,领取劳动报酬的截止日期等。

协商不是裁判,不一定完全按照仲裁或诉讼的预期结果来确定协商目标。不过,在厘清事实、找出争议发生的原因的基础上,更利于确定合理的协商目标。

2.2.3　劳动争议协商的过程

劳动争议协商的过程就是劳动争议的双方当事人表明各自观点、交换意见以达成共识的过程,可以看作双方当事人参与协调劳动关系的过程。同其他三种争议处理程序相比,协商和解目前还没有特别严格的程序和时间的规定或要求。《企业劳动争议协商调解规定》只是做了一个简单的规定,实际上,在实践中协商和解往往是一个反复的过程,需要多次协商才可能达成最终的协议。

2.2.3.1　协商的方式

《企业劳动争议协商调解规定》第八条规定,发生劳动争议,一方当事人可以通过与另一方当事人约见、面谈等方式协商解决。

2.2.3.2　协商参加人

在劳动争议的双方当事人中，通常情况下劳动者一方的力量较弱，因此《企业劳动争议协商调解规定》仅仅为劳动者一方的协商参与人进行了规定。以个别劳动争议为例，劳动者一方可以采用以下几种方式进行协商：

1）劳动者本人独自参加协商。

2）劳动者要求所在基层工会参与或者协助其参与协商。

3）基层工会主动参与协商处理。

4）劳动者可以委托其他组织或者个人作为其代表进行协商。

2.2.3.3　协商的过程

根据《企业劳动争议协商调解规定》，一方当事人提出协商要求后，另一方当事人应当积极作出口头或者书面回应。5 日内不做出回应的，视为不愿协商。协商的期限由当事人书面约定，在约定的期限内没有达成一致的，视为协商不成。当事人可以书面约定延长期限。

本着快速方便解决问题的原则，在协商的过程中，参与协商的当事人都应当本着实事求是、相互照顾的精神，通过相互之间摆事实讲道理，力求通过协商达成和解协议。一般来说，协议双方当事人可以首先阐述己方的要求或意见，然后提出可行的具体方案，双方本着诚实善意的原则，将自己的理由和困难如实陈述，以求获得对方的谅解，赢得对方的尊重。需要注意的是，当事人在坚定自己的立场和目标的同时，应当冷静分析，避免不顾一切且于事无补的大吵大闹。

◎ **精选案例**

劳动争议协商过程

陈某与某公司签订了 3 年期限的劳动合同，合同约定陈某从事秘书岗位工作，工作时间为法定标准工作时间。陈某入职后，工作勤勉，对于当天未完成的任务，通常主动加班完成。陈某经常通过邮件向主管汇报工作完成进度，并对需要加班完成的工作予以说明。

1 年后，陈某主动提出解除劳动合同，但要求公司支付 1 年的加班费，并出具了 1 年的上下班打卡记录以及涉及加班的相关工作汇报。

公司表示，公司有具体的加班管理制度，陈某加班是个人自愿行为，不是公司安排的。因此，公司拒绝了陈某要求支付加班工资的请求，并对此表示十分遗憾。

本案争议的焦点在于：陈某个人自愿加班，是否可以要求公司支付加班工资？

参与协商人员：公司派出人力资源经理代表公司与陈某进行协商，陈某邀请了一名公司外部人员作为顾问，参与到协商中。

人力资源经理首先表示：陈某工作确实很努力，工作未完成的，主动留下来完成再离开；但是公司不鼓励劳动者加班，通常安排的工作任务都是在标准工作时间内能够完成的，如果员工确实需要加班，根据公司的劳动规章制度，需要履行审批手续，经公司同意批准后的加班，公司才能支付加班工资。

陈某认为：自己经常超时工作，有据可查，已经构成加班事实，如果公司以没有经过审批为由拒绝支付加班工资，对自己来说很不公平。

顾问向人力资源经理询问具体的劳动规章制度，人力资源经理出示了《加班管理办法》，该文件规定了加班审批流程，并明确规定没有经过审批的加班行为，公司可以拒绝支付加班工资。

顾问询问陈某是否了解这个《加班管理办法》。陈某表示：入职时接受过劳动规章制度的培训，下发的培训资料里有这个文件，但自己并没有太重视。

人力资源经理表示：组织新员工进行劳动规章制度培训后，每位新员工都签字确认，表示知悉公司劳动规章制度的内容。

顾问向陈某表示：根据目前的情况来看，公司不支付陈某加班费确实有充分的依据，即使陈某因此申请仲裁，败诉的可能性也比较大。但顾问仍建议陈某努力争取一下。

陈某表示：经常没有履行审批手续而加班，虽然主要原因是由于自己的疏忽，但人力资源部门对此也没有任何质疑，上级主管也没有提醒自己应当按照正确的流程来工作，完全让自己承担这个不利后果，确实难以接受，仍希望得到公司的补偿。

人力资源经理表示：公司严格按照劳动规章制度处理并无不妥，如果单纯满足陈某的要求，对公司的其他同事来说会有不好的示范效应。但是考虑到陈某在职期间工作的确勤勉，公司愿意对陈某进行一些补偿，只是不能以加班工资的名义发放，金额也比陈某提出的加班工资数额要少。

看到公司主动让步，陈某十分高兴，立即表示同意。随后，双方签署了和解协议。

本次协商经过的启示：

（1）协商人员可能只有双方，也有可能出现第三方，但第三方不是居中裁判者。

（2）协商不能脱离事实依据和法律依据，但也不限于此，还可以进行情理分析。

（3）在双方互谅互让基础上达成的协商结果，有可能不同于第三方居中裁判的结果。

2.2.4　劳动争议协商的结果

一般来说，协商和解的结果有以下三种：第一种为协商失败，双方未能达成有效的协议；第二种为双方达成和解协议，但和解协议未能被有效的执行；第三种为双方达成和解协议，并且和解协议得到双方的积极履行。

值得注意的是，协商双方当事人通过合意达成和解协议并不意味着协商获得了成功，因为只有当和解协议得到积极有效的履行后才能代表协商获得成功。具体来说，如果在协商的过程中，双方当事人发现分歧较大无法达成和解协议的，则协商结果为失败；如果已经达成了和解协议，但在规定期限内不履行的，则协商结果也为失败。这是因为双方达成的和解协议并不具有法定效力，一方不能申请强制执行和解协议的内容，即和解协议不履行也同样意味着协商失败。

2.3　和解协议

2.3.1　和解协议的内容

劳动争议和解协议旨在明确双方当事人在劳动争议中的权利和义务，应当包含下列主要内容：

2.3.1.1　双方基本信息和关系

和解协议首先应当通过双方基本信息来确定身份，还应当陈述劳动关系建立的相关信息。同时，协议应呈现出双方自愿签订协议的意思表示。

2.3.1.2　争议内容概述

争议内容包括：双方就劳动争议事项产生分歧；双方对争议事实的陈述及各自所持的立场已充分表达，并对本协议所达成的和解方案均表示认可。本部分内容表述力求准确清晰、焦点明确。

2.3.1.3　解决方案

这是和解协议最重要的部分。解决方案的内容需要简洁明了，避免产生歧义。例如，涉及金钱支付内容的，支付时间、支付金额、支付方式都应当明确。同时，本部分内容还应当表达出争议双方已经就争议事项充分协商和妥善解决，避免再次反复进行协商。

2.3.1.4　双方签字盖章信息

本部分内容包括协议生效日期以及双方签字盖章的内容。

2.3.2　起草和解协议要求

2.3.2.1　和解协议的合法性要求

劳动争议和解协议作为一种合同，协议内容必须遵守国家法律法规和相关政策，不得违反法律、行政法规的强制性规定，也不得违背公序良俗。协议条款应明确具体，避免使用模糊或容易产生歧义的词汇和表述。对于关键条款，可以进行重点说明或举例说明。双方当事人在签订协议时应处于自愿、平等、公平的地位，协议内容应体现双方的真实意愿，不得存在欺诈、胁迫等情形。

2.3.2.2　和解协议的形式要求

劳动争议和解协议应采用书面形式，以确保协议的正式性和可追溯性。协议应由双方当事人或其授权代表签字并加盖公章或指模，以确认协议的真实性和有效性。协议应一式多份，双方当事人各执一份，并可根据需要向相关部门备案或存档。

示例

劳动争议和解协议书

甲方（用人单位）：_____

地址：_____

乙方（员工）：_____

身份证号码/护照号码：_____

地址：_____

鉴于甲方与乙方之间存在劳动争议，现双方本着平等自愿、诚实信用的原则，经协商一致，达成如下和解协议：

一、双方同意解除劳动关系，解除时间为：_____年_____月_____日。

二、甲方同意向乙方支付一次性和解金，金额为人民币_____元（￥_____），该和解金包括但不限于乙方的工资、加班费、经济补偿金、社会保险费、住房公积金等所有可能存在的劳动争议款项。

三、甲方应在本协议签订之日起_____个工作日内，将和解金支付至乙方指定的银行账户。

四、乙方确认在甲方支付和解金后，双方之间不存在任何未了结的劳动争议，乙方不得再向甲方主张权利。

五、本协议自双方签字盖章之日起生效，一式两份，甲乙双方各执一份，具有同等法律效力。

六、本协议未尽事宜，双方可另行协商解决。

甲方代表（签字）：_____

乙方（签字）：_____

签订日期：_____年_____月_____日

2.3.3　和解协议的法律效力

和解协议对劳动争议双方当事人具有约束力，当事人应当履行。但是，和解协议并非是在特别正式的情形下达成的，没有权威机构的参与，法律上更没有强制执行的效力。当事人如果反悔，不履行和解协议，该劳动争议则没有解决，还得需要其他方式继续解决。当事人可以申请调解，还可以直接申请仲裁。

在劳动争议仲裁阶段，《企业劳动争议协商调解规定》第十一条第二款规定，经仲裁庭审查，和解协议程序和内容合法有效的，仲裁庭可以将其作为证据使用。但是，当事人为达成和解的目的作出妥协所涉及的对争议事实的认可，不得在其后的仲裁中作为对其不利的证据。

2.4 协商与调解、仲裁和诉讼的关系

劳动争议协商、调解、仲裁和诉讼是我国解决劳动争议纠纷的四种方式。在实践中，一个典型的劳动争议案件可能要经过多个程序：劳动争议协商程序、调解程序、仲裁程序，不服劳动争议仲裁裁决向人民法院起诉的一审程序，不服一审的上诉二审程序，但是，协商与调解程序并非必经程序。

2.4.1 协商与调解的区别

协商是指发生劳动争议的双方当事人在平等自愿的基础上，通过自行协商，或请工会或第三方与用人单位进行协商，达成和解协议的一种争议解决方式。广义的调解不仅包括劳动争议的基层调解，还包括仲裁中的调解和诉讼中的调解。

虽然协商与调解都是在双方当事人自愿协商下解决劳动争议的方式，但是二者也有很多不同之处，主要表现在以下四个方面：一是主持的主体不同。和解是在没有第三人参与的情况下，双方自行协商、互谅互让、平等自愿的基础上对原纠纷作出的妥协性处理；而调解则是在仲裁庭的主持和帮助下达成协议。二是发生的阶段不同。和解可以发生在庭审中，也可以发生在庭审外；而调解只能发生在基层调解阶段、仲裁庭作出裁决前、法院作出判决前的那一段时间。三是结案方式不同。以劳动争议仲裁为例，达成和解协议后，争议双方当事人撤回仲裁申请的，劳动争议即可宣告结案；而调解达成调解协议后仲裁庭制作调解书的，劳动争议以调解书为准结案。四是程序不同。仍以劳动争议仲裁为例，仲裁庭不可以主动要求当事人和解，但可在作出裁决前先行调解。当事人自愿调解的，仲裁庭应当调解；而调解不成的，应当及时作出裁决。

此外，当事人在没有收到仲裁庭的裁决书、调解书之前，都可以反悔；而仲裁庭根据当事人的和解协议制作了调解书或裁决书，当事人也收到了调解书或裁决书的，当事人就不得再反悔，调解书具有法律上的强制执行力。

2.4.2 协商、调解、仲裁和诉讼的联系

劳动争议协商、调解、仲裁和诉讼是我国解决劳动争议纠纷的四种方式。

实践中，一个典型的劳动争议案件的处理可能要经过多个程序：劳动争议协商和解程序、调解程序、仲裁程序，不服劳动争议仲裁裁决向人民法院起诉的一审程序，不服一审的上诉二审程序。劳动仲裁是诉讼的前置程序和必经程序，只有对仲裁裁决不服时才可向人民法院提起诉讼。就是说，如果想向人民法院起诉，必须先经过劳动仲裁，否则人民法院是不会受理的，因此，这种制度也被称为"一调一裁二审"或"先裁后审"。

《劳动争议调解仲裁法》第五条规定，发生劳动争议，当事人不愿协商、协商不成或者达成和解协议后不履行的，可以向调解组织申请调解；不愿调解、调解不成或者达成调解协议后不履行的，可以向劳动争议仲裁委员会申请仲裁；对仲裁裁决不服的，除本法另有规定的外，可以向人民法院提起诉讼。

同时，《企业劳动争议协商调解规定》第十二条作了更详细的规定，发生劳动争议，当事人不愿协商、协商不成或者达成和解协议后，一方当事人在约定的期限内不履行和解协议的，可以依法向调解委员会或者乡镇、街道劳动就业社会保障服务所（中心）等其他依法设立的调解组织申请调解，也可以依法向劳动人事争议仲裁委员会申请仲裁。

2.5 用人单位的内部申诉制度

2017 年 3 月 17 日，人力资源社会保障部、中央综治办、最高人民法院、司法部、财政部、中华全国总工会、中华全国工商业联合会、中国企业联合会/中国企业家协会联合发布《关于进一步加强劳动人事争议调解仲裁完善多元处理机制的意见》，其中对劳动人事争议协商解决机制指出：引导支持用人单位与职工通过协商解决劳动人事争议。推动建立劳动人事争议协商解决机制，鼓励和引导争议双方当事人在平等自愿基础上协商解决纠纷。指导用人单位完善协商规则，建立内部申诉和协商回应制度。加大工会参与协商力度。鼓励社会组织和专家接受当事人申请或委托，为其解决纠纷予以协调、提供帮助。探索开展协商咨询服

务工作，督促履行和解协议。

从这个角度来说，用人单位内部申诉制度，也可以看作是对发生争议的一种协商解决方式。

2.5.1 用人单位内部申诉制度的概念

在西方市场经济国家，申诉是由雇员正式发起的抱怨程序，该程序由雇佣合同、集体合同或者其他由雇主主导建立的机制来提供。工会或者雇员发起申诉，是由于其认为雇主违反了雇佣合同条款、集体合同条款、工作场所规章制度或者法律条款。

在我国，非诉讼程序的申诉，是指公民或者企业等单位，因本身的合法权益问题不服行政部门的处理、处罚或纪律处分，而向该部门或其上级机关提出重新处理、予以纠正的要求的行为。用人单位内部申诉，也就是工作场所的劳动者申诉，通常是指劳动者认为自己在工作中遭到不平等待遇或发现用人单位内部的不法行为时，提出解决要求的行为。用人单位内部申诉制度在我国并没有相关法律明确规定，不过在管理实践中是客观存在的。

劳动者提出申诉的内容可以涵盖用人单位管理、用人单位决策以及关乎员工切身利益的事项。具体包括：关于集体协议、工作规则和其他企业内部规则的制定及内容；关于用人单位根据内部规定，对员工的命令、禁止、许可、免除、认可、受理、通知、确认等各方面的意思表示；关于用人单位所提出的各项发展计划、生产计划、营销计划、业务计划等的构想与行动；关于用人单位依照有关的内部规定而采取的劝告、诱导等非强制性的事实行为；关于用人单位给予劳动者的奖励、实施的惩罚等行为。

2.5.2 实施内部申诉制度的意义

2.5.2.1 为劳动者提供依照正式程序维护其合法权益的救济渠道

申诉程序可以被看作是一种处理争议的机制。多层次的申诉程序安排有助于双方利用一切机会达成共识、解决纷争，而不是被迫接受第三方的解决方案。在这方面，申诉的程序就像是集体协商的过程，而诉诸第三方则可以看作是协商失败而另行寻找解决问题的途径。

2.5.2.2 疏解劳动者情绪，改善工作氛围

申诉制度为劳动者提供了一种表达不满的渠道，这种不满可能是一般意义上

的不满，也可能是针对管理方提供的具体待遇条件的不满。申诉为个人或群体表达心声提供了一种机制，它不仅为劳动者提供了一个释放其不满的机会，而且也是劳企双方进行交流的重要方式，并为工作现场所出现的管理问题提供了重要的信息来源。

2.5.2.3 审视人力资源管理制度与规章的合理性

申诉可以使管理者关注到曾经忽略的一些劳动关系问题，对规章制度进行进一步的完善和补充。例如，管理者为了提高工作效率而实施了非常苛刻的工作时间规定，引起了广大劳动者的不满，当关于工作时间不合理的申诉显著增加时，管理者就应当重新考虑该规章制度的合理性。

2.5.2.4 促进企业的内部公平

当规范的申诉制度建立起来后，劳动者可以免受或者至少有条件使其免受管理方的不公正对待。这一程序不仅为劳动者提供了工作场所以外的基本民主权利以及自由，而且有利于劳动者增加对公平的获得感。

2.5.2.5 与集体合同结合，保障集体合同的顺利履行

申诉制度为集体合同的切实执行提供了法律保障，确保了协议的整体性，对劳动法律制度和集体合同的落实至关重要。申诉制度为双方进行补充协议的协商奠定了基础，使得集体合同更加完善。

2.5.2.6 提高企业内部自行解决问题的能力，避免外力介入或干预使问题扩大

申诉可作为解决企业内部冲突及问题的有效手段，通过劳企双方的直接对话，面对面就申诉内容进行充分沟通与交流，一方面避免了第三方参与所引起的矛盾激化，为企业带来不利的影响或增加不必要的管理成本；另一方面可以使劳动关系双方有更多的沟通和表达意愿的机会，有利于问题的快速解决。

2.5.3 劳动者申诉的途径

2.5.3.1 向直接上级申诉

劳动者可以直接向其直属主管反映工作中的问题或不满，这是最直接的沟通渠道。直接向上级申诉的优点是直接、快速，有助于迅速解决问题。但是在实践中，有的用人单位并未直接赋予上级相应的权限，或者可能出现上级因工作量较大而无暇处理申诉的情况。

2.5.3.2 向人力资源管理部门申诉

用人单位的人力资源管理部门通常负责员工关系管理，劳动者可以通过该部门提出申诉，包括但不限于薪酬、福利、绩效考核等方面的异议。向人力资源管理部门申诉的优点在于其专业性强，能够处理各种复杂的人事问题。

2.5.3.3 向工会申诉

工会是代表劳动者利益的团体，在用人单位已经设立工会的情况下，劳动者可以通过工会表达自己的诉求。向工会申诉的优点在于，工会代表员工利益，有更强的谈判能力和资源支持。

2.5.3.4 向内部申诉热线或邮箱进行申诉

很多用人单位设有专门的申诉热线或电子邮箱，劳动者可以匿名或实名提交申诉。这种申诉形式的优点在于十分便捷，不受时间地点的限制，而且匿名性高，可以保护申请者的隐私。

需要指出的是，劳动者在行使申诉权利时，应基于事实并按照用人单位规定的程序进行，避免捏造事实或欺骗行为。同时劳动者在申诉期间应确保正常工作，避免对工作和同事产生不必要的干扰。

2.5.4 处理申诉的程序

无论用人单位内部是否有工会组织，处理员工申诉的应对部门如何设置，劳动者申诉处理的主要程序都大致包含以下阶段。

2.5.4.1 劳动者申诉的受理

劳动者在认为自身权益受到侵害或对用人单位管理、政策等方面存在异议时，可向用人单位指定的申诉应对部门提出申诉。申诉应对部门在收到员工的申诉后，应及时进行登记。登记内容应包括申诉员工的基本信息、申诉事项的具体描述、涉及的时间、地点、人员等详细信息。

2.5.4.2 劳动者申诉的调查

申诉应对部门在登记后，将对申诉事项进行初步审查。初步审查主要是核实申诉内容的真实性、合理性和合规性，以确定是否进入下一阶段的深入调查。若申诉初步审查通过，申诉应对部门将组织调查小组，制定调查计划，明确调查目标、范围、方法和时间节点。调查小组将按照调查计划，对申诉事项进行深入调查。调查完成后，调查小组将形成调查报告，并附上相关证据材料。

2.5.4.3　劳动者申诉解决方案的制定

申诉应对部门在收到调查报告后，将对报告进行审查。审查内容包括调查报告的完整性、准确性和公正性等方面。在审查调查报告的基础上，申诉应对部门将提出处理建议。处理建议应根据法律法规、用人单位规章制度、调查报告等因素综合考虑，确保处理结果的公正性和合理性。如果按照用人单位规定，处理建议需要主管领导或相关决策机构进行审批的话，申诉应对部门还应履行相应的审批程序。

2.5.4.4　劳动者申诉处理结果反馈

申诉处理结果正式形成后，申诉应对部门应及时将处理结果告知申诉员工。同时，申诉应对部门将解释处理结果的依据和理由，确保员工对处理结果有充分的理解和认识。在处理结果执行后，申诉应对部门还应当对执行情况进行后续跟进，如发现执行过程中存在问题或需要调整的地方，将及时进行调整和改进。同时，申诉应对部门还应当关注申诉员工的反馈和意见，以便不断地完善和优化申诉处理流程。

2.5.5　用人单位内部申诉制度的建立

用人单位内部申诉制度的内容并不复杂，重点内容包括可以申诉的事项、申诉渠道及方式、申诉处理流程等。用人单位在制定劳动者申诉制度时，尽量不要将申诉制度复杂化，只要做到程序简洁明了、满足实际需求即可。另外，申诉制度作为用人单位劳动规章制度的组成部分，为了让其产生相应的效力，需要遵守相关法律关于劳动纪律和规章制度制定的程序要求。

示例

××公司员工申诉制度

第一条　目的：为了维护公司与员工的合法权益，及时发现和处理隐患问题，保障员工与公司管理层的沟通，提高员工工作的积极性，从而建立和谐的劳动关系，增强企业凝聚力，提高员工满意度，特制定本制度。

第二条　适用范围：本制度适用于公司所有在职员工。

第三条　原则：申诉人应根据事实，按照本制度的规定进行申诉，如经查证表明申诉人有欺骗行为的，公司将依据相关规定进行处罚，申诉受理人应在保密的原则下，对申诉事件给予严肃认真对待，保证员工的正当利益不受侵害。

第四条 申诉范围应在人事行政部的职能范围内，包括但不仅限于以下情形：

1. 对绩效考核及奖惩有异议的，依据《员工绩效评估反馈及奖惩申诉管理办法》。

2. 对岗位、职等职级的调整有异议的。

3. 对招聘、培训方面有异议的。

4. 对薪酬、福利、考勤方面有异议的。

5. 对劳动合同的签订、续签、变更、解除、终止等方面有异议的。

6. 对用餐、用车等行政后勤方面有异议的。

7. 认为受到上级或同事不公平对待的。

8. 申诉人有证据证明自己权益受到侵犯的其他事项。

第五条 申诉渠道及方式：

1. 公司成立申诉处理委员会，由申诉人直属主管、所在的部门经理及人事行政部相关成员（包括员工关系助理、员工关系及薪酬福利专员、招聘培训专员、绩效专员及人事行政部经理及分管副总）组成。

以上申诉受理人均可在权限范围内对申诉事项进行解答，如果申诉人接受该答复即可终结申诉。如果申诉受理人无法对申诉作出解答，可按照本制度第六条的申诉处理程序进行处理。如果申诉提交到了人事行政部，人事行政部各模块专员将负责调查、取证、提出初步处理意见、参与研究、反馈答复意见等工作。

2. 申诉时效为10日（法定节假日顺延）。即申诉人应在申诉事件发生之日起10日内申诉，因不可抗力而致逾期者，应向申诉处理委员会申明理由，申请延长申诉期限，但延长期限不得超过10日。

3. 申诉人申诉时需填写人事行政部提供的《员工申诉书》（附件），描述相关事项。

4. 申诉受理人应记录好《员工申诉书》记录完成后应要求申诉人签字确认。

5. 申诉人在等待申诉事件处理期间应严格遵守公司相关规章制度，保证正常上班。

第六条 申诉处理的程序：

1. 申诉人应在申诉事项发生之日起10日内到人事行政部领取《员工申诉书》并尽快填写完毕交给申诉受理人，即自己的直属主管，申诉人不可代理申诉，且不得越过流程作业。

2. 申诉受理人应在接收《员工申诉书》后详细分析申诉事项是否符合本制度申诉范围的要求，如不符合要求，应当场告知申诉人终止申诉并在《员工申诉书》上注明。如果申诉事项符合要求，申诉受理人应立即告知申诉人自己能否对申诉事项作出解答，如果不能作出解答则应明确告知申诉人，并在《员工申诉书》上写明由申诉处理程序的后一级进行解答。

3. 在申诉人的直线经理和部门经理两个层面上，二者均可直接对申诉事项进行调查、处理，申诉人对处理结果满意的即可终结申诉；如果申诉人对二者的处理结果均不满意的可继续向人事行政部提出申诉，人事行政部各模块专员负责对申诉事项的调查、取证、反馈等工作。

4. 涉及多个模块的，各模块专员应齐心协力共同配合完成。若申诉人对处理结果不满意，可继续向人事行政部经理提交申诉，任一申诉处理人员均应在10日内对申诉事项做好调查、取证等工作并得出最终结论。如果申诉人对人事行政部经理给出的结论仍不满意的，可以在知道申诉结论之日起10日内提出再申诉，10日内不提出再申诉即表示申诉人接受该结论。再申诉时，人事行政部分管副总将负责主导工作，申诉处理委员会所有成员应积极讨论，以最终结果为申诉事件的最终结论，申诉人应无条件遵守，不得再申诉。

5. 涉及跨部门的申诉，由相关部门申诉受理人积极讨论，待达成共识后解决。

第七条　申诉答复：申诉处理结果应记录为一式叁份的《员工申诉书》，一份交申诉人保存，一份存申诉人人事档案，一份由人事行政部员工关系组汇总并保存。

第八条　在整个申诉处理过程中，相关人员应保守秘密，如有泄密者，将依据相关规定进行处罚；如有对申诉人打击报复的，将根据相关规定从重处罚。

第九条　申诉结论得出后，由人事行政部员工关系组负责对结论的执行情况进行跟踪和监督。

第十条　本制度自　　　　年　　　月　　　日施行。

附件：员工申诉书

申诉人工号		姓名	
所在部门		岗位	
申诉人入职日期		申诉事件发生日期	

申诉事实经过及理由（可附页）：   日期：
申诉人直属主管处理经过及结论：   受理人：　　　　　　　　　　　　　　　　受理日期：
申诉人部门经理处理经过及结论：   受理人：　　　　　　　　　　　　　　　　受理日期：
人事行政部专员处理经过及结论：   受理人：　　　　　　　　　　　　　　　　受理日期：
人事行政部经理处理经过及结论：   受理人：　　　　　　　　　　　　　　　　受理日期：
申诉处理委员会最终结论：   受理人：　　　　　　　　　　　　　　　　受理日期：
申诉人确认：　　　　　　　　　　　　　　　　　　　日期：

2.5.6 根据申诉处理情况分析劳动争议发生风险

对劳动者的申诉进行妥善处理是用人单位维护劳动关系和谐、解决内部矛盾的重要环节。有效的申诉处理机制能够预防劳动争议的发生，保障用人单位运营的稳定性。然而，当劳动者申诉处理不当或存在问题时，往往会增加劳动争议的风险。

2.5.6.1 处理劳动者申诉过程中的常见问题

（1）申诉接收与确认不及时

劳动者提出申诉后，如果用人单位未能及时接收并确认，劳动者可能会感到被忽视，增加对用人单位的不满情绪，从而引发劳动争议。

（2）调查与核实不充分

在调查申诉时，如果用人单位未能全面、深入地了解事实真相，或者存在偏见、不公，可能会导致调查结果不准确，无法满足劳动者的合理诉求，进而引发劳动争议。

（3）沟通协调不畅

在处理申诉过程中，如果用人单位与劳动者之间的沟通不畅，或者未能充分协调双方利益，可能会导致矛盾加剧，增加劳动争议的风险。

（4）解决方案不合理

如果用人单位制定的解决方案不合理或不可行，无法满足劳动者的合理诉求，或者解决方案缺乏针对性，无法根本解决问题，也会增加劳动争议的风险。

（5）处理结果反馈不到位

如果用人单位未能及时、准确地反馈处理结果给劳动者，或者反馈方式不当，可能会导致劳动者对处理结果产生疑虑或不满，进而引发劳动争议。

2.5.6.2 解决问题的措施

（1）保证员工申诉渠道的畅通

用人单位应明确员工申诉的接收渠道，如设立专门的申诉邮箱、电话热线或在线平台，并确保员工知晓。在接收到申诉后，应及时确认并告知员工，以显示对其申诉的重视和关注。

（2）建立完善的调查机制

用人单位应建立完善的调查机制，确保调查过程公正、透明、深入。在调查过程中，应充分收集证据、听取各方意见，并确保员工对调查过程有充分的了解。对于调查结果，应公正、客观地呈现，并解释清楚事实真相。

（3）建立良好的沟通机制

用人单位应建立良好的沟通机制，确保员工与管理层之间的顺畅沟通。在申诉处理过程中，应主动与员工沟通，了解其诉求和意见，并积极协调各方利益，以达成双方都能接受的解决方案。对于复杂问题，可以组织专门的协调会议，共同商讨解决方案。

（4）最大限度保证解决方案的合理可行

用人单位应制定合理、可行的解决方案，确保能够满足员工的合理诉求。在制定解决方案时，应充分考虑问题的性质、员工的诉求以及用人单位的实际情况，确保解决方案具有针对性和可操作性。同时，应充分听取员工的意见和建议，对解决方案进行必要的调整和完善。

（5）及时准确反馈处理结果

用人单位应及时、准确地反馈处理结果给员工，并解释清楚处理过程和结果。在反馈处理结果时，应选择合适的方式和渠道，如书面通知、电话告知或面对面沟通等，以确保员工能够充分理解处理结果。同时，应耐心解答员工的疑问和不满，确保员工对处理结果产生认同感和信任感。

综上所述，用人单位应对员工申诉处理及时进行评估，确保问题得到妥善解决并防止问题反复出现。同时，用人单位应总结处理过程中的经验教训，制定改进措施并加强培训宣传等工作，以提高员工申诉处理的效率和质量。

2.6　用人单位的协商回应制度

2.6.1　协商回应制度的概念

用人单位协商回应制度是指用人单位内部建立的一种处理劳动争议的机制，其核心在于促进用人单位与劳动者之间的有效沟通和协商，以及时、公正地解决劳动人事争议。

用人单位协商回应制度的主要目的是通过协商的方式，解决用人单位与劳动者之间在劳动合同、集体合同、执行人力资源社会保障法律法规以及用人单位规章制度等方面存在的问题，从而维护双方的合法权益，促进劳动关系的和谐稳定。

2.6.2 建立协商回应制度的意义

用人单位建立协商回应制度，可以提高争议解决效果，即通过协商的方式解决劳动人事争议，缩短争议处理周期。同时，用人单位协商回应制度为劳动者提供了一个便捷、有效的申诉渠道，有助于维护劳动者的合法权益。通过协商回应制度，用人单位可以更加积极地回应劳动者的诉求，增强双方的互信和合作，从而促进劳动关系的和谐稳定。

2.6.3 协商回应制度的主要内容

2.6.3.1 协商回应的流程

劳动者认为用人单位在履行相关合同、执行法律法规或规章制度方面存在问题的，可以向用人单位提出申诉。一方当事人（劳动者或用人单位）可以通过约见、面谈等方式向另一方提出协商要求。另一方当事人应在规定的日期内积极做出口头或书面回应，若规定的日期内不做出回应，则视为不愿协商。协商的期限由双方当事人书面约定。在约定的期限内没有达成一致的，视为协商不成。若协商达成一致的，应签订书面和解协议。该协议对双方当事人具有约束力，当事人应当履行。

2.6.3.2 协商回应制度实施要求

（1）建立工作台账

用人单位和用人单位劳动人事争议调解委员会应分别建立接待申诉、问题反映工作台账，详细记录劳动者基本信息、申诉或反映问题的内容、办理结果等情况。

（2）实行首接负责制

对劳动者提出的协商要求应当实行首接负责制，确保劳动者的诉求得到及时、有效的处理。

（3）积极履行和解协议

协商达成的和解协议对双方当事人具有约束力，双方应当本着诚实信用的原则按照协议内容履行。

综上所述，用人单位协商回应制度是一种有效的劳动争议处理机制，它有助于维护用人单位与劳动者之间的合法权益，促进劳动关系的和谐稳定。

◎ **综合案例分析**

如何认定工伤赔偿协议显失公平?

肖某系某公司承接的某项目工地聘请的工人,在工地工作时不慎摔伤。经相关部门认定,肖某的该次受伤为工伤。在伤残等级评定结果作出之前,肖某便与公司签订了《工伤赔偿协议》,约定公司向肖某一次性赔偿6万元。同时,协议载明:肖某经自行咨询此次工伤事故预估鉴定等级为十级,公司已明示肖某,希望在劳动能力鉴定后再按鉴定等级赔偿,以免双方在赔偿后再发生争议,但肖某仍强烈要求公司及时完全解决此次工伤事故,且肖某承诺自赔偿协议签订后放弃再向公司追索的权利。协议签订后,经相关机构评定,肖某为伤残十级。随后,肖某以《工伤赔偿协议》约定的金额过低,显失公平为由,向法院申请撤销该协议。

法院经审理认为,虽《工伤赔偿协议》约定的赔付金额确与肖某依法应得的工伤保险待遇金额存在差距,然在协议签订时,首先,肖某经自行咨询已对伤残等级进行了预估,其预估的伤残等级与劳动能力鉴定委员会的鉴定结论一致,可知肖某在签订赔偿协议时已知晓依法应得的工伤保险待遇金额,不存在缺乏判断能力之情形。其次,公司已明确向肖某表示,希望肖某在劳动能力鉴定后按鉴定赔偿,在此情况下,肖某仍继续与公司签订该协议,则公司不具备利用肖某处于危困状态、缺乏判断能力等情形以谋取不正当利益之意,遂判决驳回了肖某诉求。

法官说法:用人单位与劳动者自愿达成的工伤赔偿协议均系双方真实意思表示,只要不违反法律、法规的强制性规定,双方均应遵照执行。出于保护劳动者合法权益的目的,当工伤赔偿协议约定的赔偿金额低于法定赔偿标准的75%时,法院即可认定该工伤赔偿协议构成显失公平。但赔偿金额的高低并非衡量协议效力的唯一标准,协议效力如何还须综合全案事实进行认定。若劳动者在签订协议时已准确预估或已知晓其伤残评定等级,经用人单位明示,仍要求用人单位按照较低金额进行赔付,应系双方真实意思表示,协议不存在效力瑕疵。

(资料来源:重庆市高级人民法院2021年12月13日发布的案件时讯。)

第3章 劳动争议调解

◎ 引 例

"闪送员"送单途中意外身亡，应如何获得赔偿?

陈某于 2019 年 10 月 27 日在某网络配送公司平台注册成为快递骑手。该平台在注册时要求职工自行阅读平台用户协议并点击同意，该协议明确约定，双方之间是商业合作关系，不存在劳动关系。但事实上陈某每天连续长时间工作，接单后不得取消订单，此外陈某在送货前必须满足公司的相关要求。2021 年 8 月 2 日，陈某在送单途中发生交通事故，经过抢救无效死亡。陈某的家属向仲裁委提出申请，要求确认陈某与公司存在劳动关系。仲裁委以双方之间签署过合作协议为由，认定双方不符合法律有关成立劳动关系的要件，驳回了家属的仲裁请求。家属不服仲裁结果，向一审法院起诉。

一审期间，双方在法院主持下，达成调解协议，公司支付家属 75 万元补偿款。

本案是一起维护新就业形态劳动者的成功案例，从仲裁阶段的劳动关系不认定，到一审法院的高度重视，最终以调解的形式结案，帮助"闪送员"家属拿到 75 万元补偿款。从一个侧面印证了，社会各界对于新就业形态劳动者的保护越来越重视。"新业态"之所以新，是因为他们与传统的劳动关系相比具有一定的不同点。但是否认定双方之间存在劳动关系，需要具体问题具体分析。

本案以调解结案，最大限度抚慰了陈某家属，同时也给类似平台企业提出了新的启示，即在与劳动者符合劳动关系认定要素的情况下，平台企业必须依法履行用人单位的法定义务，不能以"新业态"作为规避法律责任的理由。

（资料来源:《劳动午报》2022 年北京工会劳动维权十大案例。）

虽然当事人通过协商自行解决劳动争议是最快捷最经济的方式，但若当事人不愿意协商或者无法协商一致时，如果具有一定专业素养的中立的第三方参与进来，并不进行居中裁判，而是通过教育劝说等方式，促使双方达成一致意见，也不失为一种有效率的争议解决方式。劳动争议调解制度因此产生。

3.1　劳动争议调解概述

3.1.1　劳动争议调解的概念

劳动争议的调解是指在第三方主持下，依据法律规范和道德规范，劝说争议双方当事人通过民主协商、互谅互让，达成协议，从而消除争议的一种方法与活动。

我国劳动争议调解制度在 20 世纪 90 年代建立，是我国建立的社会主义新型劳动制度的一项重要内容，也是妥善处理劳动争议的一种有效途径。它和劳动争议仲裁制度、司法裁判制度相配合，及时、有效、稳妥地处理了大量的劳动争议，为稳定劳动关系、化解劳动矛盾、构筑和谐的劳动用工关系发挥了积极作用。

在劳动争议的仲裁和诉讼程序中，在裁判结果出来以前，仲裁员和法官都会在当事人自愿的前提下进行调解。本章在没有特别指明的情况下，所述的劳动争议调解仅指独立于仲裁和诉讼程序的基层调解，不包括仲裁和诉讼程序中的调解环节。

3.1.2　劳动争议调解的原则

3.1.2.1　自愿原则

劳动争议调解组织应当依照法律，遵循双方当事人自愿的原则进行调解。经调解达成协议的，制作调解协议书，双方当事人应当自觉履行；调解不成的，当事人在规定的期限内，可以向劳动争议仲裁委员会申请仲裁。当事人的双方自愿原则体现在如下几方面：

（1）申请调解自愿

是否向劳动争议调解组织申请调解，由双方当事人自行决定，对任何一方不得强迫。企业及民间调解组织的调解，在我国劳动争议处理机制中不是必经程序。所以，当事人是否向调解组织申请调解，可由劳动争议双方当事人自愿选择。但是，如果一方当事人向劳动争议调解组织申请调解，另一方当事人向劳动争议仲裁机构申请仲裁，则劳动争议仲裁机构应当受理。

（2）调解过程自愿

在调解过程中，始终贯彻自愿协商的原则，调解过程是一个自愿协商的过程，双方当事人法律地位平等，任何一方不得强迫另一方。调解组织作为调解机构，本身并无决定权，劳动争议的解决主要依靠双方自愿。经调解是否达成协议，由当事人自愿，不得强迫，调解机构在调解过程中不能强行调解或者勉强达成调解协议，更不允许包办代替。

（3）履行调解协议自愿

经劳动争议调解组织达成的调解协议，没有强制执行的法律效力。调解协议的履行，依靠当事人的自觉，不得强制执行。如果调解违反自愿原则，不是在双方当事人自愿的基础上进行的，而是通过勉强和强制达成的，则即使达成协议，也不能发生法律效力。

3.1.2.2　耐心疏导、民主说服原则

劳动争议调解组织既不是国家审判机关，也不是国家行政机关，它既没有司法审判权，也没有行政执法权和仲裁权。调解劳动争议时，劳动争议调解组织要充分听取双方当事人对事实和理由的陈述，耐心疏导，运用民主讨论的方法，不断地开展说服教育，在双方认识一致的前提下，动员其自愿协商后达成协议。坚持耐心疏导、民主说服的原则，是由劳动争议调解组织的性质决定的，要反对强迫命令、用权势压服当事人的做法。

3.1.2.3　公正原则

劳动争议调解组织应当坚持公正原则，这是合理解决争议的基本前提。该原则要求劳动争议调解组织在调解劳动争议时，要秉公处理，不徇私情，保证双方当事人处于平等的法律地位，具有平等的权利义务。调解结果应当合法、合情、合理，不超越本地区和企业的实际情况，切实可行。

强调坚持公正原则对正确调解劳动争议有着重要意义，这是因为在劳动关系中，劳动者与用人单位存在隶属关系，用人单位有权对劳动者进行管理和指挥，

劳动者应当服从。显然，这种管理与被管理的关系使劳动者在劳动过程中处于较弱的地位，与用人单位不对等。但这种不对等的关系不能带入劳动争议调解程序，一旦发生劳动争议，进入争议调解程序，劳动者和用人单位就是平等的主体。劳动争议调解组织就要坚持公正原则，保证争议双方都能平等地享有法律赋予的权利，承担法律规定的义务，任何一方没有超越另一方的特权。这也是达成符合双方利益调解方案的一个前提条件。

3.1.2.4 及时调解的原则

劳动争议和其他争议的一个重要区别就是，劳动争议与劳动者的生活、用人单位的生产经营活动密切相关，一旦发生劳动争议，不仅影响用人单位正常的工作秩序，而且直接影响劳动者及其家人的生活，甚至影响社会的稳定。因此，对劳动争议必须及时处理，及时保护权利受侵害一方的合法权益，以协调劳动关系，维护正常的秩序。根据《劳动争议调解仲裁法》的规定，自劳动争议调解组织收到调解申请之日起15日内未达成调解协议的，当事人可以依法申请仲裁。这就要求劳动争议进入调解程序后，劳动争议调解组织要及时处理，不得拖延时间或阻挠当事人依法申请仲裁。

3.1.3 劳动争议调解的特征

3.1.3.1 自愿性

根据《劳动争议调解仲裁法》的规定，劳动争议调解不是劳动争议处理的必经程序，当事人具有申请调解和直接申请仲裁的程序选择权。调解程序的启动与进行均应充分体现当事人的意愿，调解机构不得强行要求当事人进行调解。近年来我国在实践中加大了劳动争议调解力度，主要体现在引导当事人进行调解渠道的拓展、调解效能的提升等方面，仍然坚决贯彻调解自愿的原则。

3.1.3.2 独立性

劳动争议调解是一种独立程序，在劳动争议处理的制度体系中与仲裁、诉讼等程序并列，并在实施主体、程序设计以及工作方法等方面有明显的区别。劳动争议基层调解的启动不以其他程序的存在为前提，通常也先于仲裁程序和诉讼程序进行。

3.1.3.3 群众性

劳动争议基层调解组织既不属于司法、仲裁机构，也不属于行政机关。以企业劳动争议调解委员会为例，它是在职工代表大会领导下，依法成立的专门处理本企业劳动争议的职工群体性调解组织。它的组织成分及调解活动不仅建立在广泛的群众基础上，而且需要职工的直接参与。

3.1.3.4 自治性

在我国，劳动者的主人翁地位决定了人民群众可以"依照法律规定，通过各种途径和形式，管理国家事务，管理经济和文化事业，管理社会事务"（《宪法》第二条）。劳动争议基层调解组织的自治性便是对劳动者这一地位的体现。以企业劳动争议调解委员会为例，它具有自治属性，不受个人、企业行政和其他组织或单位的干预，是依法独立调解劳动争议的组织。企业劳动争议调解制度是企业内部群众实行自我管理、自我教育、自我服务的有效形式和途径，是企业民主管理的重要内容。

3.1.3.5 非诉讼性

劳动争议调解与仲裁、诉讼活动不同，属于一种诉讼外制度。其活动的开展没有严格详尽的法定程序，活动的参加人不具有诉讼活动中的权利和义务。劳动争议基层调解组织没有对劳动争议的强制处理权。经调解达成的协议在未经司法确认时不具备法律强制力，如一方当事人反悔拒不履行义务，另一方当事人与调解机构都不能强制当事人执行。

3.1.4 劳动争议协商和调解的区别

劳动争议协商与调解都是在双方当事人自愿的情况下解决劳动争议的方式，但是二者也有很多不同之处，主要表现在以下几方面。

3.1.4.1 协商没有第三方正式参与

通常情况下，劳动争议协商是在没有第三人参与的情况下，双方平等自愿自行协商、互谅互让，对原纠纷做出妥协性处理。虽然我国法律也允许第三方（如工会组织）参与到劳动争议协商活动中，但并不要求第三方担任主持。因此，即使第三方参与到协商活动中，也是非正式的，仅仅起到咨询、建议等辅助作用。

在劳动争议调解活动中，一定有第三方的参与，而且第三方的地位是中立的，并履行主持调解活动的职责。调解协议在第三方的主持和帮助下达成。由于广义的调解还包括仲裁调解和诉讼调解，因此这个第三方可能是基层调解组织，也可能是仲裁庭或者法庭。

3.1.4.2 二者启动的方式不同

劳动争议协商的启动，只要当事人双方有意愿即可，无须得到第三方的允许。劳动争议发生伊始，当事人可以进行协商，即使劳动争议已经进入到仲裁或者诉讼阶段，当事人依然可以进行协商。

劳动争议调解程序的启动，需要当事人提出申请并征得对方同意，或者是在仲裁庭或者法庭的询问下双方同意之后方可进行。

3.1.4.3　二者解决争议的效果不同

劳动争议协商，无疑是一种成本较低的争议解决方式，通常可以"案结事了"，但仍无法避免当事人反悔情形的出现。

通过劳动争议基层调解，双方达成的调解书，也不具备强制执行效力。但是在仲裁庭或者法庭主持下达成的调解书，就和裁决书或者判决书具有同等的法律效力，当事人可以申请强制执行。

3.2　劳动争议调解组织

健全劳动争议调解组织是劳动争议调解作用得到充分发挥的重要保障。《劳动争议调解仲裁法》的颁布进一步推动了我国劳动争议基层调解组织的发展，明确规定了三类劳动争议调解组织，分别为企业劳动争议调解委员会、依法设立的基层人民调解组织以及在乡镇、街道设立的具有劳动争议调解职能的组织。

3.2.1　企业劳动争议调解委员会

3.2.1.1　企业劳动争议调解委员会的设置

企业劳动争议调解委员会是在企业内部设立的调解组织，负责解决本企业发生的劳动争议。

关于企业劳动争议调解委员会的设置，《劳动争议调解仲裁法》并未明确规定，但是《企业劳动争议协商调解规定》第十三条规定，大中型企业应当依法设立调解委员会，并配备专职或者兼职工作人员。有分公司、分店、分厂的企业，可以根据需要在分支机构设立调解委员会。总部调解委员会指导分支机构调解委员会开展劳动争议预防调解工作。调解委员会可以根据需要在车间、工段、班组设立调解小组。第十四条规定，小微型企业可以设立调解委员会，也可以由劳动者和企业共同推举人员，开展调解工作。

由此可见，设置企业劳动争议调解委员会，法律采取的是不干预的态度，把是否设立的决定权交予企业。随着劳动争议调解在处理劳动争议程序中发挥的作用越来越大，政府开始倡导企业设置劳动争议调解委员会，充分发挥调解环节的作用，甚至对大中型企业强制规定建立劳动争议调解委员会。不过《企业劳动争议协商调解规定》并没有对大中型企业有明确的界定，也没有规定大中型企业不建立劳动争议调解委员会的法律责任，因此其强制程度还是很有限的。

3.2.1.2　企业劳动争议调解委员会的组成

根据我国的《劳动争议调解仲裁法》规定，它由职工代表和企业代表组成。职工代表由工会成员担任或者由全体职工推举产生，企业代表由企业负责人指定。企业劳动争议调解委员会主任由工会成员或者双方推举的人员担任。

《企业劳动争议协商调解规定》第十五条也进一步明确，调解委员会由劳动者代表和企业代表组成，人数由双方协商确定，双方人数应当对等。劳动者代表由工会委员会成员担任或者由全体劳动者推举产生，企业代表由企业负责人指定。调解委员会主任由工会委员会成员或者双方推举的人员担任。

在《劳动争议调解仲裁法》出台以前，企业劳动争议调解委员会的组织构成实行的是"三方原则"。《劳动法》第八十条规定，劳动争议调解委员会由职工代表、用人单位代表和工会代表组成。按照此条规定，职工代表、用人单位代表、工会代表为相对独立的三方，各自代表不同利益，从而实现了调解组织构成的三方原则。尽管这一做法发挥了一定的作用，但根据《中华人民共和国工会法》（以下简称《工会法》）第二条的规定，工会是职工自愿结合的工人阶级的群众组织，中华全国总工会及其各级工会组织代表职工的利益，依法维护职工的合法权益。由此可知，工会事实上应是职工利益的代表，职工的利益与工会的利益相互统一，两者之间并无独立于对方之外的自身利益，这就与《劳动法》规定的三方原则产生了冲突。因此，《劳动争议调解仲裁法》对这一情况进行了修正，调整了企业劳动争议调解委员会的组成，使其人员构成更符合实际需要。

⚙ **重点提示**

企业劳动争议调解委员会由工会代表和企业代表两部分人员组成，也就是将原来法律规定的职工代表和工会代表合为一方，这样更能体现工会本来的性质。

3.2.1.3 企业劳动争议调解委员会的职责

（1）宣传劳动保障法律、法规和政策

企业劳动争议调解委员会调解劳动争议，要依据劳动法律、法规、规章和政策，其工作人员需要具有一定的法律知识和政策水平，是开展劳动保障法律、法规和政策宣传的合适人员。同时，企业是劳动争议的发源地，企业劳动争议调解委员会的宣传教育工作能够有效地预防劳动争议的发生。

（2）对本企业发生的劳动争议进行调解

劳动争议发生后，若双方当事人共同提出调解申请，劳动争议调解委员会应当及时受理，依据法律法规与相关政策，以客观事实为基础，坚持平等自愿的原则，对劳动争议进行调解，推动纠纷解决的进程。这是企业劳动争议调解委员会最基本、最重要的职责。

（3）监督和解协议、调解协议的履行情况

劳动争议双方当事人和解以后，或者在劳动争议的调解协议达成之后，企业劳动争议调解委员会可以通过回访和后续的跟进了解，检查、督促当事人执行和解协议、调解协议。当发现协议未被及时履行时，可适当采用说服教育的手段，督促双方当事人认真履行和解协议、调解协议。

（4）聘任、解聘和管理调解员

劳动争议调解组织的调解员应当由具有一定法律知识、政策水平和文化水平的成年公民担任，并且其还能公道正派、联系群众、热心调解工作。企业劳动争议调解委员会应负责对调解员进行甄选，聘任合格的调解员，并对在岗的调解员加强业务培训，提高其调解水平。

（5）协助企业建立劳动争议的预防预警机制

企业劳动争议调解委员会要在日常工作中积极宣传各项劳动法律法规和相关政策，注重劳动法治观念的渗透，使企业和员工明确自己在劳动问题上享有的权利及义务。同时，还应注重观察，及时了解企业内劳动关系运行过程中出现的新问题、新情况，并采取相应措施，有针对性地加强政策法律教育，做好有关的咨询工作和说服劝导工作，防止矛盾进一步扩大，以避免和减少劳动纠纷的发生。最后还要能够从宏观、长远的角度把握企业劳动关系的运行状况及有关劳动争议的特点，及时总结经验，并将这些认识与相应采取的措施同企业劳动关系管理实践相结合，帮助企业完善各项规章制度，减少劳动争议的发生。

3.2.2 依法设立的基层人民调解组织

3.2.2.1 我国法律对于设置基层人民调解组织的要求

根据我国相关法律、法规的规定，居民委员会、村民委员会下设的人民调解委员会是依法设立的基层人民调解组织。

2011年1月1日起施行的《中华人民共和国人民调解法》（以下简称《人民调解法》）是我国第一部专门、系统、完备地规范人民调解的法律，全面确立了人民调解制度，在我国人民调解制度和人民调解事业发展史上具有里程碑的意义，为人民调解工作的发展带来了新的契机。目前我国人民调解委员会主要设立在下列部门或单位组织：①农村村民委员会、城市（社区）居民委员会；②乡镇、街道；③企事业单位；④行业性组织。其中第一种是传统的、基本的、狭义的人民调解组织，第二种是广义的、拓延的人民调解组织。当前，由于纠纷诉讼外解决的社会需求以及各级政府的重视，人民调解组织在社会矛盾平息、纠纷化解中发挥的积极作用日益凸显，也因此逐渐蓬勃发展壮大。

3.2.2.2 基层人民调解组织的职责

第一，调解民间纠纷，借助规劝疏导等方式促使当事人互谅互让，防止矛盾激化。

第二，宣传法律、法规、规章和相关政策，教育公民遵纪守法，遵守社会公德，预防和减少民间纠纷发生，维护社会安定团结。

第三，向村民委员会、居民委员会、所在单位和基层人民政府反映民间纠纷和调解工作的情况。

3.2.3 在乡镇、街道设立的具有劳动争议调解职能的组织

3.2.3.1 我国法律有关乡镇、街道设立具有劳动争议调解职能的组织的规定

根据《劳动争议调解仲裁法》的规定，可以在乡镇、街道设立具有劳动争议调解职能的组织。其目的在于赋予这些调解组织应有的法律地位，明确其基本职责，推动劳动关系领域的矛盾纠纷在基层即得到化解，从而最大限度地减少维权成本，进而促进经济发展，维护社会稳定。乡镇、街道设立的具有劳动争议调解职能的组织主要包括在小型非公有制企业和非正规就业人员比较集中、劳动争议多发的区、县、乡镇、街道、开发区、社区及行业设立的区域性、行业性劳动

争议调解组织。多年来，我国在乡镇、街道设立的劳动争议调解组织得到了很大发展。2009年，《关于加强劳动人事争议调解工作的意见》进一步明确指出，要在个体经济、私营经济比较集中的地区，在地方党委、政府的统一领导下，大力推动乡镇、街道劳动保障服务所（站）和工会、企业代表组织设立的劳动争议调解组织建设，不断完善工作机制，落实工作经费，将调解职能向企业比较集中的村和社区延伸，从而为该类组织的发展提供了更为有力的指导与支持。

3.2.3.2 乡镇、街道设立的具有劳动争议调解职能的组织职责

（1）指导、监督所辖区域内企业劳动争议调解委员会的工作

这包括对企业劳动争议调解委员会的劳动法律法规和政策的指导、工作方法的指导、对具体劳动争议调解的指导以及对劳动争议预防工作的指导。注重提高企业劳动争议调解委员会的法律素养、政策水平以及实际业务工作能力，引导企业劳动争议调解委员会将预防劳动争议的工作放在重要的位置，帮助企业劳动争议调解委员会解决在实践中遇到的困难。

（2）调解所辖区域内未建立企业劳动争议调解委员会的企业的劳动争议

随着经济的发展，全国各地的非公有制企业不断增多。在这些企业中，很多外商投资企业、私营企业和乡镇企业都尚未建立内部的劳动争议调解委员会。同时，这些企业在员工规模不断扩张的过程中面临着劳动纠纷也日渐增多的态势。因此预防和调解这一类劳动争议有着十分迫切的需要。在乡镇、街道设立的具有劳动争议调解职能的组织应积极调解这些企业的劳动争议，注意总结该类企业劳动争议发生的规律，研究预防政策，把争议解决在萌芽状态。除此之外，还应采取措施帮助企业尽快建立劳动争议调解委员会，以协调和稳定劳动关系，最大限度地防止劳动争议的发生。

（3）配合上级工会和劳动争议仲裁委员会的工作

其具体内容主要包括：及时向本区域内劳动争议调解委员会传达上级工会的指导意见；如实向上级工会反映本区域内企业劳动关系状况、劳动争议情况和劳动争议调解工作的情况；推动上级工会指导意见在所辖范围内的落实等。

3.2.3.3 乡镇、街道设立的具有劳动争议调解职能的组织调解作用的发挥

随着社会与经济的发展，劳动关系领域的矛盾纠纷呈现出新的特点，且劳动争议案件不断增多。一些地区为适应劳动争议案件发生的新形势，及时解决事关群众切身利益的基层劳动争议，开始探索争议解决的新途径，并做出了一些有益的尝试。这些在乡镇、街道设立的不同类型的调解组织依托各自的独特优势，从

不同角度扩展了地方劳动争议调解职能的发挥，成为劳动争议调解组织的重要组成部分。当前我国以《劳动争议调解仲裁法》为主的劳动争议调解法律法规及政策体系肯定这些符合发展需要的区域性调解组织，并鼓励现行的区域性调解组织在处理劳动争议方面加强调解职能的发挥，对工作领域不断丰富、完善，以求在实践中发挥最大效用。

根据当前的人力资源和社会保障相关法律法规及指导意见的要求，我国在乡镇、街道设立的劳动争议调解组织主要包括以下五种模式：

第一，依托于乡镇、街道的劳动就业社会保障公共服务平台设立的调解组织。

第二，依托于地方工会设立的调解组织。

第三，依托于地方企业代表组织设立的调解组织。

第四，由地方司法部门所设立的调解组织。

第五，由地方党委、政府主导，人力资源和社会保障有关部门设立的调解组织。

3.3　劳动争议调解的申请

3.3.1　申请劳动争议调解的渠道

3.3.1.1　当事人直接申请调解

当劳动争议发生后，当事人可以直接向劳动争议调解组织申请调解，这是一种高效、便捷的争议解决方式。实践证明了调解在解决劳动争议中有非常积极作用，能够为当事人解决实际问题，维护合法权益。

3.3.1.2　仲裁委托调解

劳动争议仲裁机构可以委托调解组织调解劳动争议案件，经当事人同意，可以委托调解组织进行调解。经委托调解达成一致意见的，制发调解协议；在调解期间内达不成协议的，劳动争议处理机构应及时立案。

目前，我国正在探索建立"大调解"工作体系，仲裁委托调解制度则是调裁衔接的一大举措。劳动争议仲裁机构在进行仲裁立案之前，对争议事实比较简单、当事人分歧不大、有较大调解可能的案件，委托独立的调解组织进行调解。此举能够将劳动争议处理的重心前移，降低争议处理成本，提高争议处理效率。

3.3.1.3 法院委托调解

当前，各地法院积极探索劳动争议委托调解制度。劳动争议当事人不服仲裁裁决向法院起诉的，立案后经当事人同意，法院可以委托调解组织进行调解。法院出具书面委托函，针对案件适用简易程序还是普通程序而确定不同的委托调解期限。委托调解达成调解协议的，当事人可以撤回起诉，也可以申请法院对调解协议进行司法审查确认。调解不成的，法院应当及时对该劳动争议进行审判。

3.3.2 选择劳动争议调解渠道的注意事项

3.3.2.1 了解可以提供劳动争议调解服务的调解组织

用人单位设立的劳动争议调解委员会是最常见的调解组织，负责调解本单位的劳动争议。部分社区或地区可能设有专门的调解组织，可以为劳动争议当事人提供调解服务。某些行业可能设有行业协会或专业调解机构，这些机构具备专业知识和经验，能够为特定行业的劳动争议提供调解服务。

如果想申请劳动争议调解，需要了解本地区都有哪些可以提供劳动争议调解服务的组织，并且了解调解组织的背景、信誉和专业性，以确保调解结果的有效性和公正性，以便可以选择合适的调解组织。

3.3.2.2 评估调解的需求

在选择调解渠道前，应评估劳动争议当事人的具体需求和情况，首先需要了解争议的具体内容和复杂程度，其次需要考虑调解所需的时间和成本，以及对双方工作、生活或者生产经营的影响。

3.3.2.3 选择合适的调解组织

如果用人单位内部设有劳动争议调解委员会，劳动者可以优先考虑该渠道，因为该委员会对双方情况较为了解，便于快速达成调解协议。同时，还可以咨询当地劳动行政部门或工会，了解更多的关于调解渠道的信息，并获取专业建议。

3.3.3 提出调解申请

与劳动争议协商相比，劳动争议调解的程序更严谨一些，最终产生的调解文书如果经过仲裁程序和诉讼程序的确认，还会产生强制执行的效力。因此，劳动争议调解环节有一些双方当事人必须准备的相关材料，如调解申请书、劳动合同等证据材料、身份信息证明等。

根据《劳动争议调解仲裁法》的规定，当事人申请劳动争议调解本着自愿的原则，可以书面申请，也可以口头申请。口头申请的，调解组织应当当场记录申请人基本情况、申请调解的争议事项、理由和时间。

在《企业劳动争议协商调解规定》第二十一条中也规定，发生劳动争议，当事人可以口头或者书面形式向调解委员会提出调解申请。申请内容应当包括申请人基本情况、调解请求、事实与理由。口头申请的，调解委员会应当当场记录。

重点提示

调解属于第三方介入的纠纷解决机制，而第三方解决的效力和威信来自于争议当事人双方的选择和认同，是当事人启动调解程序时当事人意思的体现，也符合自愿调解的原则。因此调解组织一般不主动介入。

通常情况下，当事人可以通过填写"劳动争议调解申请书"来提出调解申请并表达自己的利益诉求。如果当事人没有提出调解申请，则视为未申请调解。但是本着把矛盾化解在基层的出发点，《企业劳动争议协商调解规定》第二十三条规定，发生劳动争议，当事人没有提出调解申请，调解委员会可以在征得双方当事人同意后主动调解。特别要注意的是，这种所谓的"主动"，也应当在征得双方当事人同意后才进行，而不是强制调解。

此外还应注意，《劳动争议调解仲裁法》第七条规定，劳动争议的劳动者一方在 10 人以上，并有共同请求的，可以推举代表参加调解、仲裁和诉讼活动。

示例

劳动（人事）争议调解申请书（样式）

申请人：姓名：　　　　　性别：　　　民族：　　　出生年月：

文化程度：　　　　　　工作单位：

现住址：

联系电话：　　　　　　邮政编码：

被申请人（单位名称）：

地址：

联系电话：　　　　　　　　邮政编码：

法定代表人：姓名：　　　　　职务：

请求调解事项：1. _____

　　　　　　　2. _____

　　　　　　　3. _____

事实和理由：

此致

　　劳动（人事）争议调解委员会

申请人（签名）：

　　　　　　　年　　月　　日

3.4　劳动争议调解前的准备工作

3.4.1　调解受理

我国《劳动争议调解仲裁法》规定的劳动争议调解组织有三类：企业劳动争议调解委员会、依法设立的基层人民调解组织和在乡镇、街道设立的具有劳动争议调解职能的组织。下面以企业劳动争议调解委员会为例说明其受理调解的程序。

申请人以书面或口头形式向企业劳动争议调解委员会提出申请后，调解委员会应当依法进行审查，根据不同情况分别做出决定。《企业劳动争议协商调解规定》第二十二条规定，调解委员会接到调解申请后，对属于劳动争议受理范围且双方当事人同意调解的，应当在 3 个工作日内受理。对不属于劳动争议受理范围或者一方当事人不同意调解的，应当做好记录。并书面通知申请人。

调解委员会审查，主要应从以下几个方面着手：

第一，审查申请调解的争议是否属于劳动争议，当事人是不是向对应的调解委员会提出申请。

第二，审查调解申请人是否合格，即必须是与劳动争议有直接利害关系的当事人。

第三，审查申请调解的劳动争议是否符合该调解委员会接受申请的范围和条件。

第四，审查是否有明确的被申请人以及具体的调解请求和理由。

第五，审查申请调解的劳动争议是否已经过仲裁裁决或法院判决，对未经过仲裁裁决或法院判决的，需征询对方当事人的意见，对方当事人不愿调解的，应做好记录，并通知申请人。对已经过仲裁裁决或法院判决的，调解委员会不应受理，应当告知当事人按照裁决书或者判决书指引的渠道处理。

调解委员会应在规定时间内做出受理或不受理申请的决定，对不受理的案件，调解委员会应向申请人说明理由。

重点提示

调解期间的起算从劳动争议调解组织收到当事人提出申请之日计算，不是从劳动争议调解组织决定受理之日起计算，也不是从对方接受调解之日起计算。实务操作中应注意确定"申请日"。

3.4.2　调解前准备工作的内容

劳动争议调解的准备工作是确保调解过程顺利进行、提高调解成功率的重要环节。以下是需要准备的工作内容：

3.4.2.1　全面了解劳动争议事实

调解员应当全面了解劳动争议事实，包括劳动争议产生的原因、发展过程、争议的焦点等。这是调解工作的基础，有助于调解员准确把握争议的关键点。调解员还应当指导当事人收集整理足以证明事实的证据材料，如劳动合同、工资单、加班记录、社保缴纳证明等。这些证据材料对于判断争议的是非曲直和确定当事人的责任具有重要意义。

3.4.2.2　熟悉相关法律法规

调解员应熟悉与争议有关的劳动法律法规及劳动合同的规定，为判断争议的是非曲直和确定当事人的责任提供准确的法律依据。如果有必要，调解员还可以咨询律师或法律顾问，获取更专业的法律建议和意见。

3.4.2.3　指导当事人准备调解材料

调解员应当指导当事人准备调解申请书，详细陈述争议事实、理由和诉求。申请书应清晰明了，便于调解员理解。同时，当事人还应提供有效的身份证明文件，以及提供与争议有关的证据材料复印件，并制作证据清单，方便调解员查阅。

3.4.2.4　拟定调解方案

调解员应理性判断双方当事人的主张在法律层面上能否完全成立，并在此基础上预先考虑调解方案。调解方案应合理、可行，有助于双方达成一致。由于在调解过程中，双方可能需要进行多轮协商和妥协，因此劳动关系协调人员还应准备替代方案，以便在必要时进行调整和让步。

3.4.2.5　明确调解会议时间地点

在确定了调解会议的时间地点以后，调解员应及时通知当事人，确保争议双方能够准时参加调解。

3.5　劳动争议调解的实施

3.5.1　劳动争议调解会议议程

实施调解可通过召开调解会议的形式进行，调解会议可由调解委员会主任主持，具体议程如下：

第一，会议主持人宣布会议开始，书记员向主持人报告到会人员情况。

第二，主持人宣布调解的目的和纪律，告知当事人注意事项，并宣布申请人请求调解的争议事项。

第三，当事人陈述，先由本案的申请人宣读申请书或口头陈述事实及理由，再由被申请方陈述。

第四，主持人宣讲与争议有关的法律法规。

第五，公布调解委员会对本案的调查核实情况。

第六，由双方当事人对调解委员会宣布的事实、证据发表意见。

第七，调解委员会依据查明的事实，提出调解意见，征求双方当事人意见。如果双方当事人均表示可以接受调解意见（可以补充内容），则调解成功。如果一方或双方当事人均不能接受调解意见，也未提出和达成其他一致意见，则调解不成功。

3.5.2 劳动争议调解的方法

调解是一项法律性、政策性比较强的工作，它的成功与否既取决于调查取证和调解准备工作、调解方案是否充分，又取决于调解员在实施调解过程中的能力和水平。作为劳动争议调解组织的调解员，一方面要有高度的责任感、职业道德和专业知识水平，另一方面也需要运用一定的调解方法。

3.5.2.1 依法调解，切实维护双方合法权益

在调解过程中，要特别关心那些在工作和生活中遇到困难的劳动者，对于劳动者思想认识上的不同见解，应当以与劳动者平等的态度进行引导。如果劳动者的要求是完全正当和合法的，并且是用人单位可以办到的，就应该及时建议用人单位采取有效措施，依法为劳动者据理力争。如果劳动者的要求部分不合理，调解员应重点放在协商调解上，做好劳动者的说服教育工作，同时做好用人单位的调解工作，努力把矛盾化解在基层。

3.5.2.2 消除误解，结合实际确定调解方案

调解策略贯穿调解过程的始终，体现在调解的每一阶段。调解员在结合实际的基础上对调解策略的正确运用，是劳动争议调解能够成功的关键所在。

3.5.2.3 讲究谈话技巧，注重调解语言运用

在劳动争议调解中，调解员经常与当事人进行个别谈话，这是调解员的基本功。为劳动争议调解员，要善于针对争议双方在调解过程中不同的心态，进行艺术性谈话以达到调解的目的。因此，掌握一定的谈话技巧对调解员来说是非常重要的。

3.5.3 劳动争议调解的注意事项

3.5.3.1 防止割裂自愿原则与公正原则

坚持自愿原则，并不是听之任之，让当事人任意签订调解协议。当事人提出

有失公平或者损害他人或社会利益的解决意见时，调解人应积极地干预和教育，并提出公正、合法、合理的解决方案，供双方协商。

3.5.3.2 防止无原则调和

国家法律和政策是调解劳动争议的依据，只有依照法律和政策，才能分清是非，才能正确地进行调解和达成有效协议。调解中要避免放弃原则，还要避免不作深入细致的调查研究。

3.5.3.3 防止强迫调解

当事人之间发生劳动争议，当事人有权在法律允许的范围内选择解决的途径和方式，调解组织不能干涉和阻碍。调解过程中未能达成协议，一方或双方提出劳动争议仲裁申请，劳动争议调解组织不能干预；劳动争议调解达成协议后一方反悔，要求仲裁的，劳动争议调解组织也不能干预。

3.5.3.4 防止久拖不调，久调不结

对于经过再三调解仍无法解决的争议，要防止久调不结。如果既调解不了，又无法结案，将拖延劳动争议进入仲裁的进程，使当事人的争议长期得不到解决，这不仅会影响当事人的工作和生活，而且会影响社会的稳定，与调解的宗旨也是相悖的。

3.5.4 调解结案的类型

3.5.4.1 当事人达成调解协议

经调解达成协议的，应当制作调解协议书。调解协议书由双方当事人签名或者盖章，经调解员签名并加盖调解组织印章后生效，对双方当事人具有约束力，当事人应当履行。

3.5.4.2 当事人撤回调解申请

如果当事人在调解过程中撤回自己的调解申请，调解组织应当准许，并终结调解。当事人撤回调解申请的原因可能是已经自行和解，也可能是不愿意再继续进行调解或者其他原因，基于调解自愿的原则，应当允许当事人随时撤回调解申请。

3.5.4.3 当事人拒绝调解

在调解过程中，没有主动提出调解申请但是同意调解的当事人，有权拒绝调解，这时调解组织应当尊重当事人的权利，不得强迫当事人继续接受调解，而应当及时终止调解。

3.5.4.4　当事人在法定期限内未能达成调解协议

调解组织调解劳动争议，应当自劳动争议调解组织收到调解申请之日起 15 日内结束。15 日内未达成调解协议的，视为调解不成，当事人可以依法申请仲裁。但是，如果双方当事人调解的意愿比较强烈，《企业劳动争议协商调解规定》也允许当事人协商一致延长调解的期限。

3.5.5　劳动争议调解协议书和调解意见书的制作

对劳动争议案件进行调解，双方达成调解协议的，调解组织制作调解协议书；未达成协议的，调解组织制作调解意见书。

制作调解协议书和调解意见书要做到陈述翔实，说理清楚，适用法律正确，调解结果明确具体。

调解协议书和调解意见书通常由以下五部分构成：

（1）首部

首部是对案件情况的基本说明。这部分内容要依次写明案件编号、调解参加人的基本情况，还可以写明调解委员会的组成人员。

（2）事实

事实是对调解过程中所查明的案件事实进行陈述，这部分内容应当明确揭示案件的本来面貌，确切表达案件争议的焦点。在实践中，这部分内容根据需要可繁可简。

（3）理由

理由是对事实部分的综合评述，也是调解结果的重要依据，这部分要根据查明的事实和争议的焦点阐述理由，针对性要强，要注意论点和论据之间的内部联系并对此进行合理分析，适用法律要正确，防止错引或漏引。在实践中，应达成一致意见的双方当事人的要求，这部分内容也可以从略。

（4）调解结果

调解结果要在查明事实和说明理由的前提下，对申请人的申请请求逐项进行调解，调解一定要明确、具体、完整，不能有遗漏或似是而非、模棱两可。

（5）尾部

尾部写明双方当事人的权利和义务，有调解委员会的落款和签章，并注明调解日期。

📚 **示例**

劳动争议调解协议书

（　　　）字第　　　号

申请人：×××　　　性别：×　　　地址：××××　　　职务（岗位）：×××

法定代表人：××　　　　　　　职务（岗位）：×××

委托代理人：×××

被申请人：×××　　　性别：×　　　地址：××××　　　职务（岗位）：×××

法定代表人：×××　　　　　　　职务（岗位）：×××

委托代理人：×××

上列双方因引起争议，申请人于××××年×月×日向本调解委员会提出请求，经本会主持调解，双方协商，自愿达成如下协议：

1. ＿＿＿＿＿＿＿＿＿＿＿＿＿＿＿＿＿＿＿＿＿＿＿＿＿＿＿＿＿＿＿。

2. ＿＿＿＿＿＿＿＿＿＿＿＿＿＿＿＿＿＿＿＿＿＿＿＿＿＿＿＿＿＿＿。

3. ＿＿＿＿＿＿＿＿＿＿＿＿＿＿＿＿＿＿＿＿＿＿＿＿＿＿＿＿＿＿＿。

劳动争议调解委员会

××××年×月×日

📚 **示例**

劳动争议调解意见书

（　　　）字第　　　号

申请人：×××　　　性别：×　　　地址：××××　　　职务（岗位）：×××

法定代表人：××　　　　　　　职务（岗位）：×××

委托代理人：×××

被申请人：×××　　　性别：×　　　地址：××××　　　职务（岗位）：×××

法定代表人：×××　　　　　　　职务（岗位）：×××

委托代理人：×××

上列双方因引起争议，申请人于××××年×月×日向本调解委员会提出请求，经本会主持调解，双方未能达成协议（逾期未能调解）。现对此案提出如下意见：

1. ＿＿＿＿＿＿＿＿＿＿＿＿＿＿＿＿＿＿＿＿＿＿＿＿。
2. ＿＿＿＿＿＿＿＿＿＿＿＿＿＿＿＿＿＿＿＿＿＿＿＿。
3. ＿＿＿＿＿＿＿＿＿＿＿＿＿＿＿＿＿＿＿＿＿＿＿＿。

劳动争议调解委员会
××××年×月×日

3.6 调解与仲裁、诉讼的衔接

3.6.1 调解协议的性质

劳动争议调解协议书是劳动关系双方当事人在劳动争议调解机构的主持下，经过自愿协商达成的，有关设立、变更、终止民事权利和民事义务的协议。其性质因协议达成过程以及参与主体的特殊性，而不同于一般的合同或协议。因而在定位其性质时需将普遍性与特殊性相结合来进行分析、理解。

一方面，从劳动争议调解机构的性质来看，企业劳动争议调解委员会是用人单位在其所在地方工会和地方劳动争议仲裁委员会指导下，设立的调解劳动关系双方当事人之间在劳动关系上相关权益纠纷的自治性组织；基层人民调解组织同样是群众自治的争议解决机构。调解机构的性质决定了调解工作不同于仲裁机构的仲裁、人民法院的审判。因此，主体的自治性在一定程度上决定了调解工作及其达成的调解协议所包含的特殊性。

另一方面，从合同的概念和基本特征看，劳动争议调解协议属于我国《合同法》规定的民事合同范围，其签订属于双方当事人的民事法律行为。这主要表现为：劳动争议双方当事人进行了订立调解协议的民事法律行为；劳动争议双方当事人虽然在劳动关系上存在一定的权益纠纷，但经过调解之后，自愿达成了调解协议，在符合法律法规和程序规范的情况下，调解协议书的内容为双方真实的意思表示；劳动争议双方当事人签订的协议具有民事权利和民事义务的内容。因此，劳动争议调解协议符合我国法律法规关于民事合同的定义，具备民事合同的普遍性法律特征。

3.6.2　调解协议的效力

调解协议书的法律效力主要可从以下两个层面把握：一是劳动合同性质的约束力；二是经司法确认后的强制执行力。

3.6.2.1　调解协议书具有劳动合同性质的约束力

尽管尊重自愿原则是调解工作的一个重要原则，调解协议书也应当体现当事人双方的真实意愿。但是为了切实保护劳动者的权益，推进劳动关系的和谐、良好发展，避免新的争议纠纷的产生，调解协议书应当具备一定的强制执行力。如果调解协议不具备这种法律效力，则争议双方可以不遵守调解协议的约定，那么调解工作的效率和效用的发挥便会受到极大影响，调解制度的及时性和便捷性得不到充分发挥，也从根本上不利于对劳动争议矛盾的解决，不利于长远的劳动关系管理，同时也是一种对社会资源和法律资源的浪费。

《劳动争议调解仲裁法》第十六条规定："因支付拖欠劳动报酬、工伤医疗费、经济补偿或者赔偿金事项达成调解协议，用人单位在协议约定期限内不履行的，劳动者可以持调解协议书依法向人民法院申请支付令，人民法院应当发出支付令，启动督促程序，促使其履行。"这项法律条款的规定赋予了部分劳动争议调解协议法律上的强制执行力，也符合保护处于弱势地位的劳动者的原则。

3.6.2.2　经司法确认的调解协议书具有强制执行力

司法确认程序是完善多元纠纷解决机制的重要内容，它是指对于涉及的民事权利义务的纠纷，经行政机关、人民调解组织、商事调解组织、行业调解组织或者其他具有调解职能的组织调解达成的具有民事合同性质的协议，经调解组织和调解员签字盖章后，或双方当事人签署之后，如果双方认为有必要，共同到人民法院申请确认其法律效力的过程。

2009年7月，最高人民法院公布了《关于建立健全诉讼与非诉讼相衔接的矛盾纠纷解决机制的若干意见》，其中第十一条和第二十五条规定，经《劳动争议调解仲裁法》规定的调解组织调解达成的劳动争议调解协议，由双方当事人签名或者盖章，经调解员签名并加盖调解组织印章后生效，对双方当事人具有合同约束力，当事人应当履行；双方当事人可以不经仲裁程序，根据本意见关于司法确认的规定直接向人民法院申请确认调解协议效力；人民法院不予确认的，当事人可以向劳动争议仲裁委员会申请仲裁。

2010 年 8 月 28 日，《中华人民共和国人民调解法》正式通过，并已于2011 年 1 月 1 日起施行。该法第三十三条规定，经人民调解委员会调解达成调解协议后，双方当事人认为有必要的，可以自调解协议生效之日起 30 日内共同向人民法院申请司法确认。人民法院应当及时对调解协议进行审查，依法确认调解协议的效力；如确认调解协议有效，则权利人在对方拒绝履行或者未全部履行时可向人民法院申请强制执行。这些法律法规的实施，都表明了劳动争议的多元纠纷解决机制改革进入了一个新的发展阶段。

然而需要注意的是，根据《关于建立健全诉讼与非诉讼相衔接的矛盾纠纷解决机制的若干意见》，有下列情形之一的，人民法院不予确认调解协议效力：违反法律、行政法规强制性规定的；侵害国家利益、社会公共利益的；侵害案外人合法权益的；涉及是否追究当事人刑事责任的；内容不明确，无法确认和执行的；调解组织、调解员强迫调解或者有其他严重违反职业道德准则行为的；其他情形不应当确认的。当事人在违背真实意思的情况下签订调解协议，或者调解组织、调解员与案件有利害关系、调解显失公正的，人民法院对调解协议效力不予确认，但当事人明知存在上述情形，仍坚持申请确认的除外。

3.6.3 调解与仲裁的衔接

3.6.3.1 仲裁委托调解制度

根据《加强劳动人事争议调解工作的意见》（人社部发〔2009〕124 号）的规定，劳动争议仲裁机构可以委托调解组织调解劳动争议案件，经当事人同意，可以委托调解组织进行调解。经委托调解达成一致意见的，制发调解协议；在调解期间达不成协议的，劳动争议处理机构应及时立案。

目前，我国正在探索建立"大调解"工作体系，仲裁委托调解制度则是调裁衔接的一大举措。劳动争议仲裁机构在进行仲裁立案之前，对争议事实比较简单、当事人分歧不大、有较大调解可能的案件，委托独立的调解组织进行调解。此举能够将劳动争议处理的重心前移，降低争议处理成本，提高争议处理效率。

3.6.3.2　调解建议书制度

调解建议书是调裁衔接的另一举措。劳动争议仲裁机构在进行仲裁立案之前，对争议事实比较简单、当事人分歧不大、有较大调解可能的案件发出调解建议书，引导当事人优先选择调解程序。此举能够加快劳动争议案件处理进程，减轻仲裁机构的压力，同时有效地维护当事人的合法权益，实现一些争议解决在萌芽状态，大部分争议解决在基层，少部分案件进入仲裁，极少案件进入法院的目标。

根据《加强劳动人事争议调解工作的意见》的规定，对未经调解组织调解，当事人直接申请仲裁的劳动争议，劳动争议仲裁机构可以向当事人发出调解建议书，引导当事人在调解组织进行调解，就近解决劳动争议。逾期未达成调解协议的，可以依法申请仲裁。

3.6.3.3　调解协议的仲裁审查确认

调解协议书不具有法律上强制执行的效力，并不能说明调解协议书是一纸空文，达成调解协议是无用功。为了提高处理劳动争议的效率，我国各地均制定了调解协议书的仲裁审查确认制度。

调解协议书的仲裁审查确认，是指劳动争议双方通过调解组织达成了调解协议，为了保障调解协议的顺利履行，捍卫劳动争议调解的成果，经双方协商一致，将调解协议书到当地劳动争议仲裁机构置换为仲裁调解书。按照法律规定，仲裁调解书具有法律上强制执行的效力，可以保障当事人的合法权益得以实现，是确认劳动争议调解成果的有效方法。

3.6.3.4　当事人不履行调解协议，另一方可申请仲裁

根据《劳动争议调解仲裁法》的规定，劳动争议调解的双方当事人达成调解协议后，一方当事人在约定期限内不履行调解协议的，另一方当事人可以依法申请仲裁。调解协议的履行期限并不由法律统一规定，而是由当事人双方自行约定。

劳动争议调解协议成立，视为劳动争议双方当事人之间形成了一个民事合同关系。调解协议在性质上属于民事合同，不具有法律上强制执行的效力。调解协议的达成需要双方当事人协商一致，具有很强的自治性，无法判断其是否向仲裁裁决或者法院判决那样遵循了合法、公平的原则，因此不能赋予调解协议强制执行的效力。因此，当事人虽然达成了调解协议，但是一方不履行的，视为劳动争议还没有妥善解决，另一方当事人可以依法申请仲裁，通过仲裁途径来解决劳动争议。

3.6.4 调解与诉讼的衔接

3.6.4.1 法院委托调解制度

当前,各地法院积极探索劳动争议委托调解制度。劳动争议当事人不服仲裁裁决向法院起诉的,立案后经当事人同意,法院可以委托调解组织进行调解。法院出具书面委托函,针对案件适用简易程序还是普通程序而确定不同的委托调解期限。

委托调解达成调解协议的,当事人可以撤回起诉,也可以申请法院对调解协议进行司法审查确认。调解不成的,法院应当及时对该劳动争议进行审判。

3.6.4.2 调解协议的司法审查确认

根据《最高人民法院关于建立健全诉讼与非诉讼相衔接的矛盾纠纷解决机制的若干意见》(法发〔2009〕45 号)的规定,经企业调解组织、乡镇街道调解组织、区域(行业)性调解组织、人民调解组织、行政机关或者其他具有调解职能的组织调解达成的具有劳动合同性质的协议,经调解组织和调解员签字盖章后,当事人可以申请有管辖权的法院确认其效力。

劳动争议调解协议的司法审查确认,可以不经仲裁程序,直接向法院申请确认调解协议效力。法院不予确认的,当事人可以向劳动争议仲裁委员会申请仲裁。法院依法审查后,决定是否确认调解协议的效力。确认调解协议效力的决定送达双方当事人后发生法律效力,一方当事人拒绝履行的,另一方当事人可以依法申请法院强制其执行。

3.6.4.3 支付令程序

(1)支付令的适用范围

支付令是人民法院依照民事诉讼法规定的督促程序,根据债权人的申请,向债务人发出的限期履行给付金钱或有价证券的法律文书,是人民法院根据债权人的申请,依法作出的督促债务人为一定给付义务的法律文书。这是处理债权债务关系明确的民事、经济纠纷的最好办法,但只能体现在债务人接到支付令之日起15 日内,不向法院提出书面异议方可实现。债务人对债权债务关系没有异议,但对清偿能力、清偿期限、清偿方式提出不同意见的,不影响支付令的效力。若法院裁定终结督促程序,支付令自行失效,债权人可以提出诉讼。

《劳动合同法》在劳动关系领域引入支付令制度,该法第三十条规定,用人单位拖欠或者未足额支付劳动报酬的,劳动者可以依法向当地人民法院申请支付令，人民法院应当依法发出支付令。《劳动争议调解仲裁法》第十六条规定，因支付拖欠劳动报酬、工伤医疗费、经济补偿或者赔偿金事项达成调解协议，用人单位在协议约定期限内不履行的，劳动者可以持调解协议书依法向人民法院申请支付令。人民法院应当依法发出支付令。两部法律规定申请支付令的范围有所不同，实践中应进行叠加，即申请支付令的范围包括了劳动报酬、工伤医疗费、经济补偿、赔偿金等事项。

（2）支付令的申请要求

债权人申请支付令，必须向人民法院提交书面申请，并附有债权文书。申请书是人民法院受理案件，开始督促程序的前提和依据，也是人民法院审查的重要内容之一，因此申请书必须详细记明下列内容：当事人的自然状况包括债权人与债务人双方的名称、地址等；请求给付的金钱，有价证券的种类和数量；请求发布支付令所根据的事实和证据，着重写明引起债权债务法律关系的产生、发展的时间，以及债权、债务关系的其他事实，并尽可能地提供证据，对事实和理由加以证明。

（3）支付令的审查处理

人民法院受理申请后，经审查债权人提供的事实、证据，对债权债务关系明确、合法的，应当在受理之日起 15 日内向债务人发出支付令；申请不成立的，裁定予以驳回。债务人应当自收到支付令之日起 15 日内清偿债务，或者向人民法院提出书面异议。债务人在前款规定的期间不提出异议又不履行支付令的，债权人可以向人民法院申请执行。人民法院收到债务人提出的书面异议后，经审查，异议成立的，应当裁定终结督促程序，支付令自行失效。

根据最高人民法院的司法解释，劳动者依据《劳动合同法》第三十条第二款和《劳动争议调解仲裁法》第十六条规定向人民法院申请支付令，符合《民事诉讼法》第十七章督促程序规定的，人民法院应予受理。但是根据不同的事项，法院会有不同的处理结果。

1）依据《劳动合同法》第三十条第二款规定申请支付令被人民法院裁定终结督促程序后，劳动者就劳动争议事项直接向人民法院起诉的，人民法院应当告知其先向劳动人事争议仲裁委员会申请仲裁。

2）依据《劳动争议调解仲裁法》第十六条规定申请支付令被人民法院裁定终结督促程序后，劳动者依据调解协议直接向人民法院提起诉讼的，人民法院应予受理。

◎ **综合案例分析**
群体性劳务派遣人员劳动关系被解除，工会怎样帮其维权？

北京市大兴区某用工单位和某劳务派遣单位签订劳务派遣合同，由劳务派遣单位分批次向劳务用工单位派遣1000余人。因新冠疫情影响，该用工单位经营困难，决定减员137人。由于劳务派遣单位未重新安置或补偿被裁减人员，引发群体性劳动纠纷。

2021年9月15日，用工单位向区人社局报告裁员计划，区仲裁委指派业务骨干与大兴区总工会法律服务中心指派的调解员一同对用工单位进行口头指导。10月8日，正式与用工单位负责人面谈，当日仲裁委、用工单位、派遣单位、区总工会相关人员建立了协调微信群。10月9日，区仲裁委与区总工会调解员就减员人员的离职体检、补偿标准、调解注意事项等进行商讨，用人单位及派遣单位根据区仲裁委和区总工会的建议调整了减员方案，最终形成了130人的调解计划，调解金额为200.61万元，另外7人的争议也得到解决。

纵观本案，用人单位因减员产生纠纷后及时发现问题，主动联系区人社局、区总工会等劳动争议调解联动机制相关部门。本案调解员结合案情，从化解纠纷的角度出发，积极分步骤制定具体的实施方案，逐步稳固推进，一边释法一边安抚职工情绪，最终引导职工通过调解的方式圆满解决了争议。区人社局和区总工会等多方联动机制主体充分发挥各自的优势，共同促成了本次群体性劳动争议事件的迅速、高效解决，促进了劳动关系的和谐与稳定。

（资料来源：《劳动午报》评选的"2021年北京工会劳动维权十大案例"。）

第4章 劳动争议仲裁

◎ 引 例

加班费的仲裁时效应当如何认定

张某于 2016 年 7 月入职某建筑公司从事施工管理工作，2019 年 2 月离职。工作期间，张某存在加班情形，但某建筑公司未支付其加班费。2019 年 12 月，张某向劳动人事争议仲裁委员会申请仲裁，请求裁决某建筑公司依法支付其加班费，某建筑公司以张某的请求超过仲裁时效为由抗辩。张某不服仲裁裁决，诉至人民法院，请求判决某建筑公司支付加班费 46293 元。一审法院判决：某建筑公司支付张某加班费 18120 元。张某与某建筑公司均未提起上诉，一审判决已生效。

本案争议焦点是张某关于加班费的请求是否超过仲裁时效。

《中华人民共和国劳动争议调解仲裁法》第二十七条规定："劳动争议申请仲裁的时效期间为一年。仲裁时效期间从当事人知道或者应当知道其权利被侵害之日起计算……劳动关系存续期间因拖欠劳动报酬发生争议的，劳动者申请仲裁不受本条第一款规定的仲裁时效期间的限制；但是，劳动关系终止的，应当自劳动关系终止之日起一年内提出。"《中华人民共和国劳动法》第四十四条规定："有下列情形之一的，用人单位应当按照下列标准支付高于劳动者正常工作时间工资的工资报酬……"《关于工资总额组成的规定》（国家统计局令第 1 号）第四条规定："工资总额由下列六个部分组成……（五）加班加点工资。"仲裁时效分为普通仲裁时效和特别仲裁时效，在劳动关系存续期间因拖欠劳动报酬发生劳动争议的，应当适用特别仲裁时效，即劳动关系存续期间的拖欠劳动报酬仲裁时效不受"知道或者应当知道权利被侵害之日起 1 年"的限制，但是劳动关系终止的，应当自劳动关系终止之日起 1 年内提出。加班费属于劳动报酬，相关争议处理中应当适用特别仲裁时效。

本案中，某建筑公司主张张某加班费的请求已经超过了 1 年的仲裁时效，不应予以支持。人民法院认为，张某与某建筑公司的劳动合同于 2019 年 2 月解除，其支付加班费的请求应自劳动合同解除之日起 1 年内提出，张某于 2019 年 12 月提出仲裁申请，其请求并未超过仲裁时效。根据劳动保障监察机构在执法中调取的工资表上的考勤记录，人民法院认定张某存在加班的事实，判决某建筑公司支付张某加班费。

时效是指权利人不行使权利的事实状态持续经过法定期间，其权利即发生效力减损的制度。作为权利行使尤其是救济权行使期间的一种，时效既与当事人的实体权利密切相关，又与当事人通过相应的程序救济其权益密不可分。获取劳动报酬权是劳动权益中最基本、最重要的权益，考虑劳动者在劳动关系存续期间的弱势地位，法律对于拖欠劳动报酬争议设置了特别仲裁时效，对于有效保护劳动者权益具有重要意义。

（资料来源：最高人民法院 2021 年 8 月发布的第二批劳动人事争议典型案例。）

我国的劳动争议仲裁是一种比较特殊的准司法争议解决程序，此环节高效便捷地化解了绝大部分劳动争议，在劳动争议处理体制中发挥了非常重要的作用。

4.1 劳动争议仲裁的概念和特征

仲裁是国际上比较流行的处理劳动争议的手段，与调解相比，仲裁结果具有更强的权威性和公正性，与诉讼相比，仲裁更加省时、省力。在我国，仲裁是处理劳动争议案件的必经环节，对劳动争议的解决起着重要的作用。

4.1.1 劳动争议仲裁的概念

仲裁，从字面上解释，"仲"意为居于中间，即立足于纠纷当事人之间的人；"裁"意为判断和认定，即对纠纷的事实和当事人的责任进行认定和裁决。因此，仲裁是指公认的权威机构依据法律规定和当事人的申请，对双方的争议事项作出裁决的过程和活动。

劳动争议仲裁是仲裁的一种，其仲裁的对象是当事人之间的劳动纠纷。对于劳动争议仲裁的概念，理论界主要有以下几种说法：一是劳动争议仲裁是指劳动争议当事人自愿把劳动争议提交第三者处理，由其就劳动争议的事实和责任作出对双方当事人具有约束力的判断和裁决。二是劳动争议仲裁是指法律授权的专门机构，依据法律、法规的规定和劳动争议当事人的申请，以第三者的身份对争议事项居中调解并作出判断和裁决的法律活动。三是劳动争议仲裁制度是指依照国家劳动法律、法规规定成立的劳动争议仲裁委员会作为第三者，遵循法律规定的原则和程序，对劳动关系双方发生的劳动争议进行调解和裁决的一项劳动法律制度。

理解劳动争议仲裁的概念，需要把握以下几点：①仲裁的对象是劳动纠纷。纠纷的种类有很多，如民事纠纷、行政纠纷、劳动纠纷等，其中只有劳动纠纷才属于劳动争议的受案范围。②仲裁机构具有权威性和公正性。"仲裁"意即"居中公断"，这就要求仲裁机构具有一定的权威性，并保证裁决的公正性，一般而言，劳动争议仲裁机构都是由国家法律授权的专门机构。③自愿提交。劳动争议仲裁是事后监督，不告不究，因此劳动争议当事人应当以书面或口头形式向劳动争议仲裁机构提出仲裁申请，仲裁程序才开始启动。④判决结果具有法律约束力。劳动争议仲裁调解书和裁决书的内容对劳动争议当事人履行义务、承担责任具有制约作用，由法院按照一定程序保障其实施。

劳动争议仲裁包括两种形式，即仲裁调解和仲裁裁决。仲裁调解是指在仲裁员的主持下，双方当事人自愿协商、互让互谅达成协议解决争议的方式。仲裁裁决是指在仲裁调解不成的情况下，由仲裁员对案件作出具有法律约束力的判决的方式。

4.1.2 劳动争议仲裁的特征

我国的劳动争议仲裁制度的历史虽不及一些发达国家长，但也经历了80多年的发展历程。早在20世纪20年代，中华民国政府颁布的《劳资争议法》就对劳资争议的仲裁作出了相关规定。经过80多年的发展，我国的劳动争议仲裁制度日趋完善，特别是2008年起施行的《劳动争议调解仲裁法》作出了重大的突破。我国当前的劳动争议仲裁制度主要具有以下几个特点：

4.1.2.1 劳动争议仲裁是诉讼的前置程序

我国《劳动争议调解仲裁法》第五条规定，发生劳动争议，当事人不愿协商、协商不成或者达成和解协议后不履行的，可以向调解组织申请调解；不愿调解、调解不成或者达成调解协议后不履行的，可以向劳动争议仲裁委员会申请仲裁；对仲裁裁决不服的，除本法另有规定的外，可以向人民法院提起诉讼。从该条可以看出，协商和调解是在双方当事人自愿的原则下选择进行的，当事人也可以直接申请仲裁，但仲裁实行的是强制仲裁的原则，是诉讼的前置程序，即不经过仲裁处理，劳动争议当事人就无权向人民法院提起劳动争议诉讼。这样做的目的在于缩短劳动争议的解决时间，减少当事人的维权成本，减轻法院的诉讼负荷，因为同诉讼程序相比，仲裁程序更为快捷便利。

4.1.2.2 合理分配举证责任，特别强调用人单位的举证责任

根据一般的民事纠纷的法律规定，当事人对于自己提出的主张有责任提供证据。但是在劳动争议案件中，由于劳动关系具有从属性，用人单位掌握和管理着劳动者的档案、工资、社会保险等材料，劳动者面临着举证困难的问题，如果没有强制要求，显然用人单位不愿意提供这些可能对自己不利的证据。为了保护劳动者的合法权益，我国的劳动争议仲裁制度合理地分配了举证责任，强调了用人单位的举证责任。如《劳动争议调解仲裁法》第六条规定，发生劳动争议，当事人对自己提出的主张，有责任提供证据。与争议事项有关的证据属于用人单位掌握管理的，用人单位应当提供；用人单位不提供的，应当承担不利后果。

4.1.2.3 部分案件实行有条件的"一裁终局"

为了防止一些用人单位通过恶意诉讼来拖延时间、加大劳动者的维权成本，《劳动争议调解仲裁法》在仲裁环节规定对部分案件实行有条件的"一裁终局"。这部分案件包括：①追索劳动报酬、工伤医疗费、经济补偿或者赔偿金，不超过当地月最低工资标准12个月金额的争议；②因执行国家的劳动标准在工作时间、休息休假、社会保险等方面发生的争议。发生这类争议时，劳动者在法定期限内不向法院提起诉讼，或者用人单位向法院提起撤销仲裁裁决申请被驳回的情况下，仲裁裁决为终局裁决，裁决书自作出之日起发生法律效力。

4.1.2.4 处理案件迅速、及时，维权成本低

经济纠纷是引起劳动争议的重要原因，相对于用人单位，劳动者受维权时间

和维权成本的影响更大。为了缩短维权时间、降低维权成本，我国的劳动争议仲裁制度都作了相应的安排。如《劳动争议调解仲裁法》规定，劳动争议仲裁委员会收到仲裁申请之日起 5 日内要给申请人答复，予以受理的案件要在受理申请之日起 45 日内作出仲裁裁决。这样的规定就保证了劳动争议案件能够迅速、及时地得到解决，保障当事人的合法权益。同时，《劳动争议调解仲裁法》第五十三条规定：劳动争议仲裁不收费，劳动争议仲裁委员会的经费由财政予以保障。如此直截了当地规定，卸下了维权劳动者肩上的包袱，减少因高昂的费用而放弃维权权利的可能。

4.1.2.5 劳动行政部门在劳动争议仲裁中发挥主导作用

我国的劳动行政部门在劳动争议仲裁委员会及其工作中发挥着主导作用。劳动争议仲裁委员会主任由劳动行政部门的代表担任；仲裁委员会的办事机构由劳动行政部门劳动争议处理机构或者依法设立的劳动争议仲裁院充当；省、自治区、直辖市人民政府劳动行政部门对本行政区内的劳动争议仲裁工作进行指导；在实际工作中，劳动行政部门承担着主要的工作量。这一情况是由我国的特殊国情造成的，同时也与现行工会体制不能充分发挥工会在劳动争议仲裁工作中的作用是分不开的。

4.2 劳动争议仲裁的管辖制度

劳动争议仲裁管辖是指劳动争议仲裁机构受理劳动争议案件的权限和范围，即规定当事人应向哪一个仲裁机构申请仲裁，由哪一个机构负责受理的法律制度。明确管辖制度，有利于仲裁机关行使仲裁权和当事人行使申诉权。我国现行的劳动争议仲裁管辖是参照《民事诉讼法》的有关规定，分为地域管辖、级别管辖、移送管辖和指定管辖。劳动争议仲裁管辖的原则是方便原则，为当事人的申诉、应诉提供方便，为劳动争议仲裁委员会审理案件提供方便，避免当事人因仲裁造成过重的负担，影响正常的生活。

4.2.1 劳动争议仲裁的地域管辖

地域管辖是指同级劳动争议仲裁机关按空间范围确定受理劳动争议案件的分

工。地域管辖分为一般地域管辖、特殊地域管辖和专属管辖。

一般地域管辖是指按照当事人的所在地划分案件管辖的。《劳动争议调解仲裁法》第二十一条第一款规定，劳动争议仲裁委员会负责管辖本区域内发生的劳动争议。

特殊地域管辖是指某种劳动争议案件依据特定标准，如劳动法律关系产生、变更和消灭的所在地，由某地仲裁委员会管辖。《劳动争议调解仲裁法》第二十一条第二款规定，劳动争议由劳动合同履行地或者用人单位所在地的劳动争议仲裁委员会管辖。双方当事人分别向劳动合同履行地和用人单位所在地的劳动争议仲裁委员会申请仲裁的，由劳动合同履行地的劳动争议仲裁委员会管辖。同时，《劳动人事争议仲裁办案规则》第十二条第一款、第二款规定，劳动合同履行地为劳动者实际工作场所地，用人单位所在地为用人单位注册、登记地。用人单位未经注册、登记的，其出资人、开办单位或主管部门所在地为用人单位所在地。案件受理后，劳动合同履行地和用人单位所在地发生变化的，不改变争议仲裁的管辖。用人单位被吊销营业执照、责令关闭、撤销或者用人单位决定提前解散，以及无营业执照或者未经依法登记、备案的，由用人单位方的当事人所在地或住所地仲裁委员会管辖；出资人为用人单位方的当事人，并有多个出资人且不在同一辖区的，多个出资人住所地的仲裁委员会均有管辖权。

专属管辖是指法定的某国家机关经立法授权，依法确定某种劳动争议案件专属某地仲裁委员会管辖。原劳动部规定，我国公民与国（境）外企业签订的劳动（工作）合同履行地在我国领域内，因履行该合同发生争议的，由合同履行地仲裁委员会受理。

4.2.2　劳动争议仲裁的级别管辖

级别管辖是指上级、下级仲裁委员会之间对于受理劳动争议案件的分工和权限，它主要根据案件的性质、影响范围和繁简程度确定。根据我国法律、法规的规定，县、市、市辖区仲裁委员会负责本行政区域内发生的劳动争议。设立区的市的仲裁委员会和市辖区的仲裁委员会受理劳动争议案件的范围，由省、自治区人民政府规定。国务院劳动行政部门依照《劳动争议调解仲裁法》有关规定制定仲裁规则。省、自治区、直辖市人民政府劳动行政部门对本行政区域的劳动争议仲裁工作进行指导。

4.2.3　劳动争议仲裁的移送管辖

移送管辖是指仲裁委员会将已受理的但不属于本仲裁委员会管辖的劳动争议案件移送给有管辖权的仲裁委员会。就其实质而言，移送管辖是对案件的移送，而不是对案件管辖权的移送。它是在管辖发生错误时采取的一种补救措施，通常发生在同级的劳动争议仲裁委员会之间，但有时也适用于上级、下级的劳动争议仲裁委员会。《劳动人事争议仲裁办案规则》规定：仲裁委员会发现已受理案件不属于其管辖范围的，应当移送至有管辖权的仲裁委员会，并书面通知当事人。在实践中，受移送的仲裁委员会对接受的移送案件不得再自行移送，如果认为自己对接受的移送案件确无管辖权，可以报告劳动行政部门决定是否由它管辖。

4.2.4　劳动争议仲裁的指定管辖

指定管辖是指上级劳动争议仲裁委员会以裁定方式，指定下级劳动争议仲裁委员会对某一案件行使管辖权。其目的在于，确保在特殊情况下由指定的劳动争议仲裁委员会审理劳动争议案件，保证案件的及时、正确处理。《劳动人事争议仲裁办案规则》第十三条第二款规定，对上述移送案件，受移送的仲裁委员会应依法受理。受移送的仲裁委员会认为受移送的案件依照规定不属于本仲裁委员会管辖，或仲裁委员会之间因管辖争议协商不成的，应当报请共同的上一级仲裁委员会主管部门指定管辖。

4.3　劳动争议仲裁机构和人员

4.3.1　劳动争议仲裁委员会

4.3.1.1　劳动争议仲裁委员会的设立

劳动争议仲裁委员会是指依法设立，依法独立地对劳动争议案件进行仲裁的专门机构。《劳动争议调解仲裁法》第十七条规定，劳动争议仲裁委员会按照统筹规划、合理布局和适应实际需要的原则设立。省、自治区人民政府可以决定在市、县设立；直辖市人民政府可以决定在区、县设立。直辖市、设区的市也可以设立一个或者若干个劳动争议仲裁委员会。劳动争议仲裁委员会不按行政区划层层设立。

由于我国幅员广阔，经济发展不平衡，东部、南部地区经济比较发达，劳动争议相对较多，争议当事人相对集中，而在广大中西部地区，劳动争议相对较少。因此，在劳动争议仲裁委员会的设立上，允许各省级人民政府根据本地区劳动争议处理工作的实际需要，统筹安排、合理布局本辖区内的劳动争议仲裁委员会。

4.3.1.2 劳动争议仲裁委员会的组成

根据《劳动争议调解仲裁法》第十九条规定，劳动争议仲裁委员会由劳动行政部门代表、工会代表和企业方面代表组成。劳动争议仲裁委员会组成人员应当是单数。在实际中，为了保证劳动人事争议仲裁过程的公平和公正，劳动人事争议仲裁委员会主要由三方组成，即人力资源社会保障部门代表、同级工会代表以及用人单位方面的代表。劳动人事争议仲裁委员会的主任由劳动行政部门的主要负责人担任，这种组成形式体现了劳动关系的三方协商机制。

（1）人力资源社会保障部门代表

人力资源社会保障部门代表了政府主管劳动和社会保障事务，在把握劳资关系的全局、协调各方利益方面具有很强的优势。以法律的形式将其作为劳动仲裁委员会的一方代表，体现了政府在处理劳资纠纷中的主导作用。

（2）工会代表

在我国，工会是职工自愿结合的工人阶级群众组织，它的性质决定了它更了解企业、职工的情况和需求，能更好地代表全体职工的根本利益。因此，工会的参与有利于保护弱势一方劳动者的合法权益。在国家层面，三方协商机制中的工会代表为中华全国总工会。

（3）用人单位方面的代表

用人单位方面的代表即雇主代表组织，在我国主要是指各种形式的企业联合组织，其中主要是中国企业联合会。用人单位方面的代表的参与有利于对相关法律、法规的充分理解和对当事人的调解。

《劳动人事争议仲裁组织规则》在仲裁委员会组成基本原则的指导下，结合人事争议仲裁委员会整合后的实际情况，对劳动人事争议仲裁委员会的组成进行了细化规定，即仲裁委员会由干部主管部门代表（组织部门代表）、人力资源和社会保障行政部门等相关行政部门代表、军队及聘用单位文职人员工作主管部门代表、工会代表、用人单位代表等组成。这个规定虽然对仲裁委员会的具体组成单位进行了扩大，但仍然体现了仲裁委员会的三方协商机制。

4.3.1.3　劳动争议仲裁委员会的职责

劳动人事争议仲裁委员会的基本职责就是处理本辖区内的劳动争议案件，其裁决劳动争议案件实行仲裁庭制，由仲裁员独立仲裁。根据《劳动争议调解仲裁法》第十九条第二款的规定，我国劳动人事争议仲裁委员会主要有以下几方面的职责：

（1）负责聘任、解聘专职或者兼职仲裁员

劳动人事争议仲裁委员会可以聘任符合法定条件的曾任审判员的人员、专家学者，劳动行政部门、人事行政部门或者其他有关行政部门的人员，工会工作者、律师等为专职或者兼职仲裁员，负责具体劳动争议的仲裁。

（2）负责受理劳动争议案件

受理劳动争议案件是劳动争议仲裁委员必须履行的法定职责。在受理劳动争议案件中，劳动人事争议仲裁委员会需要审查是否存在劳动争议，争议是否具备主体资格，争议是否已过仲裁时效等。根据《劳动争议调解仲裁法》的规定，在收到仲裁申请之日起5个工作日内，劳动争议仲裁委员会审核认为符合受理条件的，应当受理，并通知申请人；认为不符合受理条件的，应当书面通知申请人不予受理，并说明理由。

（3）负责讨论重大或者疑难的劳动争议案件

劳动争议仲裁委员在履行仲裁庭职责的同时，还需要负责讨论仲裁庭提交的少数重大、疑难案件的处理问题。所谓重大案件，是指案情复杂、涉及范围广、争议标的金额较大，且案发后案件处理结果影响较大的案件。所谓疑难案件，是指案件的处理依据不明确，法律适用问题存在争议的案件。这两类案件都需要由劳动人事争议仲裁委员会负责讨论。

（4）负责对仲裁活动进行监督

我国对民商事仲裁活动和仲裁裁决的监督，除人民法院在执行程序上制约外，主要实行仲裁系统内部监督制度。仲裁委员会对决定重新审理的争议案件，有责任作出终止原裁决执行的仲裁决定。此外，仲裁委员会主任若发现本委员会已经生效的裁决确有错误的、需要复议的，有责任提交委员会讨论，仲裁委员会正、副主任有权决定是否复议。

4.3.2　劳动争议仲裁办事机构

4.3.2.1　劳动人事争议仲裁委员会办事机构的设立

劳动人事争议仲裁委员会办事机构，通常是指设立于劳动人事争议仲裁委员会之下的，负责办理劳动争议仲裁委员会日常工作的机构。劳动争议仲裁委员会虽然为常设机构，但其人员以兼职为主，不是常年集中、固定办公的机构，便设立了一个专门的办事机构，为劳动争议仲裁委员会这个机构提供服务，负责日常接待、承办受理案件、准备仲裁等工作。

由于受行政部门机构编制的限制，在行政部门内部，专门从事劳动人事争议案件仲裁工作的机构和人员一直难以满足需求，因此，各劳动争议仲裁委员会的"案多人少"矛盾十分突出。为解决这个突出矛盾，在由人力资源和社会保障部制定的《劳动人事争议仲裁组织规则》中明确规定，仲裁委员会可下设实体化的办事机构，具体承担争议调解仲裁等日常工作。事实上，目前有些地区已经成立了以劳动人事争议仲裁院为主要形式的实体化的仲裁委员会办事机构，有效提高了案件处理效能。

4.3.2.2　劳动人事争议仲裁委员会办事机构的职责

劳动争议仲裁委员会办事机构的双重身份决定了其双重职责，既要负责处理劳动仲裁委员会的日常事务，也要承担劳动法律、法规的研究，法律、法规、规章、政策的咨询、宣传和仲裁监督等工作。从实务来看，仲裁委员会的主要职责更多地体现出对办事机构的管理和监督，具体的劳动人事争议调解仲裁等日常工作依法由办事机构来承担，其主要职责包括：

（1）负责劳动人事争议调解仲裁法律、法规、政策咨询和接待来访工作

仲裁委员会办事机构具有劳动行政机关和处理劳动争议专门机构的双重身份，这也决定了其担负着向广大群众和社会宣传劳动争议处理方面的法律、法规的义务。由于现阶段我国正处于社会主义市场经济体制和法律体系的建立过程中，因此在劳动关系方面产生了许多新情况，不少企业和职工对劳动法律、法规和政策并不是十分了解，遇到问题他们首先要向劳动争议处理部门进行咨询，寻求帮助；加之目前宣传手段等方面的限制，使面对面的宣传、咨询成了各级劳动争议仲裁委员会办事机构的一项非常重要和繁重的工作。

（2）承办劳动人事争议案件调解仲裁日常工作，就重大疑难案件向仲裁委

员会提出处理意见和建议

劳动争议仲裁委员会办事机构的日常工作主要包括：接待劳动争议当事人并对其仲裁申请进行审查，确定仲裁申请是否属于受案范围；对不符合规定的仲裁申请书，应指导当事人予以修正和补充，劳动争议仲裁委员会应协助争议当事人完成相关的仲裁申请工作；对于经审查符合受理条件的案件，应当协助当事人完成立案审批表的填写工作，并及时报劳动争议仲裁委员会或其办事机构的负责人审批；完成报批工作之后，还需要指定劳动争议仲裁庭的书记员。此外，劳动争议仲裁委员会办事机构的日常工作还包括承办并审理与案件有关的文书制作和送达工作等内容，如向申诉人送交决定立案的书面通知，向被诉人送达申诉书副本等。

（3）根据仲裁委员会的授权，组织仲裁庭，对仲裁院进行日常管理

劳动争议仲裁委员会办事机构对仲裁员的管理是日常性的管理，这也是办事机构的主要日常工作之一，具体来说工作内容包括对仲裁员登记建档，组织有关人员参加仲裁员的培训和资格考核，为仲裁员制发证书等。

组织仲裁庭是仲裁委员会的另一项重要工作内容，劳动争议仲裁委员会办事机构可以充分利用其受理当事人申诉和审批申诉申请的便利条件，针对具体案情选择不同的仲裁员组成各具特色的劳动争议仲裁庭。这既可使劳动争议仲裁委员会摆脱过多的行政性、事务性工作，又可提高劳动争议仲裁庭的办案效率，同时还能使仲裁员能够在案件处理中发挥自己的专业特长，并保证仲裁过程的专业性和公平性。而对于未经劳动争议仲裁委员会授权或重大、疑难案件的组庭工作，仍要由劳动争议仲裁委员会直接负责。

（4）负责管理仲裁委员会的文书、档案、印鉴，定期向同级仲裁委员会汇报、请示工作

在日常工作中，仲裁委员会办事机构需要处理劳动争议仲裁案件过程中产生的大量的仲裁文书，如申诉书、答辩书、授权委托书、调查证据、勘验笔录、谈话笔录、开庭通知、仲裁建议书、仲裁决定书、仲裁调解书、仲裁裁决书、立（结）案审批表、请示报告、上级批示，以及与案件有关的劳动争议仲裁委员会会议记录等。上述文书的建档工作由劳动争议仲裁委员会办事机构承担，同时为了给有关人员查阅案卷提供方便，办事机构还必须做好仲裁案卷管理、统计和归档工作。

此外，作为劳动争议仲裁委员会的下属机构，劳动争议仲裁委员会办事机构

必须向委员会负责，它的各项工作应定期向劳动争议仲裁委员会汇报，充分体现了劳动争议仲裁委员会对劳动争议案件处理工作的领导。同时，当遇到案情复杂、争议双方规模较大或涉及利益者较多的特殊劳动争议时，办事机构需及时向仲裁委员会做好汇报和请示工作。

（5）办理仲裁委员会交办或授权的其他事项

劳动争议仲裁委员会办事机构还要承担劳动争议仲裁委员会交办或授权的其他工作，如收缴仲裁费、管理劳动争议仲裁委员会的经费开支，以及代劳动争议仲裁委员会起草有关请示报告和文件等，办事机构需做好仲裁委员会及下属机构或个人的费用管理工作。此外，经劳动争议仲裁委员会授权，办事机构还需要开展对企业劳动争议调解委员会的业务指导工作，帮助企业劳动争议调解委员会做好劳动争议的预防和调解工作。

4.3.2.3 劳动人事争议仲裁院

根据《劳动人事争议仲裁组织规则》的规定，劳动人事争议仲裁院是劳动人事争议仲裁委员会的实体化办事机构，具体承担争议调解仲裁等日常工作。仲裁院可以是行政单位，也可以是参照公务员法管理、履行公共服务职能的事业单位。

4.3.3 仲裁庭和仲裁员

4.3.3.1 仲裁庭的组成

仲裁庭是仲裁委员会处理劳动争议案件的基本组织形式，代表仲裁委员会对具体劳动争议案件行使仲裁权，是经一定程序选出的仲裁员组成的非常设性的处理劳动争议的专门机构。仲裁委员会处理劳动争议案件实行仲裁庭制度，即按照"一案一庭"的原则组成仲裁庭。

仲裁庭的组织形式可分为独任制和合议制两种。独任制是由仲裁委员会指定1名仲裁员独任审理仲裁，适用于事实清楚、案情简单、法律适用明确的劳动争议案件。合议制是指由1名首席仲裁员和2名仲裁员组成仲裁庭，共同审理劳动争议案件。仲裁庭的首席仲裁员由仲裁委员会负责人或其授权其办事机构负责人指定，另2名仲裁员由仲裁委员会授权其办事机构负责人指定或由当事人各选1名。其中不符合规定的，由仲裁委员会予以撤销，重新组成仲裁庭。

4.3.3.2　仲裁庭的职责

劳动争议仲裁庭在处理劳动争议案件时，应依照法定程序实施仲裁活动并正确地行使职权。劳动争议仲裁庭的职责体现在处理劳动争议案件的整个过程。劳动争议仲裁庭并非常设机构，劳动争议仲裁委员会在接受立案后自然成立劳动争议仲裁庭，结案后仲裁庭将自然撤销，劳动争议仲裁庭的职责主要是案件本身的裁决工作。根据《劳动争议调解仲裁法》及其他相关规定，劳动争议仲裁庭的职责主要包含以下几个方面：

（1）依法进行开庭前的各项准备工作

这些准备工作包括通知当事人仲裁庭组成情况、送达各种仲裁文书（受理、应诉通知书、开庭通知）、组织证据交换等。

（2）先行调解

依照劳动争议处理着重调解的基本原则，仲裁庭应将调解贯穿于案件处理的全过程，在开庭前应组织当事人调解。其中，调解主要分为授权调解、委托调解和申请调解三种类型。

（3）依法审理劳动争议案件

仲裁庭在处理劳动争议时，应依法定程序公开开庭审理劳动争议案件，通过对当事人提交的证据进行质证、认证，查明案件事实和争议焦点，在开庭过程中组织当事人调解，并如实将开庭情况记入笔录。

（4）及时对劳动争议进行裁决

对于开庭后仍调解不成的案件，仲裁庭应依法及时裁决，制作裁决书，依法定程序上报仲裁委员会主任审批。对于重大疑难的案件及经仲裁庭合议后作出结论的案件，应提出裁决意见上报仲裁委员会讨论决定。

（5）应在法定审理期限内审结案件

《劳动争议调解仲裁法》第四十三条规定，仲裁庭裁决劳动争议案件，应当自劳动争议仲裁委员会受理仲裁申请之日起 45 日内结束。案情复杂需要延期的，经劳动争议仲裁委员会主任批准，可以延期并书面通知当事人，但是延长期限不得超过 15 日。逾期未作出仲裁裁决的，当事人可以就该劳动争议事项向人民法院提起诉讼。

（6）依法部分先行裁决

部分先行裁决是指仲裁庭在审议争议案件时，对其中已经查明的一部分事实，预先就该部分先行裁决，此职责对保护弱势劳动者当事人的权益尤为重要。

在仲裁实务中，有的用人单位无故拖欠、克扣甚至停发劳动者的工资，致使劳动者的基本生活难以保障，还有的用人单位拖欠支付甚至拒不支付劳动者的医疗费用，造成劳动者生活严重困难，这些争议属于用人单位明显违反国家法律、法规规定，事实非常清楚，有充分证据证明，则仲裁庭即应就该部分先行裁决，以保障劳动者的基本合法权益。

（7）对符合条件的案件裁决先予执行

仲裁庭对于追索劳动报酬、工伤医疗费、经济补偿金或赔偿金的案件，根据当事人的申请，可以裁决先予执行，移送人民法院执行。裁决先予执行的案件有两个：一是当事人之间权利义务关系明确的；二是申请人的生活严重困难的。对于符合裁决先予执行的案件，经当事人申请，仲裁庭应裁决先予执行，从而对弱势劳动者的合法权益给予及时、有效的保护。

4.3.3.3 仲裁员的任职条件

仲裁员是指由劳动争议仲裁委员会依法聘任的，可以成为仲裁庭组成人员而从事劳动争议处理工作的人员。《劳动争议调解仲裁法》规定，劳动争议仲裁员应符合道德条件和专业条件两方面的要求。

（1）道德条件

劳动争议仲裁员应当具备道德素养，并将其作为履行职责时应遵守的信念和原则。对于劳动争议仲裁，只有做到品德高尚、秉公执法、勤政廉洁、作风正派、善于体察民意，同时积极拥护党的路线、方针、政策，才能保证仲裁裁决的质量和公信力。

（2）专业条件

劳动争议仲裁员必须具有一定的法律、劳动关系等专业知识及分析问题、解决问题的能力，因此，在符合了道德条件的基础上还应符合以下四个条件：

1）曾任审判员的人员。对于曾担任过人民法院审判员的人员，在以往的工作中长期接触各种权益纠纷案件，具有较高的法律专业素质和丰富的处理纠纷的经验，因此对其任职年限没有提出要求，只要其曾经担任过人民法院的审判员即可。这一条件鼓励了全国各级人民法院曾担任过审判员的退休人员广泛地参与到劳动争议仲裁工作中，从而提升了仲裁员队伍的业务素质，尤其是基层仲裁员的素质。

2）从事法律研究、教学工作并具有中级以上职称的人员。从事法律研究、教学工作并具有中级以上职称的专家、学者，在其研究领域积累了丰富的专业知识，具有扎实的理论功底和专业背景，将其聘任为仲裁员可以充分发挥其理论和专业优势，灵活、有效地解决现实中大量复杂的劳动争议案件。

3）具有法律知识、从事人力资源管理或者工会等专业工作满 5 年的人员。具有一定法律知识，在劳动行政管理部门、人事行政管理部门、工会或企业联合会等机构工作满 5 年的人员，可以聘任为劳动争议仲裁员。长期从事人力资源管理、工会维权等工作的人员，在日常工作中会经常涉及劳动争议、纠纷的处理，具有相应的专业能力，同时具有丰富的处理劳动纠纷的实践经验，能够有效地解决实际中的劳动争议、纠纷。

4）律师执业满 3 年的人员。从事律师工作并执业满 3 年的人员，不仅具有丰富、扎实的法律专业知识，同时具有较强的思辨能力和灵活、公正解决具体案件的实践能力，同时，其职业特点又能保证担任劳动争议仲裁员的时间和精力。因此，聘任律师执业满 3 年的人员作为劳动争议仲裁员，不仅能够有效地解决实际的劳动纠纷案件，还有助于提高仲裁员队伍的整体素质和业务水平。

4.3.3.4　仲裁员的聘任

劳动争议仲裁委员会成员，自任命之日起即具备了仲裁员资格，可由劳动争议仲裁委员会根据需要聘任为专职仲裁员或兼职仲裁员，并将聘任的仲裁员按照不同专业设置仲裁员名册。其中，专职仲裁员由劳动争议仲裁委员会从劳动争议仲裁委员会专门从事劳动争议处理工作的人员中聘任；兼职仲裁员由劳动争议仲裁委员会从劳动行政部门、人事行政部门或者其他行政部门的人员，曾任审判员的人员，工会工作者、专家、学者和律师中聘任。

另外，由于劳动人事争议仲裁是一项准司法性工作，因此不仅要求仲裁员具备一定的法律知识，还需要他熟练掌握劳动人事管理方面的法律、法规和政策。为了保证新聘任的仲裁员能更好地胜任工作，人力资源和社会保障部在其制定的《劳动人事争议仲裁组织规则》中规定，要对仲裁员进行聘前培训。具体来说，担任地（市）、县（区）仲裁委员会仲裁员的，参加省、自治区、直辖市人力资源和社会保障行政部门组织的仲裁员聘前培训；担任省、自治区、直辖市仲裁委员会仲裁员和副省级城市仲裁委员会仲裁员的，参加人力资源和社会保障部组织的聘前培训。

4.4 劳动争议仲裁的申请和受理

劳动争议仲裁虽然是一种非司法程序，但和司法程序一样实行"不告不理"原则，即仲裁程序因当事人提出申请而启动。如果没有当事人提出劳动争议仲裁申请，那么劳动争议仲裁机构是不会主动启动仲裁程序的。

4.4.1 申请仲裁时效

劳动争议申请仲裁的时效为 1 年。仲裁时效期间从当事人知道或者应当知道其权利被侵害之日起计算。

劳动关系存续期间因拖欠劳动报酬发生争议的，劳动者申请仲裁不受仲裁时效的限制，但是，劳动关系终止的，应当自劳动关系终止之日起一年内提出仲裁申请。

❖ 相关知识

仲裁时效的中断和中止

1. 仲裁时效的中断

如果一方当事人向对方当事人主张权利，或者向有关部门请求权利救济，或者对方当事人同意履行义务，那么仲裁时效中断，从中断时起，仲裁时效重新计算。导致仲裁时效中断的情形包括：

（1）一方当事人通过协商、申请调解等方式向对方当事人主张权利的；

（2）一方当事人向有关部门投诉；

（3）一方当事人向仲裁机构申请仲裁；

（4）一方当事人向人民法院起诉；

（5）一方当事人向人民法院申请支付令；

（6）对方当事人同意履行义务；

（7）法律规定导致仲裁时效中断的其他情形。

2. 仲裁时效的中止

因不可抗力或者有其他正当理由的，当事人不能在规定的仲裁时效期间申请仲裁的，仲裁时效中止。从中止时效的原因消除之日起，仲裁时效期间继续计算。

4.4.2 提出仲裁申请

申请劳动争议仲裁，当事人应当亲自或者书面委托代理人到有管辖权的劳动争议仲裁机构提出书面申请，按照申请书上的要求填写后递交给工作人员，然后等待是否受理的通知。

4.4.2.1 劳动争议仲裁申请书

在实践中，劳动争议仲裁机构通常会提供仲裁申请书格式文本，申请人按要求填写即可。准确填写仲裁申请书是至关重要的一步，一份完整、规范的仲裁申请书不仅有助于仲裁委员会快速了解案件情况，还能确保申请人的权益得到更好的保障。劳动争议仲裁申请书的填写要求如下：

1）申请人和被申请人的信息要完整，并且真实有效。

2）仲裁请求不但应当具体明确，即表述申请人希望仲裁委员会裁决的事项，如要求支付工资、恢复劳动关系等，还应当合理合法，不应超出法律法规的范围。

3）陈述案件事实，需要简要清晰地阐明争议发生的时间、地点、经过等事实情况，同时依据法律法规和事实情况，阐述申请人提出仲裁请求的理由。

4）列明申请人已掌握的证据材料，如劳动合同、工资单、考勤记录等，并说明证据的来源和证明目的。如有证人，应列明证人的姓名、联系方式和拟证明的事项。

5）在申请书的末尾，明确填写提交申请的劳动争议仲裁委员会名称，如"××市劳动争议仲裁委员会"。

6）自然人申请人应亲自签名，单位申请人应加盖单位公章或由其法定代表人（授权代表人）签名。填写提交仲裁申请书的日期。

7）填写仲裁申请书时，应当使用规范汉字，避免涂改、错别字等情况。除了申请书正本以外，申请人还应按仲裁委员会的要求提供相应数量的副本。

🗃️ 示例

×××劳动人事争议仲裁委员会
申　请　书

申请人			被申请人		
姓名或单位名称			姓名或单位名称		
法定代表人姓名		职务	法定代表人姓名		职务
性别		年龄	性别		年龄
民族或国籍			民族或国籍		
工作单位			工作单位		
地址			地址		
电话			电话		
邮编			邮编		

请求事项：

一、……

二、……

…………

事实和理由（包括证据和证据来源，证人姓名和住址等情况）：

…………

此致

×××劳动人事争议仲裁委员会

申请人：

年　月　日

附：证据材料目录

4.4.2.2 劳动者一方需要准备的资料

（1）身份信息证明

自然人的身份证是合法的身份信息证明，劳动者向仲裁机构提交身份证复印件即可，但应准备原件由仲裁庭进行核对。

（2）授权委托书

根据法律的规定，劳动争议仲裁案件的当事人有权委托他人参加劳动争议仲裁活动，委托他人参加劳动争议仲裁活动的，必须填写、提交授权委托书。

委托代理制度是劳动争议仲裁中普遍运用的代理制度。在实际生活中，劳动争议的当事人由于某些原因难以亲自参加仲裁活动或不便亲自参加仲裁活动，或者因缺乏劳动法律常识或仲裁经验而需要在仲裁中获得法律帮助，可以委托他人代理参加仲裁活动。

当事人在委托代理人时，必须如实详尽地填写委托事项和权限，委托代理人代为承认、放弃、变更仲裁请求，进行和解的，必须有委托人（当事人）的特别授权，该特别授权必须如实记载于授权委托书中方发生法律效力。如果当事人仅授予委托代理人一般代理权，那么代理人只能实施参加仲裁活动，进行答辩、申请回避、提供证据等活动。如果当事人对委托代理人进行了特别授权，那么代理人则可以代为承认、放弃、变更仲裁请求，可以实施和解、提出反申请等活动。当事人授予委托代理人的是一般授权，还是特别授权，由当事人自己决定。

示例

授权委托书

_____劳动争议仲裁委员会：

你委受理的关于_____的劳动争议一案，依照法律规定，特委托_____为我（单位）的代理人，参加本案仲裁活动。

委托代理人：

    姓名：

    性别：

    年龄：

    工作单位及职务：

    经常居住地：

联系电话：

委托事项和代理权下如下（请在以下两项中选择其一进行勾选）：

□一般代理

□代为接收法律文书；代为承认、放弃、变更仲裁请求，进行和解，提出反申请

委托代理人在委托权限范围内签署的有关文书我方均予以承认，并承担法律责任。

委　托　人（签名或盖章）：　　　年　　月　　日

委托代理人（签名或盖章）：　　　年　　月　　日

（3）送达地址确认书

申请人在递交申请书时应填写送达地址确认书，写明自己接收仲裁法律文书的详细地址、邮政编码和联系电话等内容。

4.4.2.3　用人单位一方需要准备的资料

（1）营业执照副本

用人单位为企业等经营性组织的，在参加仲裁活动时，需要提供营业执照副本。营业执照副本在日常工作中可以代替营业执照正本使用，与正本具有同等的法律效力。当然，用人单位仅需向仲裁机构提交营业执照副本复印件，同时准备原件供仲裁庭进行核对。

（2）法定代表人身份证明书

法定代表人身份证明书包含了用人单位法定代表人的姓名、性别、年龄、职务等基本信息，以及所代表企业的名称等关键信息。法定代表人身份证明书不仅是证明法定代表人身份的关键资料，同时也是用人单位开展日常经营和对外交往的必备文件，在仲裁活动中也需要提供。

■■■ 示例

法定代表人身份证明书

兹证明＿＿＿＿＿＿先生/女士（身份证号码：＿＿＿＿＿＿＿＿＿）系我单位法定代表人，在我单位担任＿＿＿＿＿＿＿＿＿（职务）。

法人名称（加盖单位公章）：

法定代表人（签名）：

年　　月　　日

（3）授权委托书

用人单位也可以委托代理人参加仲裁活动，并向仲裁机构提交授权委托书。其样例参照劳动者的授权委托书。

（4）送达地址确认书

用人单位参加仲裁活动，也应当填写送达地址确认书。

4.4.3 仲裁机构受理劳动争议案件

4.4.3.1 劳动争议仲裁案件的受理条件

为了确保劳动争议仲裁案件得到合法公正的处理，劳动争议当事人提出的仲裁申请需要满足一定的条件，才会得到劳动争议仲裁委员会的受理。

（1）申请人必须和劳动争议案件具有直接利害关系

申请人必须与劳动争议案件具有直接利害关系，即申请人应当是劳动争议的当事人或者其法定代理人、委托代理人。同时申请人必须能够提供证明其与劳动争议有直接利害关系的证据，如劳动合同、工资单、工作证等。

（2）仲裁申请书有明确的请求和依据

申请人应当在仲裁申请书中明确提出仲裁请求，并陈述请求所依据的事实和理由。仲裁请求应当具体、明确，能够明确表达申请人的诉求和目的。申请人应当提供相应的证据材料，支持其仲裁请求和事实理由的合法性、合理性。

（3）申请仲裁的争议属于《劳动争议调解仲裁法》规定的受案范围

属于《劳动争议调解仲裁法》规定的受案范围的争议包括：因确认劳动关系发生的争议；因订立、履行、变更、解除和终止劳动合同发生的争议；因除名、辞退和辞职、离职发生的争议；因工作时间、休息休假、社会保险、福利、培训以及劳动保护发生的争议；因劳动报酬、工伤医疗费、经济补偿或者赔偿金等发生的争议；法律、法规规定的其他劳动争议。需要强调的是，申请仲裁的劳动争议仲裁案件应当具有可仲裁性，即应当是权利争议而不是利益争议，能够通过仲裁方式解决。

（4）申请仲裁的案件属于该仲裁机构的管辖范围

劳动争议仲裁委员会应当按照地域管辖原则受理劳动争议案件，即申请人应当向劳动合同履行地或者用人单位所在地的劳动争议仲裁委员会申请仲裁。在特定情况下，如劳动合同履行地和用人单位所在地不一致，申请人可以选择向其中一个劳动争议仲裁委员会申请仲裁。

4.4.3.2 劳动争议仲裁机构的受理程序

劳动争议仲裁机构收到仲裁申请之日起 5 日内，认为符合受理条件的，应当受理，并通知申请人；认为不符合受理条件的，应当书面通知申请人不予受理，并说明理由。对劳动争议仲裁机构不予受理或者逾期未作出决定的，申请人可以就该劳动争议事项向人民法院提起诉讼。

劳动争议仲裁机构受理仲裁申请后，应当在 5 日内将仲裁申请书副本送达被申请人。被申请人收到仲裁申请书副本后，应当在 10 日内向劳动争议仲裁机构提交答辩书。劳动争议仲裁机构收到答辩书后，应当在五日内将答辩书副本送达申请人。被申请人未提交答辩书的，不影响仲裁程序的进行。

示例

×××劳动人事争议仲裁委员会
立案审批表

案由			收案时间		案号	
申请人（被申请人）	姓名		性别		出生日期	
	现工作单位					
被申请人（申请人）	单位全称					
	企业性质			主管部门		
	单位全称					
	企业性质			主管部门		
请求事项	填报人：　　年　　月　　日					
审批意见	审批人：　　年　　月　　日					

📚 示例

×××劳动人事争议仲裁委员会

受理案件通知书

×劳仲案字〔　　〕第　　号

××：

　　本院已经接到你（单位）申请仲裁的申请书，经审查符合规定的受理条件，本委决定立案审理。现将有关事项通知如下：

　　一、自收到本通知书之日起十日内，劳动者应提交身份证件复印件（A4 型纸），用人单位应提交"营业执照"副本复印件（A4 型纸）并填写"法定代表人身份证明书"。

　　二、如需委托代理人代理参加仲裁活动，一经确定具体人选，即应填写"授权委托书"提交文本。

　　三、本委决定此案由仲裁员＿＿＿＿＿＿＿＿＿＿承办，仲裁员的联系电话＿＿＿＿＿＿＿＿＿＿。如要求回避，当事人请向本委提出回避申请。

＿＿＿＿＿年＿＿月＿＿日

（盖章）

📚 示例

×××劳动人事争议仲裁委员会

立案通知书

×劳仲案字〔　　〕第　　号

××：

　　本院已受理申请仲裁你（单位）劳动争议案，现将申诉书副本送交你（单位），并将有关事项通知如下：

　　一、请你（单位）自收到申请书副本之日起十日内向本委提交答辩书两份（使用 A4 型纸，并签名或盖章）。

　　二、自收到本通知书之日起十日内，劳动者应提交身份证件复印件（A4 型纸），用人单位应提交"营业执照"副本复印件（A4 型纸）并填写"法定代表人身份证明书"。

三、如需委托代理人代理参加仲裁活动，一经确定具体人选，即应填写"授权委托书"提交文本。

四、本委决定此案由仲裁员＿＿＿＿＿＿＿＿＿＿承办，仲裁员的联系电话＿＿＿＿＿＿＿＿＿＿。如要求回避，当事人请向本委提出回避申请。

五、如对本案管辖持有异议，请自收到本通知书之日起十日内向本委书面提出并提供相关依据原件。

＿＿＿＿＿＿年＿＿月＿＿日
（盖章）

重点提示

"立案审批表"是劳动争议仲裁机构的工作文件，不送达给当事人，但会存入该案件的档案予以保存。对于案件是否受理，以劳动争议仲裁机构向当事人送达的通知书为准。"受理案件通知书"送达给申请人，"立案通知书"送达给被申请人。

4.4.3.3 被申请人的答辩

被申请人收到仲裁申请书副本后，应当在 10 日内向劳动争议仲裁机构提交答辩书。劳动争议仲裁机构收到答辩书后，应当在 5 日内将答辩书副本送达申请人。被申请人未提交答辩书的，不影响仲裁程序的进行。

重点提示

对于被申请人而言，答辩是其权利而不是义务，即被申请人可以放弃答辩的权利。被申请人没有在规定的时限内提交答辩书，不影响劳动争议仲裁案件的审理。

4.5　劳动争议仲裁案件的审理

4.5.1　仲裁准备工作

4.5.1.1　处理时限

仲裁处理时限是指劳动争议仲裁委员会处理劳动争议案件的时间要求，即在法律规定的时间内作出仲裁裁决。《劳动争议调解仲裁法》第四十三条规定，仲裁庭裁决劳动争议案件，应当自劳动争议仲裁委员会受理仲裁申请之日起 45 日内结束。案情复杂需要延期的，经劳动争议仲裁委员会主任批准，可以延期并书面通知当事人，但是延长期限不得超过 15 日。逾期未作出仲裁裁决的，当事人可以就该劳动争议事项向人民法院提起诉讼。根据该法条的规定，劳动争议仲裁处理的最长期限为 60 天，这有利于案件的快速解决，及时保障当事人的合法权益，体现了劳动争议仲裁快捷性的特点。

需要指出的是，由于在案件的审理过程中可能会出现一些特殊情况致使仲裁庭无法继续审理，中止仲裁审理的时间是不计算在上述期限之内的，在中止审理的情形消失之后，劳动争议仲裁审理期限继续计算。《劳动人事争议仲裁办案规则》第四十五条规定，有下列情形的，仲裁期限按照下列规定计算：①申请人需要补正材料的，仲裁委员会收到仲裁申请的时间从材料补正之日起计算；②增加、变更仲裁申请的，仲裁期限从受理增加、变更仲裁申请之日起重新计算；③仲裁申请和反申请合并处理的，仲裁期限从受理反申请之日起重新计算；④案件移送管辖的，仲裁期限从接受移送之日起计算；⑤中止审理期间不计入仲裁期限内；⑥有法律、法规规定应当另行计算的其他情形的。

4.5.1.2　送达和通知

《劳动争议调解仲裁法》第三十条规定，劳动争议仲裁委员会受理仲裁申请后，应当在 5 日内将仲裁申请书副本送达被申请人。被申请人收到仲裁申请书副本后，应当在 10 日内向劳动争议仲裁委员会提交答辩书。劳动争议仲裁委员会收到答辩书后，应当在 5 日内将答辩书副本送达申请人。被申请人未提交答辩书的，不影响仲裁程序的进行。

劳动争议答辩是指被申请方根据申请方提出的问题，出于维护自身合法权益的目的，有针对性地对其予以反驳。但是答辩并不影响仲裁活动的进行，被申请人可以选择不进行答辩，仲裁委员会会按照程序开展下一步的审理活动。

4.5.1.3　组建仲裁庭

劳动争议仲裁委员会在作出受理仲裁申请的决定后，应着手建立仲裁庭，确定开庭的时间和地点，并以书面形式告知当事人。根据《劳动争议调解仲裁法》和《劳动人事争议仲裁办案规则》的相关规定，仲裁委员会应当在受理仲裁申请之日起 5 日内组成仲裁庭，并将仲裁庭的组成情况书面通知当事人。仲裁庭由 3 名仲裁员组成，设首席仲裁员。简单劳动争议案件可以由 1 名仲裁员独任仲裁。仲裁庭应当在开庭 5 日前，将开庭日期、地点书面通知双方当事人。当事人有正当理由的，可以在开庭 3 日前请求延期开庭。是否延期，由仲裁委员会根据实际情况决定。

4.5.1.4　决定回避事宜

在仲裁庭组成之后，劳动争议仲裁委员会要对仲裁员进行审查，要求与本案有利害关系的仲裁员进行回避。回避分为仲裁员主动回避和当事人申请回避两种。《劳动争议调解仲裁法》第三十三条规定，仲裁员有下列情形之一，应当回避，当事人也有权以口头或者书面方式提出回避申请：①是本案当事人或者当事人、代理人的近亲属的；②与本案有利害关系的；③与本案当事人、代理人有其他关系，可能影响公正裁决的；④私自会见当事人、代理人，或者接受当事人、代理人的请客送礼的。《劳动人事争议仲裁办案规则》第十五条规定，当事人提出回避申请，应当说明理由，在案件开始审理时提出；回避事由在案件开始审理后知道的，也可以在庭审辩论终结前提出；当事人在庭审辩论终结后提出的，不影响仲裁程序的进行，当事人因此对仲裁裁决不服的，可以依法向人民法院起诉或者申请撤销。被申请回避的人员在仲裁委员会作出是否回避的决定前，应当暂停参与本案的处理，但因案件需要采取紧急措施的除外。

回避需要经过严格的程序。《劳动人事争议仲裁办案规则》第十六条规定，仲裁员是否回避，由仲裁委员会主任或其授权的办事机构负责人决定。仲裁委员会主任担任案件仲裁员是否回避，由仲裁委员会决定。《劳动争议调解仲裁法》第三十四条规定，仲裁员有私自会见当事人、代理人，或者接受当事人、代理人的请客送礼的，或者有索贿受贿、徇私舞弊、枉法裁决行为的，应当依法承担法律责任。劳动争议仲裁委员会应当将其解聘。

4.5.2　通知开庭

劳动争议仲裁机构裁决劳动争议案件实行仲裁庭制。仲裁庭由 3 名仲裁员组成，设首席仲裁员，简单的劳动争议案件可以由 1 名仲裁员独任仲裁。劳动争议仲裁机构应当在受理仲裁申请之日起 5 日内将仲裁庭的组成情况书面通知当事人。

仲裁庭应当在开庭 5 日前，将开庭日期、地点书面通知双方当事人，当事人有正当理由的，可以在开庭 3 日前请求延期开庭。是否延期，由劳动争议仲裁机构决定。

示例

×××劳动人事争议仲裁委员会

开庭通知书

××：

本院受理的_____一案，现决定于_____年____月____日午时____分在_____开庭审理，请准时出庭。

特此通知。

_____年____月____日

（盖章）

注：

（1）申请人收到本通知，无正当理由拒不到庭或未经仲裁庭同意中途退庭的，视为撤回仲裁申请。

（2）被申请人收到本通知，无正当理由拒不到庭或未经仲裁庭同意中途退庭的，可缺席裁决。

（3）请注意遵守仲裁庭纪律。

4.5.3　仲裁庭审流程

4.5.3.1　庭审准备

本阶段工作主要由仲裁庭书记员承担，并负责向首席仲裁员或者仲裁员报告，具体事项如下表所示。

开庭事项	具体内容
核实参加庭审人员到庭情况	书记员：申请人（姓名或单位名称）诉被申请人（姓名或单位名称）（案由）争议一案，仲裁庭审理即将开始。请双方当事人及各自委托代理人按指示牌就座，旁听人员进入旁听席就座。现在核查双方当事人及其他仲裁参与人到庭情况 （参加庭审人员回答到庭情况，通常按先申请方、后被申请方的顺序回答）
宣布仲裁庭纪律	书记员： （1）参加庭审人员必须遵守仲裁纪律，保持庭内安静、庄严，不许喧哗吵闹。未经仲裁庭许可，不准录音、录像、拍照及进行其他妨碍庭审的活动。如携带移动通信工具的，请予关机 （2）当事人及代理人在陈述事实、说明理由以及辩论时，必须在首席仲裁员主持下，围绕争议要点进行。发言应实事求是，文明礼貌，不得进行人身攻击 （3）双方当事人在仲裁庭开庭后，未经仲裁庭许可，不得中途退庭。擅自退庭的，对申请人视为撤回仲裁申请，对被申请人按缺席裁决处理。旁听人员不得随意走动或进入审理区域，不准发言和提问 （4）对违反仲裁庭纪律，妨碍仲裁活动的当事人或代理人，情节严重的，对申请人视为撤回仲裁申请，对被申请人按缺席裁决处理。构成犯罪的，建议司法机关追究其法律责任
向仲裁员报告准备工作情况	书记员：报告首席仲裁员（仲裁员）仲裁庭准备工作就绪，请开庭 （如果必须到庭的当事人和其他仲裁活动参与人没有到庭，由书记员向首席仲裁员报告，首席仲裁员可于通知开庭时间的30分钟后宣布休庭。如申请人属无正当由未到庭的，视为撤回仲裁申请。被申请人提出反申请的，可以作缺席审理。如被申请人属无正当由未到庭的，本案进行缺席审理）

4.5.3.2 核实参加仲裁活动人员的身份

本阶段工作由首席仲裁员或者仲裁员负责，具体事项如下表所示。

开庭事项	具体内容
宣布庭审开始	仲裁员：申请人（姓名或单位名称）诉被申请人（姓名或单位名称）（案由）争议一案，现在开庭审理
宣布仲裁庭组成人员	仲裁员：本案由首席仲裁×××，仲裁员×××，仲裁员×××组成仲裁庭审理，书记员×××担任本庭记录工作
核实当事人身份	申请人：自然人的姓名、性别、出生时间、民族、住所地（查验居民身份证） 法人或其他组织的名称、住所地、法定代表人或主要负责人的姓名、职务（查验企业法人营业执照副本、事业单位登记证等，法定代表人或主要负责人的身份证明） 委托代理人：律师的姓名、工作单位、职务及代理权限（查验授权委托书、律师事务所公函、律师执照） 其他公民的姓名、性别、职业或工作单位及职务、住所地、与当事人有无近亲属关系及代理权限（查验授权委托书、居民身份证） 核实完毕后，仲裁员宣布：上述人员经本庭核实，符合法律规定，可以参加本案仲裁互动

续表

开庭事项	具体内容
宣布当事人权利义务	仲裁员：当事人有提出、变更、放弃仲裁请求，提出反申请以及和解的权利。当事人有申请回避，提供证据，进行辩论，请求调解的权利。当事人有如实陈述事实，如实提供证据的义务。当事人有遵守仲裁庭纪律，服从仲裁庭指挥的义务 仲裁员宣布完毕后，应当询问当事人是否听清，是否申请本庭组成人员回避 （只有在得到申请人和被申请人不申请回避的确定回答后，庭审才可以继续进行）

4.5.3.3　仲裁庭调查

本阶段工作由首席仲裁员或者仲裁员负责，具体事项如下表所示。

开庭事项	具体内容
申请人宣读申请书	申请人宣读申请书，宣读完毕后，仲裁员应当询问申请人对申请事项是否还有补充
被申请人宣读答辩书	被申请人宣读答辩书，宣读完毕后，仲裁员应当询问被申请人对答辩事项是否还有补充 （当申请人增加请求或被申请人在答辩时提出反申请且符合条件的，首席仲裁员应询问其他当事人是否需要答辩期，如不需要，即可对上述请求合并审理；如需要答辩期，则可宣布休庭，但如果上述请求不影响本案审理的，可先对本案进行审理）
案件事实调查	仲裁员明确本案真意的焦点，并且向当事人宣布：请各方当事人就本案争议的焦点如实回答本庭提出的问题 由各方当事人当庭举证和质证，请各方当事人依次出示相关证据，并请各方当事人进行质证 对所认证完毕的相关证据，由仲裁庭予以确认并当庭宣布认证结果（有效、无效、待查） （本阶段举证注意事项：要针对与案件有直接联系的内容和范围进行；证据应客观、真实；证据的来源、形式等必须合法；书证、鉴定结论、勘验笔录要宣读内容，物证要当庭展示，视听资料要当庭播放） （本阶段质证注意事项：质证应围绕本案的请求、事实及理由进行；对任何一方所举证据可以互相审验，对其证明效力进行辩论和反驳；经仲裁庭许可，可以向对方当事人、证人发问；当事人请求庭后补充证据的，仲裁庭应当根据实际情况确定补充证据的期限，并记入笔录） （如果有证人出庭作证：查验证人的身份（姓名、性别、出生时间、职业或工作单位和职务、住所地）；宣读证人权利义务（依照有关法律规定，证人在作证时，应当客观公正地提供证言，如有意歪曲事实真相作伪证的，将追究法律责任；同时，证人有权拒绝回答与本案无关的提问）；由仲裁员询问证人，并由各方当事人向证人提出问题）
宣布调查结束	双方当事人对案件事实均没有补充，也没有新的证据提供时，仲裁员宣布调查阶段结束

4.5.3.4　仲裁庭辩论

本阶段工作由首席仲裁员或者仲裁员负责，具体事项如下表所示。

开庭事项	具体内容
仲裁庭辩论	仲裁员宣布：现在进行仲裁庭辩论。辩论应围绕本案争议焦点进行，发言时简明扼要，避免重复，并不得进行人身攻击。下面由当事人分别发表辩论意见 申请人和被申请人分别发表辩论意见。（在辩论过程中要注意围绕案件争议的焦点进行辩论，已经陈述过的意见不要反复地说，要尊重对方，禁止发表攻击对方人格的言论）
宣布辩论结束	双方当事人没有新的辩论意见时，仲裁员宣布仲裁庭辩论结束

4.5.3.5 仲裁庭调解和裁决

本阶段工作由首席仲裁员或者仲裁员负责，具体事项如下表所示。

开庭事项	具体内容
仲裁庭调解	仲裁员：依照《劳动争议调解仲裁法》的规定，仲裁庭处理劳动争议应当本着自愿、合法的原则先行调解。请问各方当事人是否愿意调解？ 双方当事人分别发表意见 （如果调解成功，仲裁员当庭宣布调解书，并制作调解书当庭送达各方当事人，同时宣布闭庭。如果当事人均不愿意调解或调解不成，首席仲裁员直接宣布休庭进行评议）
仲裁庭裁决	继续开庭，仲裁员然后宣布裁决，并告知当事人如不服本裁决，有权在收到裁决书之日起15日内向××法院起诉，然后询问各方当事人是否听清。如果裁决内容属于终局裁决，也应告知当事人相应的救济权利 各方当事人及代理人阅读、补正仲裁庭笔录并签字盖章 仲裁员宣布闭庭（如果没有当庭裁决的，宣布休庭）

4.5.4 庭审笔录

仲裁庭应当将开庭情况记入笔录。当事人或者其他仲裁参加人认为对自己陈述的记录有遗漏或者差错的，有权申请补正。仲裁庭认为申请无理由或者无必要的，可以不补正，但应当记录该申请。仲裁员、记录人员、当事人和其他仲裁参加人应当在庭审笔录上签名或者盖章。当事人或者其他仲裁参加人拒绝在庭审笔录上签名或者盖章的，仲裁庭应在附卷中记明情况。

4.5.5 当事人自行和解

劳动争议自行和解是指当事人双方通过自行协商，最终达成解决劳动争议的协议，从而解决劳动争议的一种方式。我国《劳动争议调解仲裁法》第四十一条规定，当事人申请劳动争议仲裁后，可以自行和解。达成和解协议的，可以撤回仲裁申请。当事人自行和解是当事人对自己实体劳动权利的处分，但和解内容必须符合法律、法规的规定。当事人和解后，申请人应当向劳动争议仲裁委员会提出撤诉申请。劳动争议仲裁委员会收到撤诉申请后，应当制作劳动争议仲裁决定书予以撤诉。当事人自行和解，只要符合法律、法规规定，仲裁机构都会予以批准。

4.5.6　仲裁调解

在劳动争议仲裁的过程中，仲裁调解是劳动争议仲裁委员会处理劳动争议的重要方式。《劳动争议仲裁调解法》第四十二条规定，仲裁庭在作出裁决前，应当先行调解。调解达成协议的，仲裁庭应当制作调解书。调解书应当写明仲裁请求和当事人协议的结果。调解书由仲裁员签名，加盖劳动争议仲裁委员会印章，送达双方当事人。调解书经双方当事人签收后，发生法律效力。调解不成或者调解书送达前，一方当事人反悔的，仲裁庭应当及时作出裁决。

该条法律所说的先行调解是指在劳动争议仲裁委员会受理案件后，在作出裁决之前，由仲裁员一人或仲裁庭主持双方进行协商，促使双方相互谅解，达成协议，以结束劳动争议仲裁的过程。先行调解是仲裁程序中的必经程序。仲裁调解不同于自行和解，自行和解是双方自行达成和解协议，而仲裁调解则是在第三方即仲裁委员会的主持、斡旋、劝导下达成的。

根据我国的法律规定以及仲裁实践经验，仲裁调解应包含以下几个程序：①在查明案情、分清责任的基础上，仲裁委员会提前拟订调解方案，并将调解的时间和地点通知当事人双方。②由1名仲裁员或仲裁庭主持调解，向当事人说明调解的好处和意义，进行疏导工作，并提出拟订的调解方案，组织双方就调解方案进行协商，对有关问题进行讨论。③调解结束有两种情况：一是当事人经过协商达成了调解协议；二是未达成调解协议，或虽达成协议，但在调解书送达前一方反悔，这时仲裁委员会应及时以裁决的方式结束案件。

示例

×××劳动人事争议仲裁委员会
调解书

×劳仲字〔　〕第　号

申请人：×××（姓名），×（性别），××××年×月×日出生，××××××（工作单位及职务），住本市××区××街××号。

委托代理人：×××（姓名），×（性别），×岁（年龄），××××××（工作单位及职务或家庭住址）。/如果是律师代理，则仅写：×××（姓名），×××律师事务所律师。

被申请人：××××公司，住所地：×××××××。

法定代表人/或负责人：×××（姓名），×××（职务）。

委托代理人：×××（姓名），×（性别），×岁（年龄），××××××（工作单位及职务或家庭住址）。/如果是律师代理，则仅写：×××（姓名），×××律师事务所律师。

申请人×××（姓名）（以下简称×××）诉被申请人××××（名称全称）（以下简称××公司）劳动争议一案，本委受理后，由仲裁员×××、×××、×××（仲裁员姓名）依法组成合议庭，×××任首席仲裁员/或依法由仲裁员×××（姓名）独任审理。

×××（申请人姓名）向本院提出如下仲裁请求：

一、……

二、……

…………

经本院主持调解，双方当事人自愿达成如下协议：

一、……

二、……

…………

上述协议不违背有关法律规定，本院予以确认。

本调解书自送达之日起具有法律效力。

首席仲裁员：×××

仲　裁　员：×××

仲　裁　员：×××

年　　月　　日

（仲裁机构盖章）

书　记　员：×××

此处盖　　| 此件与原本核对无异 |

注：本调解书式样是以申请人为劳动者个人，被申请人为用人单位为例。

4.5.7 仲裁裁决

仲裁裁决是劳动争议仲裁委员会处理劳动争议的最终解决方式。根据《劳动争议调解仲裁法》第四十五条规定，裁决应当按照多数仲裁员的意见作出，少数仲裁员的不同意见应当记入笔录。仲裁庭不能形成多数意见时，裁决应当按照首席仲裁员的意见作出。仲裁庭作出裁决后，应当制作仲裁裁决书，送达双方当事人。当事人对仲裁裁决不服的，自收到仲裁裁决之日起15日内可以向人民法院起诉，期满不起诉的，仲裁裁决书即发生法律效力。如一方当事人不执行的，另一方当事人可申请人民法院强制执行。

仲裁裁决书

仲裁裁决书是劳动争议仲裁委员会依法对劳动争议案件进行的裁决，并制作的对当事人双方及有关单位或个人具有法律约束力的文书。《劳动争议调解仲裁法》第四十六条规定，裁决书应当载明仲裁请求、争议事实、裁决理由、裁决结果和裁决日期。裁决书由仲裁员签名，加盖劳动争议仲裁委员会印章。对裁决持不同意见的仲裁员，可以签名，也可以不签名。

仲裁裁决书由以下三部分组成：①当事人双方的基本情况、申诉的理由、争议的事实和要求；②审理过程和裁决意见，包括裁决认定的事实，适用的法律、法规及规范性文件，裁决的理由，裁决的结果，当事人的是非责任等；③裁决日期，全体仲裁员的签名，劳动争议仲裁委员会的印章及其他说明。

仲裁裁决书和仲裁调解书都是劳动争议仲裁委员会在处理劳动争议时制作的法律文书。二者的区别在于：①出现的程序不同。仲裁调解书是在仲裁调解阶段作出的，而仲裁裁决书是在裁决阶段作出的。②依据的原则不同。仲裁调解书强调的是自愿和合法的原则，只要调解协议的内容符合法律、法规，双方自愿接受即可；而仲裁裁决书根据的是少数服从多数的原则作出的。③生效的时间不同。仲裁调解书自送达之日起即具有法律效力，在送达之前，当事人可以反悔，一旦送达后，当事人不得反悔；而仲裁裁决书并不是送达后立即生效，而是自作出仲裁裁决起15日内当事人不起诉才生效。④反映的当事人的意思表示不同。仲裁调解书是在当事人协商同意的基础上达成的，反映的是当事人双方真实的意思；而仲裁裁决书是仲裁庭依法作出的公断，可能是在双方意思表达不一致的情况下作出的裁决。

📚 **示例**

×××劳动人事争议仲裁委员会
裁 决 书
（适用于非劳务派遣劳动争议）

×劳人仲字 ［　　　］第　　号

申请人：×××（姓名），×（性别），×年×月×日出生，××××××（工作单位及职务），住本市××区××街××号。

委托代理人：×××（姓名），×（性别），×岁（年龄），××××××（工作单位及职务或家庭住址）。/如果是律师代理，则仅写：×××（姓名），×××律师事务所律师。

被申请人：××××公司，住所地：×××××××。

法定代表人/或负责人：×××（姓名），×××（职务）。

委托代理人：×××（姓名），×（性别），×岁（年龄），××××××（工作单位及职务或家庭住址）。/如果是律师代理，则仅写：×××（姓名），×××律师事务所律师。

第三人：××××公司，住所地：××××××。

法定代表人/或负责人：×××（姓名），×××（职务）。

委托代理人：×××（姓名），×（性别），×岁（年龄），××××××（工作单位及职务或家庭住址）。/如果是律师代理，则仅写：×××（姓名），×××律师事务所律师。

申请人×××（姓名）（以下简称×××）诉被申请人××××（名称全称）（以下简称××公司）××、××、××（案由）争议一案，本委受理后，由仲裁员×××、×××、×××（仲裁员姓名）依法组成合议庭，×××任首席仲裁员/或依法由仲裁员×××（姓名）独任审理。

经审查，本委认为××××公司（名称全称）（以下简称××公司）与本案的处理结果有利害关系，依据《中华人民共和国劳动争议调解仲裁法》第二十三条的规定，追加××公司为第三人。

本案经公开开庭审理，×××（申请人姓名）及其委托代理人×××（姓名）、××公司（被申请人名称简称）的委托代理人×××（姓名）、××公司（第三人名称简称）的委托代理人××（姓名）均到庭参加了仲裁活动。/如果被申请人经书面通知未到庭，在前面表述了已出庭人员后（注意不要再表述被申请人），应在此继续写明：本委于×年×月×日向××公司（被申请人名称简称）送达了出庭通知，但其无正当理由未到庭。本案现已审理终结。

×××（申请人姓名）称：……（概述申请人提出的事实和理由，并明确列出申请人的全部请求）。

××公司（被申请人名称简称）辩称：……（概述被申请人答辩的主要内容及针对申请人每一项请求的明确态度）。

××公司（第三人名称简称）述称：……（概述第三人的主要意见）。

经查：……（一般按时间发展的基本时间顺序表述劳动争议仲裁机构查明的事实。个别疑难案件，如有必要，可以采取逐一列举双方提交的证据并论述质证、认证情况的论述方式）。

上述事实有各方陈述、庭审笔录、×××（证据名称）、×××（证据名称）（这类证据应该是经过确认的证据）等在案证实。

本委认为：……（首先应当有概述性语言作为观点，逐一展开论述。要求对经查事实表明态度，并针对申请人的每一项请求是否予以支持进行论述，双方意见一致的点到即可，不用展开论述。着重论述双方存在分歧的地方。写明裁决的理由和依据，要写明具体所依据的法律、法规、规章和其他规范性文件等，文件要简练、逻辑要清晰、内容要全面）。

本案经调解，双方未达成协议，依据《中华人民共和国劳动争议调解仲裁法》第四十二条第四款、《××××》第××条、《××××》第××条的规定，现裁决如下：……/如果被申请人经书面通知未到庭的，则此段表述为：本案在开庭审理中，××公司（被申请人名称简称）经本委合法通知无正当理由未到庭，根据《中华人民共和国劳动争议调解仲裁法》第三十六条第二款、《××××》第××条、《××××》第××条的规定，现缺席裁决如下：

一、……

二、……

三、……

…………

如不服本裁决，可于本裁决书送达之日起十五日内，向××法院提起诉讼，逾期不起诉，本裁决书发生法律效力。如果系终局裁决，则此段表述为：本裁决对××公司（被申请人名称简称）为终局裁决。××公司（被申请人名称简称）有证据证明本裁决有《中华人民共和国劳动争议调解仲裁法》第四十九条第一款规定的情形之一的，可自本裁决书送达之日起三十日内向××法院申请撤销裁决。××（申请人姓名）如不服本裁决，可于本裁决书送达之日起十五日内，向××法院提起诉讼，逾期不起诉，本裁决书即发生法律效力。

首席仲裁员：×××

仲　裁　员：×××

仲　裁　员：×××

年　　月　　日

（仲裁机构盖章）

书　记　员：×××

此处盖　 此件与原本核对无异

注：

（1）本裁决书式样是以申请人为劳动者个人，被申请人为用人单位为例。

（2）加下划线的部分是追加第三人情况下的格式要求，如未追加，则不需要表达。

示例

×××劳动人事争议仲裁委员会
裁决书
（适用于劳务派遣劳动争议）

×劳人仲字〔　　　〕第　　号

申请人：×××（姓名），×（性别），××××年×月×日出生，××××××（工作单位及职务），住本市××区××街××号。

委托代理人：×××（姓名），×（性别），×岁（年龄），××××××（工作单位及职务或家庭住址）。/如果是律师代理，则仅写：×××（姓名），×××律师事务所律师。

被申请人：××××公司，住所地：×××××××（劳务派遣单位）。

法定代表人/或负责人：×××（姓名），×××（职务）。

委托代理人：×××（姓名），×（性别），×岁（年龄），××××××（工作单位及职务或家庭住址）。/如果是律师代理，则仅写：×××（姓名），×××律师事务所律师。

被申请人：××××公司，住所地：×××××××（用工单位）。

法定代表人/或负责人：×××（姓名），×××（职务）。

委托代理人：×××（姓名），×（性别），×岁（年龄），××××××（工作单位及职务或家庭住址）。/如果是律师代理，则仅写：×××（姓名），×××律师事务所律师。

申请人×××（姓名）（以下简称×××）诉被申请人××××（劳务派遣单位名称全称）（以下简称××公司）及被申请人××××（用工单位名称全称）（以下简称××公司）××、××、××（案由）争议一案，本委受理后，由仲裁员×××、×××、×××（仲裁员姓名）依法组成合议庭，×××任首席仲裁员。依据《中华人民共和国劳动争议调解仲裁法》第二十二条的规定，××公司（被申请人名称简称）和××公司（被申请人名称简称）为本案共同当事人。

本案经公开开庭审理，×××（申请人姓名）及其委托代理人×××（姓名）、××公司（被申请人名称简称）的委托代理人×××（姓名）及××公司（被申请人名称简称）的委托代理人××（姓名）均到庭参加了仲裁活动。本案现已审理终结。

×××（申请人姓名）称：……（概述申请人提出的申请事实和理由，并明确列出申请人的全部申请请求）。

××公司（被申请人名称简称）辩称：……（概述被申请人答辩的主要内容及针对申请人每一项申请请求的明确态度）。

××公司（被申请人名称简称）辩称：……（概述被申请人答辩的主要内容及针对申请人每一项申请请求的明确态度）。

经查：……（一般按时间发展的基本时间顺序表述劳动争议仲裁机构查明的事实。个别疑难案件，如有必要，可以采取逐一列举双方提交的证据并论述质证、认证情况的论述方式）。

上述事实有各方陈述、庭审笔录、×××（证据名称）、×××（证据名称）（这类证据应该是经过确认的证据）等在案证实。

本委认为：……（首先应当有概述性语言作为观点，逐一展开论述。要求对经查事实表明态度，并针对申请人的每一项请求是否予以支持进行论述，双方意见一致的点到即可，不用展开论述。着重论述双方存在分歧的地方。写明裁决的理由和依据，要写明具体所依据的法律、法规、规章和其他规范性文件等，文件要简练、逻辑要清晰、内容要全面）。

本案经调解，双方未达成协议，依据《中华人民共和国劳动争议调解仲裁法》第四十二条第四款、《××××》第××条，《××××》第××条的规定，现裁决如下：

一、××公司（劳务派遣单位）……

二、××公司（用工单位）对第一项裁决承担连带赔偿责任

三、……

如不服本裁决，可于本裁决书送达之日起 15 日内，向××法院提起诉讼，逾期不起诉，本裁决书发生法律效力。

首席仲裁员：×××

仲　裁　员：×××

仲　裁　员：×××

年　　月　　日

（仲裁机构盖章）

书　记　员：×××

此处盖　　| 此件与原本核对无异 |

注：

（1）本裁决书式样是以申请人为劳动者个人，被申请人为劳务派遣单位和用工单位为例。

（2）裁决主文中关于连带责任的表述，是以用工单位需要对劳务派遣单位的某项义务承担连带责任的情况为例，若经查无须承担连带责任，则不作表述。

4.6　劳动争议仲裁程序的相关制度

4.6.1　对席裁决和缺席裁决

对席裁决是指仲裁庭在双方当事人及其代理人都到庭参加仲裁审理，进行充分陈诉与辩论，并查明争议案件事实的基础上作出的仲裁裁决。缺席裁决是指仲裁庭在非正常情况下作出的裁决，即仲裁庭在听取一方当事人的陈诉和辩论，并对未到庭一方当事人提交的书面材料进行审查的基础上，对争议案件作出的裁

决。根据《劳动争议调解仲裁法》第三十六条的规定，被申请人有下列两种情形之一的，劳动争议仲裁庭可以缺席裁决：①被申请人收到书面通知，无正当理由拒不到庭；②被申请人未经仲裁庭同意中途退庭。但是，如果被申请人委托了全权代理人，被申请人未出庭，而全权代理人出庭，不能进行缺席裁决。

4.6.2　先予裁决和先予执行

《劳动争议仲裁调解法》第四十三条第二款规定，仲裁庭裁决劳动争议案件时，其中一部分事实已经清楚，可以就该部分先行裁决。先行裁决的目的是维护劳动者的合法权益，因为劳动争议案件中职工一方当事人一般处于弱势地位，特别是涉及工资和工伤补偿等方面的问题时，如果不能及时解决争议，将直接影响到劳动者的生活，因此对案件中事实已经清楚的部分先行裁决。

所谓先予执行是指劳动争议仲裁委员会在审理劳动争议案件的过程中，因当事人一方的迫切需要，根据其申请，在作出判决前，裁定一方当事人给付另一方当事人一定的财物，或者立即实施或停止某种行为，并立即执行的措施。《劳动争议调解仲裁法》第四十四条规定：仲裁庭对追索劳动报酬、工伤医疗费、经济补偿或者赔偿金的案件，根据当事人的申请，可以裁决先予执行，移送人民法院执行。仲裁庭裁决先予执行的，应当符合下列条件：①当事人之间权利义务关系明确；②不先予执行将严重影响申请人的生活。劳动者申请先予执行的，可以不提供担保。

4.6.3　当事人在仲裁活动中的权利和义务

4.6.3.1　撤回申请

申请人在仲裁过程中有权撤销或者放弃申请请求。

撤回申请应当在劳动争议仲裁机构立案后至"调解书"或者"裁决书"送达之前提出书面申请，并经劳动争议仲裁机构批准。

4.6.3.2　提交答辩书及相关材料

劳动争议仲裁机构受理仲裁申请后，应当在5日内将仲裁申请书副本送达被申请人。被申请人收到仲裁申请书副本后，应当在10日内向劳动争议仲裁机构提交答辩书，该10日为答辩期。同时，被申请人还应当向劳动争议仲裁机构提交营业执照副本、法定代表人身份证明书、授权委托书等相关材料。

4.6.3.3 提出管辖异议

被申请人对劳动争议仲裁机构受理案件的管辖有异议的，应当在答辩期内以书面形式提出并提供相关的证据材料。劳动争议仲裁机构认为管辖异议成立的，应当停止案件的审理并通知被申请人。劳动争议仲裁机构不同意管辖异议的，被申请人应当按时出庭。逾期提出的管辖异议或者未提供必要证据材料的，劳动争议仲裁机构不予受理。

4.6.3.4 填写送达地址确认书

当事人在申请或者答辩时应当向劳动争议仲裁机构提供送达地址，并填写送达地址确认书，写明接受仲裁法律文书的详细地址、邮政编码和联系电话等内容。受送达人是有固定职业的自然人的，其从业场所可以视为送达地址。劳动争议仲裁机构送达仲裁法律文书时将依据实际情况，采取直接送达、邮寄送达、委托送达、公告送达等形式。

4.6.3.5 提出反申请

被申请人可以提出反申请。反申请应当在答辩期内向劳动争议仲裁机构提出书面申请，经劳动争议仲裁机构决定受理并批准合并审理的，一并开庭审理。逾期提出反申请，经审查符合受理条件的，另案处理。

4.6.3.6 委托代理人参加仲裁活动

当事人可以委托1~2名委托代理人参加仲裁活动。委托代理人为律师的，应当有律师事务所出具的出庭函和律师执照，没有上述公函和律师执照的，不能以律师的身份参加仲裁活动。

当事人委托代理人的，应当填写"授权委托书"，"授权委托书"应当写明委托事项和权限。委托代理人的代理权限为：代为接收仲裁委托书；代为承认、放弃、变更仲裁请求，进行和解，提起反申请；确认送达地址等。

当事人更换委托代理人、变更或解除委托代理人的代理权限的，应当向劳动争议仲裁机构书面报告变更情况。

4.6.3.7 追加第三人

当事人申请追加第三人的，应当向劳动争议仲裁机构书面提交追加第三人的事实理由，拟追加第三人的单位名称、法定代表人、通信地址、联系电话等详细准确的情况，经劳动争议仲裁机构批准后追加第三人参加仲裁活动。

4.6.3.8 按时出庭、遵守仲裁庭纪律

仲裁庭在被申请人答辩期限届满后公开开庭审理，并提前五日向当事人送达

"出庭通知书"，当事人收到"出庭通知书"后，应当按照规定的时间、地点准时出庭，并遵守仲裁庭纪律。

4.6.3.9 申请回避

仲裁员有下列情形之一的，当事人可以提出回避申请：

1）是本案当事人或者当事人、代理人的近亲属的。

2）与本案有利害关系的。

3）与本案当事人、代理人有其他关系，可能影响公正裁决的。

4）私自会见当事人、代理人，或者接受当事人、代理人的请客送礼的。

当事人申请回避，应当口头或书面向劳动争议仲裁机构提出，并说明理由。经劳动争议仲裁机构决定批准的，调整仲裁庭组成人员并重新确定开庭日期；决定不予批准的，向当事人说明理由后，继续审理。

4.6.3.10 阅读庭审笔录并签字

当事人和其他仲裁活动参与人应在庭审结束后阅读庭审笔录，并应签名或盖章；认为对自己陈述或记录有遗漏或者差错的，可以申请补正，补正后应签名或盖章。

4.6.3.11 查阅案卷

案件当事人和与当事人有利害关系的单位及个人不得借阅仲裁案卷；当事人就劳动争议提起诉讼的，可持相关证明申请查阅案卷；担任劳动争议诉讼代理人的律师，凭代理函和表明律师身份的有效证件，可在指定地点查阅案卷。

如需摘抄或者复印案卷材料的，需经劳动争议仲裁机构办公室负责人批准。查阅案卷时，不得在案卷资料上涂改、圈点、勾画、抽出卷页等，一经发现有上述损毁案卷行为者，将取消其查阅资格，造成严重后果或丢失案卷的，要追究法律责任。

4.6.3.12 参加仲裁庭调解

劳动争议案件立案后，当事人仍然有和解的权利，也可以在仲裁庭主持下进行调解。双方自行和解或者经仲裁庭调解自愿达成调解协议的，可由仲裁庭制作"调解书"，"调解书"自送达之日起即发生法律效力。当事人对发生法律效力的"调解书"，应当依照规定的期限履行。一方当事人逾期不履行，另一方当事人可以依照民事诉讼法的有关规定向人民法院申请强制执行。双方当事人无法达成调解协议的，仲裁庭依法作出裁决。

4.6.3.13　向法院起诉及申请强制执行

根据《劳动争议调解仲裁法》第四十七条的规定，涉及追索劳动报酬、工伤医疗费、经济补偿或者赔偿金，不超过当地月最低工资标准 12 个月金额的争议，以及因执行国家的劳动标准在工作时间、休息休假、社会保险等方面发生的争议，除劳动者对仲裁裁决不服，可以自收到仲裁裁决书之日起 15 日内向人民法院提起诉讼的情况外，仲裁裁决为终局裁决，裁决书自作出之日起发生法律效力。用人单位有证据证明前述仲裁裁决有《劳动争议调解仲裁法》第四十九条第一款规定的情形之一的，可以自收到仲裁裁决书之日起 30 日内向劳动争议仲裁机构所在地的中级人民法院申请撤销裁决：①适用法律、法规确有错误的；②劳动争议仲裁委员会无管辖权的；③违反法定程序的；④裁决所根据的证据是伪造的；⑤对方当事人隐瞒了足以影响公正裁决的证据的；⑥仲裁员在仲裁该案时有索贿受贿、徇私舞弊、枉法裁决行为的。人民法院经组成合议庭审查核实裁决有前款规定情形之一的，应当裁定撤销。仲裁裁决被人民法院裁定撤销的，当事人可以自收到裁定书之日起 15 日内就该劳动争议事项向人民法院提起诉讼。

当事人对《劳动争议调解仲裁法》第四十七条规定以外的其他劳动争议案件的仲裁裁决不服的，可以自收到裁决书之日起 15 日内向人民法院提起诉讼；期满不起诉的，裁决书发生法律效力。

当事人对发生法律效力的调解书、裁决书，应当依照规定的期限履行。一方当事人逾期不履行的，另一方当事人可以依照民事诉讼法的有关规定向人民法院申请强制执行。

4.6.4　劳动争议仲裁中的证据制度

4.6.4.1　举证责任

1）对当事人或者代理人身份有异议的，由持有异议的一方承担举证责任。

2）当事人对自己提出的仲裁请求所依据的事实，或者辩驳对方仲裁请求所依据的事实，有责任提供证据加以证明。没有证据或者证据不足以证明当事人的主张的，由负有举证责任的当事人承担不利后果。

3）劳动者无法提供由用人单位掌握管理的与仲裁请求有关的证据，仲裁庭可以要求用人单位在指定的期限内提供。用人单位在指定期限内不提供的，应当承担不利后果。

4）在劳动合同（劳动关系）争议案件中，主张劳动合同（劳动关系）成立并生效的一方当事人，对劳动合同（劳动关系）成立和生效的事实承担举证责任。主张劳动合同（劳动关系）变更、解除、终止、撤销的一方当事人，对引起劳动合同（劳动关系）变动的事实承担举证责任。

5）因用人单位作出解除劳动合同（劳动关系）、减少劳动报酬、计算劳动者工作年限等决定而发生争议的，由用人单位对决定所依据的事实和处理依据承担举证责任。

4.6.4.2 证据要求

1）当事人向劳动争议仲裁机构提供证据，应当提供证据原件以及与原件核对无异的复印件。当事人提供视听资料证据的，应当提交两份拷贝件和两份完整的书面对话记录。

2）当事人应当对提供的证据逐一分类编号，并填写"证据材料清单"。证据原件和复印件经劳动争议仲裁机构核对后，原件退当事人，复印件由劳动争议仲裁机构留存。

3）以外文书证或者外文说明资料作为证据的，应当附有中文译本，中文译本应是由有关机构认可的有翻译资质的单位翻译的。

4）当事人向劳动争议仲裁机构提供的证据系在中华人民共和国领域外形成的，该证据应当经所在国公证机关予以证明，并经中华人民共和国驻该国使领馆予以认证，或者履行中华人民共和国与该所在国订立的有关条约中规定的证明手续；有关证据是在我国港澳台地区形成的，按照相关规定执行。

5）一方当事人对另一方当事人提交证据的真实性持有异议的，可以申请鉴定。当事人申请鉴定，应当在劳动争议仲裁机构指定的期限内提出。鉴定机构由双方当事人约定，无法达成约定的，由仲裁庭指定。对需要鉴定的事项负有举证责任的当事人，在劳动争议仲裁机构指定的期限内无正当理由不提出鉴定申请或未提供相关材料，致使对案件争议的事实无法通过鉴定结论予以认定的，应当对该事实承担举证不能的法律后果。

6）当事人申请证人出庭作证的，应当在举证期限届满五日前提出，并经劳动争议仲裁机构许可。当事人提供证人证言的，除法律、司法解释规定的特殊情况外，证人应当亲自到庭作证接受询问。

仲裁员和当事人可以对证人进行询问。证人不得旁听仲裁庭审理。询问证人时，其他证人不得在场。仲裁庭认为有必要时，可以让证人对质。

4.6.4.3 举证期限

举证期限由劳动争议仲裁机构根据案件情况指定，自当事人收到案件受理通知书或立案通知书之日起计算。当事人应在举证期限内向劳动争议仲裁机构提交证据材料，当事人在举证期限内不提交证据材料的，视为放弃举证权利。对于当事人逾期提交证据材料的，劳动争议仲裁机构审理时不组织质证，但对方当事人同意质证的除外。

4.6.4.4 交换证据

劳动争议仲裁机构可以组织当事人在开庭审理前交换证据。交换证据的时间可以由当事人协商一致并经劳动争议仲裁机构认可，也可以由劳动争议仲裁机构指定。

4.6.4.5 补充证据

仲裁庭视案情允许当事人补充证据的，应当在仲裁庭规定的时间内补充证据，如果在规定的时间内不能补证的，应当承担不利的法律后果。

4.6.5 "一裁终局"的特别规定

一般而言，劳动争议进入仲裁程序后，就有可能进入诉讼程序。诉讼阶段的两审终审制使得处理劳动争议的时间大大延长，不利于劳动者的维权。为了充分发挥劳动争议仲裁程序处理劳动争议的能力，《劳动争议调解仲裁法》创设了"一裁终局"制度。

根据《劳动争议调解仲裁法》第四十七条规定，下列劳动争议，除本法另有规定的外，仲裁裁决为终局裁决，裁决书自作出之日起发生法律效力：①追索劳动报酬、工伤医疗费、经济补偿或者赔偿金，不超过当地月最低工资标准12个月金额的争议；②因执行国家的劳动标准在工作时间、休息休假、社会保险等方面发生的争议。设立"一裁终局"的目的在于缩短处理劳动争议的时间，避免当事人特别是用人单位进行恶意诉讼以拖延劳动争议案件的解决时间，使当事人的合法权益得到及时、有效的保障。需要指出的是，"一裁终局"并不适合所有的劳动争议案件，只有两类劳动争议案件可以列为"一裁终局"的案件：一是小额仲裁案件，涉案标的不超过当地最低工资标准12个月的金额；二是涉及国家劳动标准的案件。这两类案件在全部劳动争议案件总数中所占比例较大，并且处理的标准和依据比较明确，比较容易作出仲裁裁决，因此将其列为可以进行"一裁终局"的案件。

在实行有条件的"一裁终局"制度的同时，《劳动争议调解仲裁法》又提供了其他的司法救济途径。对于劳动者而言，对于上述规定的仲裁裁决不服的，可以自收到仲裁裁决书之日起 15 日内向人民法院提起诉讼。对于用人单位而言，只要其有证据证明终局裁决有下列情形之一，可以自收到仲裁裁决书之日起 30 日内向劳动争议仲裁委员会所在地的中级人民法院申请撤销裁决：①适用法律、法规确有错误的；②劳动争议仲裁委员会无管辖权的；③违反法定程序的；④裁决所根据的证据是伪造的；⑤对方当事人隐瞒了足以影响公正裁决的证据的；⑥仲裁员在仲裁该案时有索贿受贿、徇私舞弊、枉法裁决行为的。人民法院经组成合议庭审查核实裁决有前款规定情形之一的，应当裁定撤销。仲裁裁决被人民法院裁定撤销的，当事人可以自收到裁定书之日起 15 日内就该劳动争议事项向人民法院提起诉讼。

4.6.6　劳动争议仲裁要素式办案

为进一步提升劳动人事争议仲裁办案效能，创新工作方法，切实发挥好劳动人事争议仲裁在处理劳动争议中的作用，劳动争议仲裁机构积极推进要素式办案工作。

所谓要素式办案，就是对劳动人事争议案件涉及的各个事项进行归纳分类，确定为案件要素，围绕案件要素进行庭前指导、开庭审理和进行裁决的办案模式。要素式办案较之传统办案模式，其不同点体现在立案、庭审和裁决三大环节上，具体实践中包括"强化庭前引导、优化庭审程序、简化裁决文书"三个环节。

4.6.6.1　立案阶段：强化庭前引导，确定案件基本要素

根据申请人的仲裁请求，梳理仲裁请求对应类型的要素表（如基本事实要素表、工伤要素表），形成案件类型要素表。基本事实要素表和案件类型要素表作为申请书的重要组成部分，在申请人申请仲裁时引导申请人填写，并向被申请人或其他仲裁参加人送达副本，要求被申请人或其他仲裁参加人针对基本事实要素表和案件类型要素表上申请人填写的案件要素，逐项填写相关内容。通过以上程序，当事人可准确把握仲裁请求，更有针对性地行使仲裁权利；仲裁员可提前掌握案件要素、理清案情脉络，为庭审做好准备。

4.6.6.2　庭审阶段：优化庭审程序，围绕案件要素展开

改革传统庭审模式，采用优化后的要素式庭审程序审理案件，即在陈述答辩

环节之后，仲裁员对双方无争议的请求及要素直接予以确认，围绕双方争议请求及要素确认调查重点，逐一进行举证质证和事实调查以及庭审辩论。通过要素式庭审，坚持问题导向，把握庭审方向，引导庭审快速有序进行。

4.6.6.3　裁决阶段：简化裁决文书，实行要素式裁决

要素式裁决略去传统裁决书中当事人诉辩主张，对双方无争议的要素和请求事项，在"本案相关情况"部分简要概括案件认定的事实、直接依法支持无争议的仲裁请求；对双方有争议的请求结合双方的诉辩意见、证据等逐项进行分析论述，并作出仲裁委员会认定或不认定的意见。

劳动争议仲裁机构针对要素式办案的具体流程，制定了要素式申请书、答辩书、庭审笔录、裁决书等文书样本，制定了基础事实要素表、工伤争议要素表、加班费争议要素表、带薪年休假要素表等各种不同争议类型的要素表。开庭时总结归纳无争议要素和有争议要素，围绕争议要素和庭审重点进行调查。实践证明，要素式办案模式改变了传统办案模式庭审冗长、文书制作复杂耗时等问题，实现了庭审和文书制作的瘦身，同时注重以当事人更看得懂的方式处理争议，取得了良好的工作成效和社会效果。

4.6.7　仲裁建议书

劳动争议仲裁建议书是指仲裁机构在处理争议案件过程中，以预防和减少争议发生为目的，针对案件中有关单位和管理部门存在的问题，提出加强和改进工作的意见和建议的文书。

4.6.7.1　仲裁建议书的效力

仲裁建议书以劳动争议仲裁委员会的名义提出，但并不具有强制执行的效力。简单来说，仲裁建议书是一种正面引导，其内容基于案件事实和法律规定进行提出，具有合理性和合法性，并且针对被建议单位的现有问题提出非常专业的解决方案，值得被建议单位重视。当然，被建议单位也可以将仲裁建议书作为一种参考，根据自身实际情况决定是否采纳。

4.6.7.2　仲裁建议书的作用

（1）预防劳动争议

仲裁建议书是延伸劳动争议仲裁职能的重要途径，它旨在通过仲裁建议，促进有关单位对存在的问题尽快研究解决，从源头上减少纠纷和矛盾的发生，更好地保护劳动者和用人单位双方的合法权益。

仲裁建议书能够结合案件的具体情况，有针对性地指出有关单位和部门存在的问题，提出解决问题和改进工作的建议。提出建议的理由有法律法规和政策依据，建议的事项具体明确，往往容易被接收单位采纳。因此仲裁建议书能促进接收单位科学决策、完善管理、消除隐患、改进工作、规范行为，不断地提高科学管理水平，从而起到预防和减少劳动争议发生的作用。

（2）提升仲裁公信力

仲裁建议书是提升仲裁公信力、更好地发挥社会效能的重要手段。实践中，以仲裁建议作为化解劳动关系领域矛盾、创新社会管理的重要切入点和有效方法，充分发挥仲裁建议在维护劳动关系和谐稳定、推动社会建设中的重要作用，可以不断提升劳动争议仲裁机构化解社会矛盾和参与社会管理创新的能力和水平，提高劳动仲裁公信力。

◎ 综合案例分析

劳动者履行保密义务不必然需要支付保密费用

2021年6月2日，孙某入职某贸易公司担任营销总监，当日双方签订期限为两年的劳动合同，同时签订《保密协议书》，其中约定："孙某的保密义务自某贸易公司对商业秘密采取适当的保密措施并告知孙某时开始，到该商业秘密公开时止，孙某是否在职，不影响保密义务的承担；孙某在某贸易公司的聘期终止时，必须将自己持有的涉及本合同项下某贸易公司商业秘密的所有资料交还公司，由双方共同交接完毕签订确认工作交接清单；如果孙某不履行本协议所规定的保密义务，应当承担违约责任，一次性向某贸易公司支付违约金50000元。"2021年8月3日，孙某离职，双方签订《解除劳动合同协议》，约定工资结算至离职当日，某贸易公司支付解除劳动合同经济补偿，双方无任何劳动、人事、财务等纠纷。孙某主张，其离职后履行了保密义务，某贸易公司应支付其履行保密义务的经济补偿。某贸易公司则表示，孙某的工作并不涉及保密内容，且保密协议在孙某离职时已经解除，并提交微信聊天记录予以佐证。该微信聊天记录显示，公司人事专员孟某某回复孙某"保密协议是随着合同的解除随之失效的"。孙某认可该证据的真实性，但表示某贸易公司在离职证明中并未明确表示保密协议已解除。双方因此发生争议，孙某向仲裁委员会提出仲裁申请，要求某贸易公

司支付 2021 年 8 月 3 日至 2022 年 7 月 19 日期间履行保密义务的经济补偿
61977 元。

仲裁委员会裁决驳回孙某的仲裁请求，一审、二审判决结果与仲裁裁决结果
一致。

本案争议焦点是，某贸易公司是否应当支付孙某履行保密义务的经济补偿？

《中华人民共和国劳动合同法》第二十三条规定："用人单位与劳动者可以
在劳动合同中约定保守用人单位的商业秘密和与知识产权相关的保密事项。对负
有保密义务的劳动者，用人单位可以在劳动合同或者保密协议中与劳动者约定竞
业限制条款，并约定在解除或者终止劳动合同后，在竞业限制期限内按月给予劳
动者经济补偿。劳动者违反竞业限制约定的，应当按照约定向用人单位支付违约
金。"第二十五条规定："除本法第二十二条和第二十三条规定的情形外，用人
单位不得与劳动者约定由劳动者承担违约金。"从上述规定可知，除服务期协议
和竞业限制条款（协议）外，用人单位不得与劳动者约定违约金。故本案中，
某贸易公司与孙某在《保密协议书》中约定的违约金条款应属无效；双方未因
孙某掌握公司的商业秘密约定过竞业限制义务或保密补偿，相关劳动法律法规亦
未对订立保密协议需要支付保密费用作出强制性规定，故孙某要求支付履行保密
义务经济补偿的请求于法无据；且孙某离职时公司人事已经明确告知《保密协议
书》失效，其亦在《解除劳动合同协议》签字确认双方无任何纠纷，因此孙某
的请求无法得到支持。

实践中，一些用人单位将保密协议与竞业限制条款（协议）混为一谈，部
分劳动者也容易混淆保密义务和竞业限制义务，并由此产生相关纠纷。事实上，
保密义务与竞业限制义务存在本质上的区别。第一，劳动者有保守用人单位商业
秘密的法定义务，保密协议的主体可以适用于所有的劳动者；而承担竞业限制义
务的主体具有特定性，《中华人民共和国劳动合同法》第二十四条中明确规定，
竞业限制的人员限于用人单位的高级管理人员、高级技术人员和其他负有保密义
务的人员。第二，保密协议的法理依据在于劳动者负有法定的忠实义务，不论双
方是否明确约定保密义务和保密费用、用人单位是否实际支付保密费用，劳动者
都不得泄露用人单位的商业秘密，且即使在离职后都应继续保守商业秘密，但劳
动者的择业权并不因此受限；竞业限制义务是劳动者忠实义务的延伸，来自于当
事人双方的意思自治和明示约定，用人单位需要通过支付经济补偿的方式，限制
离职员工在一定期限内、一定行业范围内的就业权，当劳动者违反竞业限制义务

时也应按照约定支付违约金。综上所述，签订竞业限制协议和保密协议是对用人单位的两种不同保护措施，用人单位应当选择最适合自己的方式做好商业秘密和竞争利益的保护，避免两种协议的混同使用，在合法合理的基础上订立书面协议，明确双方的权利义务，减少因为协议约定不明或条款违法无效而造成的纠纷；劳动者在订立协议前应与用人单位做好协商沟通，提前查阅了解相关法律法规，依法保护自身权益。

（资料来源：北京市人力资源和社会保障局发布的 2023 年北京市劳动人事争议仲裁典型案例。）

第5章 劳动争议诉讼

◎ 引 例

劳动者对于是否订立无固定期限劳动合同具有单方选择权

张某与某公交公司连续订立二次固定期限劳动合同，其中第二次订立的劳动合同期限至 2020 年 7 月 31 日止。2020 年 6 月 10 日，某公交公司通知张某等续订劳动合同。2020 年 6 月 12 日，张某在某平台实名投诉公司不按规定配发口罩。同日，某公交公司通知张某劳动合同到期终止，办理离职手续并交接工作。此后，张某多次要求某公交公司与其订立无固定期限劳动合同。2020 年 7 月，某公交公司通知张某，双方于 2020 年 7 月 31 日终止劳动合同，并通过转账方式向张某支付终止劳动合同的经济补偿。张某在某公交公司工作至 2020 年 7 月 31 日。张某申请仲裁，要求某公交公司于 2020 年 8 月 1 日起依法与其订立无固定期限劳动合同，仲裁请求被驳回后，张某不服，诉至人民法院。

审理法院认为，张某与某公交公司已连续订立二次固定期限劳动合同，张某不存在《劳动合同法》第三十九条规定的过失性辞退情形，亦不存在第四十条第一项规定的"因劳动者患病或者非因工负伤，在规定的医疗期满后不能从事原工作，也不能从事由用人单位另行安排的工作"及第二项规定的"劳动者不能胜任工作，经过培训或者调整工作岗位，仍不能胜任工作"的情形，张某提出与某公交公司订立无固定期限劳动合同符合法定条件，某公交公司应依法与张某订立无固定期限劳动合同。某公交公司单方作出终止劳动合同通知不符合法律规定，审理法院判令某公交公司与张某订立无固定期限劳动合同。

（资料来源：根据最高人民法院 2024 年 4 月 30 日发布劳动争议典型案例

整理。）

通过诉讼解决争议是每位争议当事人的权利，劳动争议诉讼作为我国劳动争议解决方式的重要环节，虽然在我国司法体系中纳入民事诉讼的范畴，但仍有其独特性。

5.1 劳动争议诉讼概述

5.1.1 劳动争议诉讼的概念

劳动争议诉讼是指员工和企业对劳动争议仲裁委员会的裁决结果不满意，依法向有管辖权的人民法院提起诉讼，并由人民法院进行审理和判决的一种司法行为。劳动争议诉讼制度的目的在于保障劳动者与用人单位双方的合法权益，为双方提供一个权威公正的判定，确保当事人获得司法救济，以及对劳动争议仲裁裁决进行一定的监督。

由于劳动争议仲裁机构没有强制执行的权力，对于已发生法律效力的劳动争议仲裁调解书或裁决书，如果一方当事人不履行，另一方当事人需向法院申请强制执行。因此，广义的劳动争议诉讼制度还包括保障仲裁调解书和裁决书执行的内容。

我国现行的劳动争议处理体制可以概括为"协商、调解、一裁、两审"。《劳动争议调解仲裁法》第五条规定，发生劳动争议，当事人不愿协商、协商不成或者达成和解协议后不履行的，可以向调解组织申请调解；不愿调解、调解不成或者达成调解协议后不履行的，可以向劳动争议仲裁委员会申请仲裁；对仲裁裁决不服的，除本法另有规定的外，可以向人民法院提起诉讼。可见，劳动争议仲裁是争议诉讼的强制前置程序，劳动争议诉讼是解决争议的最终方式。

5.1.2 劳动争议诉讼的受案范围

进入到劳动争议诉讼程序的案件，除满足法律对劳动争议的范围条件外，还需要满足"仲裁前置"这一程序条件。《最高人民法院关于审理劳动争议案件适用法律问题的解释（一）》详细规定了法院受理劳动争议案件的范围。

5.1.2.1　法院应予受理的案件

劳动者与用人单位之间发生下列纠纷的，属于劳动争议，当事人不服劳动争议仲裁机构作出的裁决，依法提起诉讼的，人民法院应予受理：

1）劳动者与用人单位在履行劳动合同过程中发生的纠纷。

2）劳动者与用人单位之间没有订立书面劳动合同，但已形成劳动关系后发生的纠纷。

3）劳动者与用人单位因劳动关系是否已经解除或者终止，以及应否支付解除或者终止劳动关系经济补偿金发生的纠纷。

4）劳动者与用人单位解除或者终止劳动关系后，请求用人单位返还其收取的劳动合同定金、保证金、抵押金、抵押物发生的纠纷，或者办理劳动者的人事档案、社会保险关系等移转手续发生的纠纷。

5）劳动者以用人单位未为其办理社会保险手续，且社会保险经办机构不能补办导致其无法享受社会保险待遇为由，要求用人单位赔偿损失发生的纠纷。

6）劳动者退休后，与尚未参加社会保险统筹的原用人单位因追索养老金、医疗费、工伤保险待遇和其他社会保险待遇而发生的纠纷。

7）劳动者因为工伤、职业病，请求用人单位依法给予工伤保险待遇发生的纠纷。

8）劳动者依据劳动合同法第八十五条规定，要求用人单位支付加付赔偿金发生的纠纷。

9）因企业自主进行改制发生的纠纷。

5.1.2.2　法院认为不属于劳动争议的案件

1）劳动者请求社会保险经办机构发放社会保险金的纠纷。

2）劳动者与用人单位因住房制度改革产生的公有住房转让纠纷。

3）劳动者对劳动能力鉴定委员会的伤残等级鉴定结论或者对职业病诊断鉴定委员会的职业病诊断鉴定结论的异议纠纷。

4）家庭或者个人与家政服务人员之间的纠纷。

5）个体工匠与帮工、学徒之间的纠纷。

6）农村承包经营户与受雇人之间的纠纷。

重点提示

劳动者以用人单位的工资欠条为证据直接提起诉讼，诉讼请求不涉及劳动关系其他争议的，视为拖欠劳动报酬争议，人民法院按照普通民事纠纷受理。

5.1.3　法院受理劳动争议案件的条件

5.1.3.1　起诉人必须是劳动争议当事人，并有明确被告

简单来说，劳动争议的诉讼当事人就是劳动者和用人单位，不服仲裁裁决的劳动者和用人单位只能以仲裁阶段的对方当事人为被告向法院起诉，而不能以劳动争议仲裁委员会为被告人。

如果劳动者与用人单位均不服劳动争议仲裁机构的同一裁决，向同一法院起诉的，法院应当并案审理，双方当事人互为原告和被告，对双方的诉讼请求，法院应当一并做出裁决。

5.1.3.2　案件必须已经经过仲裁程序

我国现行的"一裁两审"机制将仲裁前置，即劳动争议案件经过仲裁审理后，当事人不服裁决，才能向法院起诉。尽管我国的仲裁前置规定存在一些批评意见，但不可否认的是，劳动争议仲裁委员会作为劳动争议案件的纠纷处理前沿机构，具有高度专业性的特点，能够提供比诉讼程序更快捷的争议解决方式，避免了劳动关系矛盾长期存在而激化，因此仲裁前置在劳动争议处理机制中占有重要地位。需要注意的是，对劳动争议仲裁委员会不予受理或者逾期未作出决定的，申请人可以就该劳动争议事项向人民法院提起诉讼。

重点提示

《最高人民法院关于审理劳动争议案件适用法律问题的解释（一）》第十四条规定，人民法院受理劳动争议案件后，当事人增加诉讼请求的，如该诉讼请求与讼争的劳动争议具有不可分性，应当合并审理；如属独立的劳动争议，应当告知当事人向劳动争议仲裁机构申请仲裁。

5.1.3.3　用人单位起诉仲裁裁决必须是非终局裁决

我国劳动争议仲裁的裁决有两种类型：终局裁决和非终局裁决。追索劳动报

酬、工伤医疗费、经济补偿或者赔偿金，不超过当地月最低工资标准 12 个月金额的争议，以及因执行国家的劳动标准在工作时间、休息休假、社会保险等方面发生的争议属于终局裁决。对于终局裁决，只有劳动者才可以起诉，用人单位不得起诉。如果劳动争议仲裁机构作出的同一仲裁裁决书中包含了终局裁决事项和非终局裁决事项，按照非终局裁决处理。

重点提示

用人单位对于终局裁决不服，也有相应的救济渠道，即从收到仲裁裁决书之日起三十日内向劳动争议仲裁委员会所在地的中级人民法院申请撤销裁决。申请撤销裁决并非起诉。

5.1.3.4　起诉必须在规定的时限内提出

劳动争议当事人对仲裁裁决不服的，有权在收到裁决书之日起 15 日内向法院起诉，超过这个时限没有起诉，裁决书即发生法律效力，当事人无权再向人民法院起诉。虽然我国对于普通民事案件的诉讼时效规定为 3 年，但是劳动争议案件作为一种特殊争议，应遵循特别法的规定。

5.1.3.5　起诉必须向有管辖权的法院提出

劳动争议诉讼管辖是指法院受理第一审劳动争议案件的分工和权限。最高人民法院规定的我国现行劳动争议诉讼的管辖规则是：在级别管辖上，劳动争议案件原则上均由基层人民法院管辖；在地域管辖上，由用人单位所在地或者劳动合同履行地人民法院管辖，劳动合同履行地不明确的，由用人单位所在地人民法院管辖。

在实践中各地做法不一，特别是在级别管辖问题上，有些地区都采用了区分级别管辖的做法，即县（区）级以下（含县区级）的用人单位及其他用人单位与劳动者之间发生的劳动争议案由被告所在地基层人民法院管辖，市（地区）级以上的用人单位与劳动者之间发生的劳动争议案件由被告所在地中级人民法院管辖。

5.1.4　劳动争议诉讼与其他民事诉讼的区别

劳动关系和民事关系在主体、内容上均存在较大差别。民事关系中，主体之间彼此平等，而劳动关系的用人单位一方和劳动者一方具有明显的从属性，表现为管理与被管理的关系，地位存在差别。从内容上来看，民事关系主要涉及财产关系和人身关系，劳动关系兼有人身依附关系和财产关系。这些区别使得作为解决劳动争议的诉讼程序与民事诉讼程序也存在众多的差异。人民法院审理民事纠纷案件时依据各类民商事法律、法规，审理劳动争议案件时则依据劳动法律、法规。由于劳动法律、法规的立法宗旨体现了侧重于保护劳动者的合法权益的精神，那么人民法院在审理劳动争议案件时的执法理念就区别于其他民事诉讼案件，使得劳动争议审判中的诉讼程序规则、证据规则也区别于普通民事审判程序。

5.1.4.1 诉讼起因和前提不同

民事诉讼的起因是公民或法人在进行民事交往的过程中因人身或财产权益受到了侵害，受侵害一方向人民法院请求保护而产生民事诉讼。劳动争议诉讼的起因是劳动争议当事人对通过仲裁解决争议的结果不服，不服裁决的一方向人民法院提起诉讼。

劳动争议的起因指明了争议诉讼存在一个非常重要的前提，就是仲裁，也就是通常所指的"仲裁前置"，劳动争议未经劳动仲裁机构的仲裁不能进入诉讼程序。在一般民事诉讼中，并没有前置条件，即公民、法人只要认为自己的合法权益受到侵害就可以直接诉讼，当事人约定了其他解决争议方式的情形除外。

5.1.4.2 诉讼当事人不同

劳动关系当事人和民事关系当事人的差别导致劳动争议诉讼当事人与民事诉讼当事人的不同。劳动争议诉讼的当事人是具有劳动关系的双方，相对而言具有一定的特指性。民事诉讼的当事人不限定主体身份范围，只要是平等主体的公民、法人、国家、个体工商户、农村承包经营户和其他组织都可以作为民事诉讼的当事人。

5.1.4.3 举证责任不同

举证责任是诉讼当事人对诉讼中提出的主张提供证据加以证明的责任。民事诉讼中，举证责任遵循"谁主张、谁举证"。劳动关系或者人事关系中，用人单位是其内部规章制度的直接制定者和执行者，因此具有明显的优势地位，劳动者处于弱势地位。为了保护双方合法权益，劳动人事争议诉讼加强了企业举证的责任。

除上述差异外，劳动争议诉讼和其他民事诉讼中审理案件的具体审判机构也不同。不过在我国，这种差异未表现出来。但是在国外，有些国家则设立了专业处理劳动争议的劳动法院。例如，在德国，由专门的劳动法院受理劳动争议，企业一方代表和劳动者一方代表作为陪审员与专业的审判人员组成合议庭。

5.1.4.4 劳动争议诉讼中没有反诉制度

在一般的民事诉讼中，被告在收到法院送达原告的起诉书后，有权利对原告的起诉提出反诉。反诉是一个独立的诉讼，应具备反诉的事实、理由和请求。原告在收到被告的反诉时，同时享有被告的权利，同样有 15 天的答辩期。

但是在劳动争议诉讼中，是没有反诉程序的。因为劳动争议案件有仲裁前置的要求，即当事人所有的诉讼请求都应当先经过仲裁的审理。而所谓的反诉是被告收到原告的起诉书后，针对原告的起诉提出的反诉。显然，被告提起反诉的诉讼请求是没有经过劳动仲裁前置程序处理的，因此不能直接进入劳动争议诉讼程序进行处理。

在劳动争议诉讼程序，存在区别于反诉的另外一种诉讼形态。《最高人民法院关于审理劳动争议案件适用法律问题的解释（一）》第四条规定，劳动者与用人单位均不服劳动争议仲裁机构的同一裁决，向同一人民法院起诉的，人民法院应当并案审理，双方当事人互为原告和被告，对双方的诉讼请求，人民法院应当一并作出裁决。在诉讼过程中，一方当事人撤诉的，人民法院应当根据另一方当事人的诉讼请求继续审理。双方当事人就同一仲裁裁决分别向有管辖权的人民法院起诉的，后受理的人民法院应当将案件移送给先受理的人民法院。

由此可见，在劳动争议诉讼中，被告一方也是可以提出诉讼请求的，但该诉讼请求的提出，并不是基于原告的起诉，而是和原告一样，基于同样一份仲裁裁决书。在此类诉讼中，区分原告和被告的标准，是起诉立案的时间：立案在前的一方当事人，诉讼地位列为原告；立案在后的一方当事人，诉讼地位列为被告。在司法实践中，为了区别于反诉，有时候也将此种诉讼形态称为"互诉"。

5.1.5 劳动争议诉讼案件的审理机构

在我国，审理劳动争议诉讼案件的机构一般是民事审判庭，个别地方的法院设立了专门审理劳动争议案件的劳动审判庭。长期以来，劳动争议诉讼案件被认为是"随着我国劳动用工制度的改革和劳动合同制度的建立而逐步发展起来的一种新类型民事案件"，随着人民法院内部审判职能分工的变化，一般由民事审判第一庭负责审理。

在近年的司法实践中，法院审理的劳动争议诉讼案件迅速增加，不少法院设立了劳动争议合议庭来专门处理劳动争议诉讼案件，但是劳动争议合议庭仍属于民事审判庭的内部机构。随着《劳动合同法》和《劳动争议调解仲裁法》的颁布实施，大量劳动争议诉讼案件井喷式地涌向法院，某些地方的人民法院开始设立专门的劳动争议审判庭负责审理劳动争议诉讼案件，但这并不是普遍现象，只是在一些劳动争议诉讼案件数量特别多、审判任务特别重的法院中设立。

❖ 相关知识

从世界范围来看，由于各国的社会背景、历史文化传统等的不同，处理劳动争议诉讼的司法审判机构也有所不同。总体而言，可将各国的模式归结为"普通法院式"和"特别法院（庭）式"两种。第一种模式是由普通法院审理劳动争议案件，国家设立统一的司法审判机构，其职责之一就是审理劳动争议案件。第二种模式是由专门的劳动法院（庭）审理，其中"特别法院（庭）式"的劳动审判组织又分为三种形式：一是自成体系的劳动法院（庭）；二是设在普通法院中的专门的劳动法庭；三是具有准司法性的行政机构模式。

5.2 劳动争议诉讼一审程序

劳动争议诉讼在程序上适用《民事诉讼法》规定的程序，人民法院对劳动争议诉讼案件依照《民事诉讼法》规定的诉讼程序进行审理。另外，由一审人民法院审理、判决，当事人不服的，可以向上一级人民法院上诉，上一级人民法院的判决是终审判决，当事人不得再上诉。

5.2.1 起诉与受理

5.2.1.1 诉讼时效与仲裁时效的衔接

由于在劳动争议处理过程中存在仲裁前置程序，因此，劳动争议诉讼中的诉讼时效是与劳动争议的仲裁时效紧密相关的。《劳动争议调解仲裁法》将仲裁时效修订为 1 年时，诉讼时效自然也适用 1 年的规定。当然，由于分属于不同的程序，在诉讼时效与仲裁时效的衔接问题上，还存在一些值得特别注意之处。

（1）因拖欠劳动报酬发生争议的诉讼时效

根据《劳动争议调解仲裁法》第二十七条的规定，劳动关系存续期间因拖欠劳动报酬发生争议的，劳动者申请仲裁不受"1年"的仲裁时效的限制，但是劳动关系终止的，应当自劳动关系终止之日起1年内提出。

（2）主张未签订书面劳动合同的两倍工资差额的争议

对于未签订书面劳动合同的两倍工资差额的诉讼请求，从字面意义上解释，也属于"劳动报酬"，因此司法实践中有人认为也适用拖欠劳动报酬的时效规定。但是，从该项法律规定的立法本意而言，用人单位因未签订书面劳动合同而向劳动者支付两倍的工资，属于对用人单位的惩罚，并非劳动者提供正常劳动后的工资所得。因此，主张未签订书面劳动合同的两倍工资差额的争议不属于拖欠劳动报酬的争议，诉讼时效的起算不应当考虑劳动者是否持续提供劳动，而应当按照"从当事人知道或者应当知道其权利被侵害之日起1年"的规定执行，即不能以劳动关系的解除或终止作为计算时效的起点，而应当以未签书面劳动合同的行为发生的时间作为计算时效的起点。

（3）法院对诉讼时效不主动审查

《最高人民法院关于审理民事案件适用诉讼时效制度若干问题的规定》第三条规定，当事人未提出诉讼时效抗辩，法院不应对诉讼时效问题进行释明并主动适用诉讼时效进行裁判。也就是说，即使在劳动争议仲裁阶段，存在一方当事人的请求超过仲裁时效的情形，且仲裁机构据此作了相应的处理，也不必然导致该案件的诉讼请求在法院就一定被驳回。法院对于诉讼时效并没有主动审查的权限。只有在案件进入到诉讼程序后，当事人主动提出超过诉讼时效的抗辩事由时，法院才能对诉讼时效进行审查。因此可能出现这样的情形：劳动争议在仲裁阶段，因超过仲裁时效而未获得支持的申请请求，在诉讼过程中，又可能因为对方当事人未提出超过时效的抗辩而获得法院支持。

5.2.1.2 起诉

起诉是指公民、法人或其他组织认为自己的或依法由自己管理、支配的劳动权益受到侵害或与他人发生争议，以自己的名义请求人民法院行使审判权以保护自己合法权益的诉讼行为。《劳动争议调解仲裁法》规定，当事人对劳动争议案件的仲裁结果不服的，可以自收到仲裁裁决书之日起15日内向人民法院提起诉讼。

劳动争议当事人起诉，应当向人民法院递交起诉状，并按照被告人数提出副本。书写起诉状确有困难的，可以口头起诉，由人民法院记入笔录，并告知对方当事人。

起诉状应当记明下列事项：①原告的姓名、性别、年龄、民族、职业、工作单位、住所、联系方式，法人或者其他组织的名称、住所和法定代表人或者主要负责人的姓名、职务、联系方式；②被告的姓名、性别、工作单位、住所等信息，法人或者其他组织的名称、住所等信息；③诉讼请求和所根据的事实与理由；④证据和证据来源，证人姓名和住所。通常情况下，法院会提供起诉状格式文本，原告按照要求填写即可。

5.2.1.3 受理

人民法院对于当事人的起诉经过审查后，认为符合法定条件的，应当受理，并在当事人起诉的7日内立案；认为不符合起诉条件的，也应当在7日内裁定不予受理。劳动争议当事人不服人民法院作出的不予受理或驳回起诉的裁定的，可以自收到裁决书之日起10日内向有管辖权的上一级人民法院提起上诉。此阶段涉及劳动争议诉讼案件的管辖问题及确定双方当事人问题。

重点提示

对于终局裁决，劳动者向基层人民法院起诉，同时用人单位也向劳动争议仲裁机构所在地的中级人民法院申请撤销仲裁裁决的，中级人民法院应当不予受理；已经受理的，应当裁定驳回申请。如果劳动者的诉讼请求被驳回或者劳动者撤诉，用人单位可以自收到裁定书之日起三十日内，向劳动争议仲裁机构所在地的中级人民法院申请撤销仲裁裁决。

5.2.2 准备与调查

这一阶段的任务主要包括送达起诉状副本和答辩状副本；告知当事人诉讼权利和合议庭组成人员；认真审核诉讼资料，调查搜集必要的证据。

5.2.2.1 送达起诉状副本和答辩状副本

人民法院应当在立案之日起5日内将劳动人事争议起诉状副本发送被告，被告在收到之日起15日内提出答辩状；被告提出答辩状的，人民法院应当在收到之日起5日内将答辩状副本发送原告。被告不提出答辩状的，不影响人民法院审理。

5.2.2.2 告知权利和组成合议庭

人民法院对决定受理的案件，应当在受理案件通知书和应诉通知书中向当事人告知有关的诉讼权利义务，或者口头告知。合议庭组成人员确定后，应在 3 日内告知当事人。

5.2.2.3 审核资料和调查取证

调查取证是这个阶段的重要工作，法院必须坚持重证据、重调查研究的原则，对与案件有关的事实要查清，与案件有关的数据要计算准确，尤其对劳动报酬、加班费、补偿金等的金额要核清，对发生争议的前因后果要搞明白。调查取证涉及诉讼举证责任的分配问题，举证责任分配是指在案件事实真伪不明的情况下，法官为依据事实进行认定并作出判决而对证明责任在当事人之间分配的行为。劳动争议诉讼举证责任分配就是争议双方当事人分担举证责任的问题。

5.2.3 开庭审理

5.2.3.1 开庭准备

这是开庭的预备阶段，具体准备内容包括：①查明当事人和其他诉讼参与人是否到庭，宣布法庭纪律；②核对当事人，宣布案由、合议庭组成人员及书记员名单，告知当事人诉讼权利义务，询问当事人是否申请合议庭成员回避。

5.2.3.2 法庭调查阶段

法庭调查是开庭审理的中心环节，是对案件进行实体性审理的重要阶段。法庭调查主要采用当事人陈述、证据质证、法律依据审查，并结合法庭询问的方式进行。

在法庭调查阶段，首先由原告陈述起诉的事实、理由及诉讼请求。原告陈述完毕后，再由被告针对原告的诉讼请求进行答辩。

被告答辩完后，进入法庭举证质证阶段。首先由原告出示其主张权利的证据，再由被告对原告出示的证据发表质证意见。原告出示完证据后，被告出示支持自己观点的证据，由原告进行质证。通过法庭质证，双方当事人还需要继续搜集证据的，可以向法庭申请举证期限，如果在举证期限内提交证据材料确又困难的，应当在举证期限内向法官提出申请延期举证，经法庭准许，可以适当延长举证期限。

如果有证人出庭作证，也在法庭调查阶段进行。庭审时，证人不得旁听案件审理过程，只能在发表证人证言的时候进入法庭，结束证词后应离开法庭。在证人有正当理由不能到庭的情况下，证人可以提交书面的证人证言。

如果当事人及其诉讼代理人确实因客观原因不能自行搜集证据的，可以申请法院调查搜集。法院认为审理案件需要的证据，如果是涉及可能有损害国家利益、社会公共利益或者他人合法权益的事实，涉及依职权追加当事人、中止诉讼、终结诉讼、回避等与实体争议无关的程序事项，法院可以不依当事人的申请，直接进行调查搜集。法院依职权调查搜集的证据，也需要在举证质证环节向双方当事人出示，并由双方当事人质证。如果还有鉴定结论和勘验笔录，则需要审判员在法庭调查阶段宣读，当事人也有权对这些证据发表质证意见。

5.2.3.3 法庭辩论阶段

法庭调查结束后，庭审进入法庭辩论阶段。审判员会告知双方应当围绕本案争议的焦点问题进行辩论，首先由原告及其诉讼代理人发表意见。原告发表完意见后，由被告及其诉讼代理人发表意见。法庭辩论阶段，审判员可能会根据双方的辩论意见恢复法庭调查，继续询问双方有关案件事实的问题。

5.2.3.4 法庭调解阶段

根据法律规定，在庭审中，法庭辩论终结后，审判员应当询问双方当事人是否同意调解，如果同意调解，则进入调解程序，由双方协商确定调解方案，达成调解协议，再由审判员确定双方应负担的诉讼费比例，制作民事调解书。如果当事人不同意调解，或者无法当庭形成一致调解方案，双方当事人希望法院作出判决的，则庭审进入下一阶段。

5.2.3.5 最后陈述阶段

法庭辩论终结，由审判长按照原告、被告、第三人的先后顺序征询各方最后意见。此阶段是法庭审理的最后一个阶段，仍然由原告首先发表最后陈述意见，再由被告发表最后陈述意见。最后陈述结束后，审判长宣布休庭，让当事人查阅庭审笔录后签字，至此庭审阶段全部结束。

5.2.4 判决和裁定

法院对当事人提起的劳动争议诉讼，经过审查，根据不同的情况会作出相应的裁判处理。一般而言，民事诉讼中的裁判包括判决、裁定和决定。劳动争议诉讼一审程序中，常见的裁判结果是判决和裁定两种。判决是法院对案件的实体问题作出的判断，裁定是法院对案件的程序问题作出的判定。

5.2.4.1 判决

在劳动争议诉讼中的判决是指法院对劳动争议诉讼案件进行审理后，根据认定的事实和适用的法律规定，对诉讼当事人之间的纠纷作出的权威性判断。

对一审判决书而言，判决作出后，如果双方当事人均未在法定时间内提起上诉，则一审判决生效。判决生效后，判决书主文的内容具有强制执行的效力，判决书中经审理查明的事实和本院认定的事实属于法定无须举证证明的事实，也就是说，当事人可以将生效判决作为这类事实的证据。但判决中对诉称、辩称中未经认定的事实以及未经处理的争议问题均不具备证明效力。

❖ 相关知识

对劳动争议判决书的解读和运用

一、判决书的内容

我国《民事诉讼法》第一百五十五条规定，判决书应当写明判决结果和作出该判决的理由。判决书内容包括：①案由、诉讼请求、争议的事实和理由；②判决认定的事实和理由、适用的法律和理由；③判决结果和诉讼费用的负担；④上诉期间和上诉的法院。判决书由审判人员、书记员署名，加盖人民法院印章。

劳动争议判决书和裁决书都是针对劳动争议事项作出的裁判文书，是对当事人权利义务的安排，虽由不同机构作出，但两种裁判文书的结构大致相同。

二、判决书的效力

我国民事诉讼实行的两审终审制。在一审程序中，劳动争议判决书生效的条件包括：一是判决已经宣告或送达；二是上诉期限已过，当事人未提出上诉。一般情况下，民事判决书自送达之日起十五日内为上诉期，期满不上诉则判决生效。二审程序审理劳动争议，作出的判决是终审判决，即时生效，当事人没有继续上诉的权利。

三、判决书的撤销

经过民事诉讼一审程序审理的劳动争议，当事人对判决不服的，可以上诉到二审法院。第二审人民法院对上诉案件，经过审理，按照下列情形，分别处理：①原判决、裁定认定事实清楚，适用法律正确的，以判决、裁定方式驳回上诉，维持原判决、裁定；②原判决、裁定认定事实错误或者适用法律错误的，以判决、裁定方式依法改判、撤销或者变更；③原判决认定基本事实不清的，裁定撤销原判决，发回原审人民法院重审，或者查清事实后改判；④原判决遗漏当事人或者违法缺席判决等严重违反法定程序的，裁定撤销原判决，发回原审人民法院重审。

因此，一审的劳动争议判决书，有被二审法院撤销的可能。

四、对判决书的运用

在获得劳动争议判决书后，当事人应当认真阅读并理解判决书，确保对案件的事实、证据和裁决结果有充分的了解。对尚未发生法律效力的劳动争议判决书，当事人可以视需要决定是否上诉；对已经发生法律效力的判决书，当事人已经积极行使权利和履行义务，真正做到案结事了。

5.2.4.2　裁定

民事裁定是指法院对民事审判中和执行程序中的程序性问题作出的具有结论性、权威性的判定。

在劳动争议诉讼中，裁定书主要适用的范围包括：

（1）不予受理裁定

原告向法院起诉，必须符合法定条件，不符合法定条件的案件法院将不予受理。法院作出不予受理的书面裁定并送达当事人后，当事人对此裁定不服的，在收到裁定书10日内，可以上诉。劳动争议中常见的出具不予受理裁定的情形主要包括：①劳动争议仲裁机构以申请事项不属于劳动争议仲裁受案范围或申请仲裁的主体不适格等理由，作出不予受理的书面裁决、决定或通知，当事人不服向法院起诉，经审查，也不属于法院受案范围的，法院裁定不予受理；②劳动争议仲裁机构作出裁决，当事人不服向法院起诉，但经审查仲裁的事项不属于法院的受案范围的，法院裁定不予受理。

（2）对当事人提出的管辖异议的裁定

劳动争议案件被法院受理后，当事人认为受诉法院行使管辖权有错误的，有权提出异议。法院对于当事人的异议应当以法律规定为依据进行审查。经审查认为异议成立的，应当作出裁定将案件移送到有管辖权的法院；经审查认为异议不成立的，用裁定驳回当事人的异议。对此裁定，当事人不服的，可以上诉。

（3）驳回原告起诉的裁定

法院在受理原告起诉后，发现原告的起诉不符合法律规定的条件的，对案件的实体争议不进行审理，作出裁定驳回起诉。对于此类裁定，当事人不服的，可以上诉。在劳动诉讼案件中，作出驳回原告起诉的裁定和作出不予受理的裁定的情形类似。不同之处在于，作出不予受理的裁定的时间在立案审查阶段，作出裁定后，该案件将不再进入法院的审理程序；而作出驳回原告起诉的裁定的时间，则在案件已经受理并进入审判程序之后。

（4）其他适用裁定的情形

根据《民事诉讼法》第一百五十四条规定，其他适用裁定的情形还包括保全和先予执行、准许或者不准许撤诉、中止或者终结诉讼、补正判决书中的笔误、中止或者终结执行、撤销或者不予执行仲裁裁决、不予执行公证机关赋予强制执行效力的债权文书以及其他需要裁定解决的事项。除上述的不予受理裁定、管辖异议裁定和驳回起诉裁定外，对于其余的裁定，当事人并不享有上诉的权利。

❖ **相关知识**

2020～2023 年海淀法院审理的劳动争议案件主要特征

第一，当事人诉求日趋多元，解除（终止）劳动关系类纠纷最为高发。在近 4 年判决结案的劳动争议案件中，经随机抽样 1200 件判决书进行分析，其中劳动者作为仲裁申请方的案件占比 94.08%，占据绝对主流，用人单位作为仲裁申请方的案件占比 5.67%；常见的诉讼请求分布情况依次为：涉解除（终止）劳动关系占比最高，达 49%；紧随其后的是涉月度工资纠纷的，占比 45.67%；其后，依次为涉确认劳动关系、涉加班费、涉带薪年休假、涉未签订劳动合同两倍工资差额类纠纷，占比均高于 10%，而后为社会保险待遇纠纷、年终奖纠纷等，每案中至少有一种类型的争议，一案中多项诉讼请求情况突出。

第二，所涉行业日益广泛，互联网、教育培训行业劳动争议特点突出。海淀辖区内互联网企业林立，2020～2023 年受理涉互联网行业劳动争议纠纷分别约为 587 件、1333 件、1637 件、1308 件，在全部新收案件中占比 10%～30%。受理的涉教育培训行业劳动争议，群体性诉讼特征明显，常见诉请类型包括常规工资、绩效、提成、违法解除劳动合同赔偿金等，案件调处难度相对较高。

第三，电子证据在劳动争议诉讼中应用日趋普遍。在近 4 年审结的涉加班费劳动争议案件中，经随机抽样研究发现，劳动者仅使用常规证据主张加班费的占比 31%，而使用电子证据证明沟通工作任务内容、在岗时长等以证明加班的，占比高达 69%，反映了科技的迅速发展及劳动者维权意识、证据留存意识的显著提升，其中使用电子证据主张加班的，获得支持或部分支持的逐年占比分别为 20%、25%、33%、35%，可见电子证据的出现与应用，一定程度上改善了以加班费为代表的劳动争议案件中劳动者举证难的困境。

第四，新业态案件争议焦点鲜明，裁判标准及裁判尺度亟待统一完善。随着"互联网+"经济不断发展，新业态从业人员劳动权益保障问题日益备受关注，近 4 年来审结的涉新业态从业人员劳动争议案件中，涉及职业主要为快递及同城配送人员、外卖配送员、网络主播及网约车司机等。从案件特征上看，平台经营方"层层转包"现象突出导致诉讼当事方主体众多，47.37% 的案件诉讼当事人为三方及以上；此外，当事人诉讼请求日益多元化，57.90% 的新业态劳动争议案件中在确认劳动关系纠纷中衍生出索要工资、加班费等相关诉请，在规范新业态用工层面应当引起关注。

（资料来源：节选自《北京市海淀区人民法院劳动人事争议审判白皮书（2020—2023 年度）》。）

5.3　劳动争议诉讼的其他制度

5.3.1　劳动争议诉讼二审程序

劳动争议当事人对于一审判决和裁定不服的，可以提起上诉。当事人在规定的期限内提起上诉的，劳动争议诉讼二审程序启动。

二审案件的审理围绕当事人上诉请求的范围进行，当事人没有提出请求的，不予审查。也就是说，二审只解决一审已经审理的，但仍存在争议的问题。二审法院一律组成合议庭审理上诉案件，原则上开庭审理。如果经过阅卷和调查、询问当事人后，事实清楚的，合议庭认为不需要开庭审理的，也可以径行判决、裁定。二审法院对于上诉案件，经过审理，按照以下情形，分别处理：

1）原判决认定事实清楚，适用法律正确的，判决驳回上诉，维持原判决。

2）原判决适用法律错误的，依法改判。

3）原判决认定事实错误，或者原判决认定事实不清，证据不足，裁定撤销原判决，发回原审法院重审，或者查清事实后改判。

4）原判决违反法定程序，可能影响案件正确判决的，裁定撤销原判决，发回原审法院重审。

二审法院审理上诉案件，可以进行调解。调解达成协议的，应当制作调解书。调解书送达后，原审法院的判决即视为撤销。

劳动争议案件经过二审法院的审理，当事人对二审法院的判决或裁定不服的，不能再提起上诉。需要指出的是，二审程序并不是劳动争议审理的必经程序。如果劳动争议当事人在一审法院判决或裁定后，没有在规定的期限内提起上诉，那么一审法院的判决或裁定即刻发生法律效力，二审程序将不会再产生。

5.3.2　劳动争议诉讼再审程序

再审程序是指法院对于已经发生法律效力的判决、裁定，但认为确有错误而进行重新审理的活动。劳动争议案件的再审不是处理劳动争议的必经程序，只有符合一定条件的案件，才可以进入再审程序。

再审程序的启动通常有以下三种方式：一是法院发现已经发生法律效力的判决或裁定确有错误的，决定再审；二是检察院发现法院已经发生法律效力的判决或裁定确有错误的，通过抗诉程序提出再审；三是当事人对于已经发生法律效力的判决、裁定和调解协议，认为确有错误的，向法院提出再审申请，由法院决定是否进行再审。

5.3.3　先予执行和财产保全

在劳动争议案件中往往存在执行难的问题，劳动者好不容易打赢了官司，判决生效了，但是用人单位却以种种借口不执行。当劳动者向法院申请强制执行时，却发现或是人去楼空，或是账面上已经没有钱了。采用民事诉讼中的先予执行和财产保全措施，可以有效地保护劳动者的权益。

5.3.3.1　先予执行

先予执行是指法院对某些案件作出判决前，为解决权利人的生活或者生产经营所需，裁定义务人履行一定义务的诉讼措施，亦称先行给付。先予执行的条件是：①当事人之间权利关系明确，不先予执行会严重影响申请人的生活或生产经营的；②被申请人有履行能力；③在作出判决之前采取。先予执行必须有当事人的申请，人民法院不能主动采取先予执行的措施。人民法院认为有必要的，可以责令申请人提供担保，不提供担保的，驳回申请。如果认为申请符合法律规定的条件，应当作出裁定。裁定一经送达当事人，即发生法律效力，不得上诉，但可以申请复议一次。复议期间，不停止执行。

先予执行是民事诉讼中的一项重要诉讼制度，劳动诉讼程序也需执行，以维护职工的合法权益。

《劳动争议调解仲裁法》规定，仲裁庭对追索劳动报酬、工伤医疗费、经济补偿或者赔偿金的案件，根据当事人的申请，可以裁决先予执行，移送人民法院执行。劳动者申请先予执行的，可以不提供担保。

5.3.3.2 财产保全

财产保全是指遇到有关的财产可能被转移、隐匿、毁灭等情形，从而可能造成对利害关系人权益的损害或可能使将来的判决难以执行或不能执行时，根据利害关系人或当事人的申请或人民法院的决定，而对有关财产采取的保护措施的法律制度。

人民法院采取财产保全措施，可以责令申请人提供担保；申请人不提供担保的，驳回申请。但劳动争议案件必定有其特殊性，比如很多是拖欠工资争议，如果让劳动者提供担保是非常困难的，因此，《最高人民法院关于审理劳动争议案件适用法律问题的解释（一）》中规定，在诉讼过程中，劳动者向人民法院申请采取财产保全措施，人民法院经审查认为申请人经济确有困难，或有证据证明用人单位存在欠薪逃匿可能的，应当减轻或者免除劳动者提供担保的义务，及时采取保全措施。

5.3.4 劳动争议诉讼的法律适用

劳动争议诉讼在程序上适用《民事诉讼法》规定的程序。

就实体法的适用来说，人民法院在审理劳动争议案件时，主要适用《劳动法》《劳动合同法》和其他劳动法律、法规，还可以参照有关的劳动政策、规章等规范性文件。

用人单位根据《劳动法》第四条规定，通过民主程序制定的规章制度，不违反国家法律、行政法规及政策规定，并已向劳动者公示的，可以作为人民法院审理劳动争议案件的依据。

用人单位制定的内部规章制度与集体合同或者劳动合同约定的内容不一致，劳动者请求优先适用合同约定的，人民法院应予支持。

当事人在劳动争议调解委员会主持下达成的具有劳动权利义务内容的调解协议，具有劳动合同的约束力，可以作为人民法院裁判的根据。

5.3.5 劳动争议案件的强制执行

一般情况下，有关法律文书（如判决书、仲裁裁决书、仲裁调解书）可以由当事人自觉履行。但如果当事人不执行，则可以通过法院执行程序予以强制执行。

执行程序是指法院依法对生效的法律文书，通过强制措施迫使当事人履行法律文书规定义务的诉讼活动。

对劳动争议仲裁机关作出的生效的调解书、仲裁决定书和人民法院作出的生效的调解书、判决书，当事人应自觉履行，一方当事人不履行的，人民法院可以根据对方当事人的申请强制执行。

向法院申请强制执行，应当提交申请执行书和有关法律文书（判决书、裁决书、调解书等）。当申请执行法院判决时，当事人应请求第一审人民法院执行；当申请执行仲裁裁决书或仲裁调解书时，应请求被执行人住所地或者被执行的财产所在地法院执行。申请执行劳动争议法律文书的期限为1年，从法律文书规定履行期间的最后1日起计算。

重点提示

劳动争议仲裁机构作出终局裁决，劳动者向人民法院申请执行，用人单位向劳动争议仲裁机构所在地的中级人民法院申请撤销的，人民法院应当裁定中止执行。

用人单位撤回撤销终局裁决申请或者其申请被驳回的，人民法院应当裁定恢复执行。仲裁裁决被撤销的，人民法院应当裁定终结执行。

用人单位向人民法院申请撤销仲裁裁决被驳回后，又在执行程序中以相同理由提出不予执行抗辩的，人民法院不予支持。

5.3.6　劳动争议司法建议书的效力和作用

司法建议书是指法院在履行审判执行职责时，发现社会治理领域中存在引起矛盾纠纷多发高发、影响经济社会发展和人民群众权益保护的突出问题，需要向有关主管机关或者其他有关单位提出改进工作、完善治理的司法建议时，因此以法院名义提出的包含相关内容的文书。

法院在审理劳动争议时，需要向有关主管机关或者其他有关单位提出改进工作、完善司法治理的建议时，可以以法院名义提出司法建议书。

5.3.6.1　司法建议书的效力

与仲裁建议书类似，司法建议书也并不具备法律上强制执行的效力。但是，法院在司法建议书内容落实情况方面，相比仲裁建议书而言有更高的标准。《最高人民法院关于综合治理类司法建议工作若干问题的规定》第八条规定，人民法院提出司法建议时，应当告知被建议单位就建议采纳落实情况等予以书面答复。答复期限根据具体情况确定，一般不超过两个月；法律、司法解释另有规定的，依照其规定。人民法院应当结合审判执行工作支持、配合、督促被建议单位采取相应措施，协同抓好司法建议相关工作的落实。这项规定给被建议单位的落实工作提出了具体要求。同时，该司法解释第九条规定，司法建议涉及的问题重大，需要引起高度重视的，人民法院可以将司法建议书抄送被建议单位的上级主管机关或者其他有关单位。通过上级主管机关和其他有关单位向被建议单位施加压力，也是法院督促被建议单位落实司法建议内容采取的方式之一。

5.3.6.2　司法建议书的作用

与劳动争议仲裁建议书相比，司法建议书涉及的行业和领域更为广泛。在劳动争议处理领域，司法建议书和仲裁建议书所起的作用类似，在此不再赘述。

❖ **相关知识**

劳动争议的刑事追诉

劳动争议的刑事追诉，通常是指对涉嫌"拒不支付劳动报酬罪"刑事案件的追诉。一般认为，劳动争议的刑事追诉并不属于劳动争议处理体制的一个环节，但其与拖欠劳动报酬的劳动争议具有很强的关联性。

我国《刑法》第二百七十六条规定："以转移财产、逃匿等方法逃避支付劳动者的劳动报酬或者有能力支付而不支付劳动者的劳动报酬，数额较大，经政府有关部门责令支付仍不支付的，处三年以下有期徒刑或者拘役，并处或者单处罚金；造成严重后果的，处三年以上七年以下有期徒刑，并处罚金。单位犯前款罪的，对单位判处罚金，并对其直接负责的主管人员和其他直接责任人员，依照前款的规定处罚。有前两款行为，尚未造成严重后果，在提起公诉前支付劳动者的劳动报酬，并依法承担相应赔偿责任的，可以减轻或者免除处罚。"

上述法律规定意在用最严厉的处罚手段提醒用人单位或其他用工主体及时足额支付劳动报酬，这对于提高劳动者权益保护力度大有裨益。当然，拖欠劳动报酬的劳动争议演变为刑事追诉也需要一定的条件，具体包括：

（1）劳动报酬是指劳动者依据法律规定和合同约定应当获得的工资、奖金、津贴、补贴、延长工作时间的劳动报酬以及特殊情况下支付的工资等。

（2）用人单位或其他用工主体以逃避支付劳动者劳动报酬为目的，具有下列情形之一的，应当认定为"以转移财产、逃匿等方法逃避支付劳动者的劳动报酬"：隐匿财产、恶意清偿、虚构债务、虚假破产、虚假倒闭或者以其他方法转移、处分财产的；逃跑、藏匿的；隐匿、销毁或者篡改账目、职工名册、工资支付记录、考勤记录等与劳动报酬相关的材料的；以其他方法逃避支付劳动报酬的。

（3）数额巨大的情节认定：拒不支付1名劳动者3个月以上的劳动报酬且数额在5000元至2万元的；拒不支付10名名义上劳动者的劳动报酬且数额累计在3万元至10万元的。

（4）经劳动行政部门或者政府其他有关部门依法以限期整改指令书、行政处理决定书等文书责令支付劳动者的劳动报酬后，在指定的期限内仍不支付的，应当认定为"经政府有关部门责令支付仍不支付"，但有证据证明行为人有正常理由未知悉责令支付或者未及时支付劳动报酬的除外。行为人逃匿，无法将责令支付文书送交其本人、同住成年家属或者所在单位负责收件的人的，如果有关部门已通过在行为人的住所地、生产经营场所等地张贴责令支付文书等方式责令支付，并采用拍照、录像等方式记录的，应当视为"经政府有关部门责令支付"。

（5）造成严重后果情形的认定：造成劳动者或者其被赡养人、被扶养人和被抚养人的基本生活受到严重影响、重大疾病无法及时医治或者失学的；对要求支付劳动报酬的劳动者使用暴力或者进行暴力威胁的；造成其他严重后果的。

◎ 综合案例分析

劳动者的配偶投资、经营与劳动者原用人单位存在
竞争关系的企业属于违反竞业限制的行为

2018年7月31日，张某入职某体育公司，任教学研发中心总经理，负责教学教研管理。双方签订竞业限制协议，约定张某在劳动关系存续期间及两年的竞业限制期间，不得实施违反竞业限制的相关行为，同时约定竞业限制期间某体育公司向张某支付经济补偿，张某违约应支付违约金，违约金为双方劳动关系终止或解除前12个月张某自某体育公司及关联公司取得收入的10倍。张某于2021年7月31日离职，离职前12个月的平均工资为34097.44元。某体育公司向张某支付了5个月的竞业限制经济补偿。张某之妻于2021年12月变更为某公司的投资人（持有95%的股份），经营业务与某体育公司存在竞争关系。张某之妻设立的某公司的关联公司为张某缴纳社会保险。某体育公司认为张某违反竞业限制约定，应返还竞业经济补偿并承担违约责任，向某劳动人事争议仲裁委员会申请仲裁。某劳动人事争议仲裁委员会裁决，张某返还某体育公司竞业经济补偿、支付违约金。张某不服，诉至人民法院，请求无须返还竞业经济补偿及支付违约金。

审理法院认为，张某任教学研发中心总经理，负责管理工作，对某体育公司的经营管理有决策权，应按照竞业限制协议等约定履行竞业限制义务。张某之妻作为投资人的某公司，在经营业务上与某体育公司存在竞争关系，属于竞业限制单位。考虑到张某与配偶之间具有紧密的人身和财产关系，经济利益上具有一致性，且其配偶的投资行为基本发生在张某从某体育公司离职后，故认定张某违反了竞业限制约定。综合考量劳动者给用人单位造成的损害、劳动者的主观过错程度、工资收入水平、职务、在职时间、违约期间、用人单位应支付的经济补偿数额以及当地的经济水平等因素，审理法院酌定张某支付某体育公司违反竞业限制违约金的数额，并判令返还竞业限制经济补偿。

在市场经济条件下，市场主体的生存发展与劳动人才竞争密切相关，构成了既相互促进又相互制约的关系。用人单位预先通过竞业限制约定等形式约束劳动者再就业的工作单位及就业方向，保护企业经济利益和竞争优势。本案例中，作为高级管理人员的劳动者采取通过配偶实际经营竞争企业的方式实施竞业限制行

为，违反竞业限制约定的方式更为隐蔽。人民法院在查明事实的基础上，准确认定劳动者违反竞业限制约定，判令其承担违约责任，秉持适当惩戒与维持劳动者生存的标准合理确定违约金数额，最大限度发挥制度优势，平衡劳动者自主择业与市场公平竞争之间的关系，为构建公平、合理、有序的良性市场竞争环境提供了有力支撑。

（资料来源：根据最高人民法院 2024 年 4 月 30 日发布劳动争议典型案例整理。）

第6章　集体劳动争议处理

◎ 引　例

发挥多元处理机制作用化解集体劳动争议

某制造公司因经营困难，拖欠李某等48名劳动者工资，并与部分劳动者协商解除劳动合同，导致双方矛盾激化。李某等向劳动人事争议仲裁委员会申请仲裁，要求某制造公司支付工资、经济补偿等。

案件所在地劳动人事争议仲裁委员会、法院、工会、司法、信访等部门立足法定职能，建立"五方联调机制"，常态化开展矛盾纠纷预防化解工作。区总工会征求劳动者意见，协调提供多个匹配工作岗位，率先促成12名申请人撤诉。劳动人事争议仲裁委员会坚持调解优先，与双方当事人多轮沟通、对争议焦点解疑释惑；司法局选派律师参与调解，了解劳动者需求、提供专业咨询。最终32名劳动者与某制造公司签订调解协议，劳动人事争议仲裁委员会现场制作调解书，某制造公司当场支付工资、经济补偿等共计183万余元。对于4名未签订调解协议的劳动者，劳动人事争议仲裁委员会开通农民工工资争议速裁"绿色通道"，及时有效保障其合法权益。

集体劳动争议涉及劳动者人数多、社会影响大，办理效果直接关系劳动关系和谐与社会稳定。近年来，各地积极探索，不断完善党委领导、政府负责、人力资源社会保障部门牵头和有关部门参与、司法保障、科技支撑的劳动争议多元处理机制，发挥部门优势、形成调处合力。各部门通过劳动争议多元处理机制第一时间了解当事人诉求、问题，减少重复沟通和部门衔接环节，对于防范化解劳动关系风险、维护劳动者合法权益发挥了积极作用，推动矛盾纠纷得到快速柔性化解。

（资料来源：最高人民法院、人力资源社会保障部、中华全国总工会：2024 年 1 月发布的涉欠薪纠纷典型案例。）

集体劳动争议与个别劳动争议相比较而言，并没有本质的不同。只是集体劳动争议涉及人数更多，争议内容更加复杂、处理难度更大，因此在劳动争议处理体制中设置了一些特别程序来处理集体劳动争议。

6.1 集体劳动争议概述

6.1.1 集体劳动争议的概念

集体劳动争议的概念有狭义和广义之分。

狭义的集体劳动争议是指劳动者一方当事人数量在规定限额以上的，且因共同理由与用人单位发生的纠纷。根据《劳动争议调解仲裁法》第七条规定，发生劳动争议的劳动者一方在 10 人以上，并有共同请求的，可以推举代表参加调解、仲裁或者诉讼活动。因此，狭义的集体劳动争议所涉及的劳动者一方当事人的人数至少为 10 人，且这些劳动者有共同诉求，通过推举代表参加调解、仲裁或诉讼活动。

广义的集体劳动争议除了包括狭义的集体劳动争议外，还包括集体合同争议（又称为团体争议）与集体行动争议。集体合同争议是指基于集体合同发生的争议，通常发生在工会与用人单位之间。集体合同争议可分为两种情况：一是因签订集体合同发生的争议，即在集体协商过程中发生的争议；二是因履行集体合同发生的争议。集体行动争议是指由于劳动者的集体行动而引发的集体劳动争议。

6.1.2 集体劳动争议的特征

6.1.2.1 争议主体的特殊性

集体劳动争议是指劳动者一方当事人数量在一定限额以上，且有共同请求的劳动争议。它对劳动者一方的人数有较为严格的限制。一般来说，集体劳动争议的一方是用人单位，另一方是有共同诉求的多个劳动者集体。

6.1.2.2　争议内容有特定性

集体劳动争议中的集体合同争议引起争议的标的涉及订立、变更或履行集体合同等一般劳动条件事项，其内容具有广泛性和整体性，而其他的劳动争议只涉及劳动者个人。

6.1.2.3　争议影响力较广泛

集体劳动争议主体的特殊性以及内容的特定性，事关劳动者的整体权利义务，这就决定了集体劳动争议影响的广泛性。若处理不及时或不得当，极易导致出现其他激化矛盾的行为。

6.1.2.4　争议突发性强，处理难度大

突发性强、处理难度大是集体劳动争议的又一特点。集体劳动争议往往是在企业、工会组织和政府毫无预防的情况下突然发生的，工人自发形成停工、罢工、堵马路等集体行动，而且比较容易形成连锁反应，再加上应急处理渠道不畅通，难以通过协商方式来处理。这些群体性事件的发生，事前往往缺乏协商、谈判或者调解程序，事件一旦发生，给企业生产和管理秩序带来直接冲击，给政府和工会也带来了很大的压力。由于这类争议成因复杂、影响面广，当事人情绪容易激动，且处理难度大。

6.1.3　集体劳动争议的分类

根据我国现行法律、法规的规定，我国的集体劳动争议主要分为以下三类：第一类为多个劳动者"有共同请求的"集体劳动争议；第二类为集体合同争议；第三类为集体行动争议。2008 年开始实施的《劳动争议调解仲裁法》主要是就个别劳动争议的处理，对于集体劳动争议的处理没有更加具体的规定。集体劳动争议的处理主要是通过"特别程序"加以解决的。下面就这些不同类型的集体劳动争议进行介绍。

6.1.3.1　普通集体劳动争议

普通集体劳动争议，即狭义的集体劳动争议，也称为"多人争议"，是指同一用人单位的多个劳动者基于共同的理由与用人单位发生的争议。通常情况下，普通集体劳动争议和个别劳动争议区分的界限在于劳动者一方的人数。《劳动争议调解仲裁法》第七条规定，发生劳动争议的劳动者一方在 10 人以上，并有共同请求的，可以推举代表参加调解、仲裁或者诉讼活动。此条规定可以看作我国

区分个别劳动争议和普通集体劳动争议的标准，即劳动者一方的人数在 10 人以下，则为个别劳动争议，劳动者一方的人数在 10 人以上，且基于同样的理由和同一用人单位发生劳动争议，即可视为集体劳动争议。

《劳动争议调解仲裁法》规定，此类集体劳动争议可以代表人诉讼的方式处理。但是在实际处理当中，有可能采用化整为零的方法，即先拆解为多个个别劳动争议，再采取合并审理的方式。这种审理方式使得这一类集体劳动争议变成多个个别劳动争议的松散集合。

6.1.3.2　集体合同争议

集体合同争议分为签订集体合同发生的争议和履行集体合同发生的争议。这是两种不同性质的争议。

签订集体合同发生的争议是一种确权性质的争议，即利益争议。基于这种争议的不可诉性，《劳动法》第八十四条第一款规定，因签订集体合同发生争议，当事人协商解决不成的，当地人民政府劳动行政部门可以组织有关各方协调处理。《集体合同规定》第四十九条规定，集体协商过程中发生争议，双方当事人不能协商解决的，当事人一方或双方可以书面向劳动保障行政部门提出协调处理申请；未提出申请的，劳动保障行政部门认为必要时也可以进行协调处理。据此，因签订集体合同发生争议的处理，只能协商、协调处理。我国现行法律中还没有关于签订集体合同发生争议经协商、协调不成后如何处理的规定，在国外一般是允许以依法采取集体行动的方式向对方施压来迫使达成妥协意见，达到解决问题的目的。目前我国的一些地方，如广州、深圳、大连等地都已经进行了这一方面的立法尝试。

履行集体合同发生的争议是一种特别的合同履行争议。对此，《劳动法》第八十四条第二款规定，因履行集体合同发生争议，当事人协商解决不成的，可以向劳动争议仲裁委员会申请仲裁；对仲裁裁决不服的，可以自收到仲裁裁决书之日起十五日内向人民法院提起诉讼。《集体合同规定》第五十五条规定，因履行集体合同发生的争议，当事人协商解决不成的，可以依法向劳动争议仲裁委员会申请仲裁。《劳动合同法》第五十六条规定，用人单位违反集体合同，侵犯职工劳动权益的，工会可以依法要求用人单位承担责任；因履行集体合同发生争议，经协商解决不成的，工会可以依法申请仲裁、提起诉讼。这里表明，因履行集体合同发生争议的处理，没有基层调解程序，可通过仲裁、诉讼方式解决。

6.1.3.3　集体行动争议

集体行动是指企事业单位的劳动者为了维护劳动权利或争取劳动利益而发生的停工、罢工或者集体怠工等行为。集体行动争议是指由于劳动者的集体行动而引发的集体劳动争议。在市场经济国家，劳动者的集体行动通常是由工会来组织的，并且集体行动只是在集体谈判破裂的情况下才举行的。但在我国，集体行动往往是劳动者权利受到侵害或利益诉求无法通过正常的渠道表达和实现的情况下自发举行的。

6.2　普通集体劳动争议处理

6.2.1　普通集体劳动争议的协商

6.2.1.1　协商的地位

集体劳动争议产生后，协商是最快捷的解决纠纷的方式，虽然法律并未强制规定所有集体劳动争议都必须通过协商途径解决，但协商是争议双方基于相互信任，在自愿的基础上对争议事宜进行和解，具有很大的灵活性，能够降低处理集体劳动争议的成本，因此也是解决集体劳动争议的重要途径。

6.2.1.2　协商参与人

《劳动争议调解仲裁法》第四条规定，发生劳动争议，劳动者可以与用人单位协商，也可以请工会或者第三方共同与用人单位协商，达成和解协议。普通集体劳动争议作为劳动争议的一种类型，既可以由劳动者独立与用人单位协商，劳动者也可以邀请工会组织共同与用人单位协商，此时工会组织的角色是帮助劳动者维权，而不是中立的。此外，劳动者还可以邀请工会之外的第三方与用人单位协商，其中第三方可以是律师、专家、法律援助机构等。

第三方参与协商是在利用自己的专业知识和经验帮助劳动者实现其利益，其地位也不是中立的。无论是工会组织还是工会组织以外的第三方应劳动者之邀参与协商，其地位都只能是劳动者的委托代理人。如果工会组织或者工会组织以外的第三方是中立的，那么这种解决争议的方式就不是协商而是调解了。

6.2.1.3 协商的形式

由于劳动争议的具体内容及解决的难易程度千差万别，国家法律、法规对协商的形式亦无具体规定，在实践中采用的协商形式也不尽相同。通常情况下，根据参与人数以及协商流程，协商可分为即时协商和会议协商两种形式。

（1）即时协商

即时协商是指在劳动争议发生后，劳动者与用人单位立即进行协商，并在短时间内达成协议。对于争议内容单一、争议事实清楚、争议标的不大、双方分歧较小且解决难度相对容易的劳动争议，当事人双方在争议发生后，可以随时就争议事项进行协商，并在短时间内达成协议，从而避免矛盾进一步扩大，使争议圆满解决。即时协商一般只要一方当事人提出，另一方当事人同意，就可以进行。即时协商具有灵活、及时、便利、低廉、非对抗性的优点。不过，如果集体劳动争议涉及的人数较多，则不宜采用即时协商的形式。

（2）会议协商

会议协商是指集体劳动争议双方当事人的代表通过召开会议进行共同协商以解决争议的方式。会议协商方式多适用于争议内容复杂、涉及人数较多的集体劳动争议。由于此类集体劳动争议涉及的劳动者人数较多，因而可以由劳动者一方选择参加协商的代表，也可以委托单位工会干部作为代表参加协商。召开会议的地点、时间及双方参加会议的人数均由双方协商确定。采用会议协商的方式达成一致意见，应制作书面协议，以利于执行。与即时协商相比，会议协商更为正式，双方代表在会议上陈述各自的观点和理由，并提出解决争议的相应方案，达成的书面协议对所有当事人都具有约束力。

6.2.2 普通集体劳动争议的调解

根据我国《劳动争议调解仲裁法》的规定，普通的劳动争议调解程序并不区分个别劳动争议和集体劳动争议。因此，普通集体劳动争议的调解适用和个别劳动争议调解同样的程序。

6.2.2.1 调解普通集体劳动争议的意义

《劳动争议调解仲裁法》针对劳动争议处理中的一些突出问题，从构建和谐社会的需要出发，将调解作为劳动争议处理的基本原则和重要程序，强化了调解在争议处理过程中的地位和作用。针对频发的集体劳动争议，调解更应确立"第一道防线"的基础性地位。一方面，通过调解解决集体劳动争议，可以有效预防集体劳动争议行为的发生；另一方面，调解也是妥善处理已发生的集体劳动争议行为的最基本和最重要的方法。

近年来，我国初步构建了包括企业调解、乡镇街道等基层调解以及人民调解等在内的劳动争议调解网络，在集体劳动争议行为的预防和处理中发挥了一定的作用。但是不可否认的是，在劳动争议案件不断攀升的同时，我国通过调解解决的劳动争议案件数量却没有上升，有些地方甚至减少。可见，由于劳动争议的调解制度还不完善，特别是还没有专门的集体劳动争议调解制度，使调解这种预防和解决集体劳动争议的最基本的方式在实践中还没有充分发挥出其应有的作用。因此，在我国积极探索构建集体劳动争议调解制度的路径中具有重要意义。

6.2.2.2　集体劳动争议调解的现状及存在的问题

"着重调解"是解决集体劳动争议的基本原则之一。但是，由于当前我国集体劳动争议调解制度建设还存在诸多问题，调解在争议解决中的作用还没有充分发挥出来。

（1）专门针对集体劳动争议的调解制度和机构缺位

我国还没有专门针对集体劳动争议的调解制度。《劳动争议调解仲裁法》第五条规定，发生劳动争议，当事人不愿协商、协商不成或者达成和解协议后不履行的，可以向调解组织申请调解；不愿调解、调解不成或者达成调解协议后不履行的，可以向劳动争议仲裁委员会申请仲裁；对仲裁裁决不服的，除本法另有规定的外，可以向人民法院提起诉讼。《劳动争议调解仲裁法》第七条规定，发生劳动争议的劳动者一方在 10 人以上，并有共同请求的，可以推举代表参加调解、仲裁或者诉讼活动。分析上述相关规定，似乎可以得出如下结论：集体劳动争议的处理程序与一般劳动争议的处理程序基本一致，遵循调解、仲裁、诉讼的基本程序，没有专门针对集体劳动争议的调解制度和相应的机构。

（2）企业层面的调解优势未能充分发挥

根据我国现行的劳动争议调解制度，企业层面的调解是最基本的劳动争议调解形式。但是，由于我国企业调解组织不健全、调解程序与方式不规范，企业劳动争议调解委员会受组成人员的构成、身份的局限等原因，使得基层企业劳动争议调解组织的受理数量与调解成功率都有所下降，企业调解的优势未能有效发挥。《劳动争议调解仲裁法》规定，企业层面的调解由企业内设的劳动争议调解委员会负责，企业劳动争议调解委员会由职工代表和企业代表组成，职工代表由工会成员担任或者由全体职工推举产生，企业代表由企业负责人指定。一方面，调解委员会主要由企业代表和职工代表组成，没有实际意义上的第三方，本质上就属于当事人和解，不具有调解的性质，一旦双方出现分歧，很难达成协议，容易导致企业内部调解流于形式。另一方面，企业调解委员会经费由企业提供，活动经费来源于企业，在财务上受制于企业，容易形成调解委员会对企业行政的依附。调解委员会真正发挥作用的前提条件是必须具备一定的独立性，即调解工作完全按照有关法律、法规的规定进行，不受企业行政干预。

（3）劳动争议调解人员的专业素质明显不足

当前，我国劳动争议调解人员还缺乏必要的专业培训，政策业务水平偏低，难以胜任工作。《劳动争议调解仲裁法》规定，劳动争议调解组织的调解员应当由公道正派、紧密联系群众、热心调解工作，并具有一定法律知识、政策水平和文化水平的成年公民担任，此外并无具体要求和资格认证。实践中，集体劳动争议调解人员必须具有较强的斡旋能力，从而能够在调解过程中调动当事人的主动性和创造性，去寻求一个双方都能接受的妥协方案。调解员的能力水平在很大程度上决定着调解能否达成一致，而且影响着争议双方对调解的信心。我国劳动争议调解人员专业素质的不足制约了调解的成效。

（4）劳动争议调解协议书缺乏强制约束力

通过调解达成协议后，如果一方当事人不履行协议，另一方当事人难以凭调解协议保障权利，这也是制约劳动争议调解成效的一个重要因素。《劳动争议调解仲裁法》第十六条规定，因支付拖欠劳动报酬、工伤医疗费、经济补偿或者赔偿金事项达成调解协议，用人单位在协议约定期限内不履行的，劳动者可以持调解协议书依法向人民法院申请支付令。人民法院应当依法发出支付令。但司法解释仅将调解协议纳入办案依据的范畴，仍无强制效力，能直接进入诉讼程序的也仅是就劳动报酬达成的调解协议，范围过窄。《劳动争议调解仲裁法》虽赋予了调解协议一定的强制力，但支付令发出后，只要对方当事人提出异议，法院不审查异议是否成立，支付令的作用非常有限，反而拖延了时间。可见，调解协议的法律拘束力是有限的。

6.2.3 普通集体劳动争议的仲裁和诉讼

6.2.3.1 普通集体劳动争议仲裁特别规定

（1）劳动者推举代表人参加仲裁活动

《劳动人事争议仲裁办案规则》第六条规定，发生争议的劳动者一方在 10 人以上，并有共同请求的，劳动者可以推举 3~5 名代表人参加仲裁活动。代表人参加仲裁的行为对其所代表的当事人发生效力，但代表人变更、放弃仲裁请求或者承认对方当事人的仲裁请求，进行和解，必须经被代表的当事人同意。

（2）由合议庭审理

《劳动人事争议仲裁组织规则》规定，处理 10 人以上集体劳动争议案件应当由 3 名仲裁员组成仲裁庭，设首席仲裁员。由此可见，与个别劳动争议仲裁案件的审理不同，集体劳动争议案件必须由合议庭审理。

6.2.3.2　普通集体劳动争议诉讼特别规定

我国劳动争议诉讼程序统一适用《民事诉讼法》，集体劳动争议诉讼的一方当事人超过两人，其相关规则参照民事诉讼中的"共同诉讼"的有关规定。

6.3　集体合同争议与集体行动争议处理

6.3.1　签订集体合同争议处理

6.3.1.1　争议双方协商处理

我国《劳动法》第八十四条第一款规定，因签订集体合同发生争议，当事人协商解决不成的，当地人民政府劳动行政部门可以组织有关各方协调处理。《集体合同规定》第四十九条规定，集体协商过程中发生争议，双方当事人不能协商解决的，当事人一方或双方可以书面向劳动保障行政部门提出协调处理申请；未提出申请的，劳动保障行政部门认为必要时也可以进行协调处理。

由此可见，按照法律规定，协商已经成为解决因签订集体合同发生争议的必经途径。

因签订集体合同发生争议后，当事人双方，即用人单位工会代表与用人单位代表可以就争议事项召开专门会议进行协商，经协商达成一致意见的，应制作协议书并由双方自觉履行。协议书经工会和企业代表签字、盖章后，发生法律效力，对双方都有约束力。

6.3.1.2　劳动行政部门协调处理

因签订集体合同发生的争议，当事人协商不成的，由当地人民政府劳动行政部门组织有关各方协调处理。

（1）协调处理机构

劳动行政部门应当组织同级工会和企业组织等三方面的人员，共同协调处理集体协商争议。

集体协商争议处理实行属地管辖，具体管辖范围由省级劳动保障行政部门规定。中央管辖的企业以及跨省、自治区、直辖市用人单位因集体协商发生争议，由劳动保障部指定的省级劳动保障行政部门组织同级工会和企业组织等三方面的人员协调处理，必要时，劳动保障部也可以组织有关方面协调处理。

（2）协调处理的时限

协调处理集体协商争议，应当自受理协调处理申请之日起30日内结束协调处理工作，期满未结束的，可以适当延长协调期限，但延长期限不得超过15日。

（3）协调处理的程序

协调处理集体协商争议应当按照下列程序进行：

1）受理协调处理申请。

2）调查了解争议的情况。

3）研究制定协调处理争议的方案。

4）对争议进行协调处理。

5）制作"协调处理协议书"。

"协调处理协议书"应当载明协调处理申请、争议的事实和协调处理结果，双方当事人就某些事项不能达成一致的，应将继续协商的有关事项予以载明。"协调处理协议书"由集体协商争议协调处理人员和争议双方首席代表签字、盖章后生效。争议双方均应遵守生效后的"协调处理协议书"。

6.3.2　履行集体合同争议处理

6.3.2.1　争议双方协商处理

我国《劳动法》第八十四条第二款规定，因履行集体合同发生争议，当事人协商解决不成的，可以向劳动争议仲裁委员会申请仲裁；对仲裁裁决不服的，可以自收到仲裁裁决书之日起15日内向人民法院提出诉讼。《集体合同规定》第五十五条规定，因履行集体合同发生的争议，当事人协商解决不成的，可以依法向劳动争议仲裁委员会申请仲裁。

因此，因履行集体合同发生的争议，协商也是解决争议的必经途径。

因履行集体合同发生争议后，当事人双方，即用人单位工会代表与用人单位代表，可以就争议事项召开专门会议进行协商，经协商达成一致意见的，应制作协议书并由双方自觉履行。协议书经工会和企业代表签字、盖章后，发生法律效力，对双方都有约束力。

6.3.2.2　仲裁和诉讼

因履行集体合同发生的争议，当事人协商不成的，可以向劳动争议仲裁委员会申请仲裁，对仲裁裁决不服的，可以向人民法院提起诉讼。

由此可见，因履行集体合同的争议发生后，首先要求双方进行协商，如果协商不成，此类争议不能进行调解，也不能像因签订集体合同的争议那样由劳动行政部门协调处理，而是进入到劳动争议仲裁程序。

（1）仲裁的提起

《劳动合同法》第五十六条规定，用人单位违反集体合同，侵犯职工劳动权益的，工会可以依法要求用人单位承担责任；因履行集体合同发生争议，经协商解决不成的，工会可以依法申请仲裁、提起诉讼。

《劳动人事争议仲裁办案规则》第五条规定，因履行集体合同发生的劳动争议，经协商解决不成的，工会可以依法申请仲裁；尚未建立工会的，由上级工会指导劳动者推举产生的代表依法申请仲裁。

（2）仲裁机构的处理

《劳动争议调解仲裁法》并没有专门规定处理因履行集体合同发生争议的特别程序，应视为适用于一般的劳动争议仲裁程序。但是，《劳动人事争议仲裁办案规则》规定，因履行集体合同发生的劳动争议，仲裁委员会可优先立案、优先审理；仲裁委员会处理因履行集体合同发生的劳动争议，应当按照三方原则组成仲裁庭处理。

对于进入到诉讼程序的因履行集体合同发生的争议，法律并无特别规定，参照普通劳动争议诉讼程序进行。

重点提示

处理因履行集体合同发生的争议，没有调解程序。

6.3.3 集体行动争议处理

对于集体行动争议的处理，《工会法》第二十七条规定，企业、事业单位发生停工、怠工事件，工会应当代表职工同企业、事业单位或者有关方面协商，反映职工的意见和要求并提出解决意见。对于职工的合理要求，企业、事业单位应当予以解决。工会协助企业、事业单位做好工作，尽快恢复生产、工作秩序。据此规定：其一，说明企业、事业单位职工因其劳动权益的诉求得不到满足时，发生停工、怠工行为是一种法律上承认的、客观存在的现象；其二，在解决此类集体劳动争议的过程中，工会"应当"代表职工与所在用人单位进行协商，反映职工的合理要求，在此基础上尽快恢复生产、工作秩序。我国法律并未明确规定劳动者的罢工权和用人单位的闭厂权，因此在发生停工、怠工事件后，协商成为解决问题的唯一途径，此类争议无法适用于其他争议处理方式。

◎ **综合案例分析**
以司法建议助推欠薪纠纷源头治理

某工程技术公司、某电器公司、某市公路总公司自愿组成联合体中标案涉交通工程项目，某工程技术公司为牵头单位。余某从某工程技术公司分包部分施工项目。施工过程中，余某雇佣王某等114名农民工提供劳务，余某拖欠王某等工资共计3404085元。王某等因工资长期未付提起诉讼，要求余某、某工程技术公司、某电器公司、某市公路总公司等支付剩余工资280万余元。

审理法院认为，余某雇佣王某等114名农民工在其承包项目工程上施工，双方存在劳务合同关系，王某等按约施工完毕后，余某应向王某等足额支付工资。某工程技术公司、某电器公司、某市公路总公司自愿组成联合体，由作为牵头单位的某工程技术公司将案涉项目违法分包给不具备用工主体资格的余某，应对余某所欠付的工资承担共同清偿责任，判决余某、某工程技术公司、某电器公司、某市公路总公司共同向王某等支付工资。114名农民工的工资于20天内全部执行完毕。审理法院针对本案中反映出的未依法存储农民工工资保证金的违法行为向行政主管部门发出司法建议，主管部门收到建议后高度重视并及时回复，取得良好效果。

工资是农民工的重要生活保障。保障农民工工资支付，不仅关系着广大农民工的切身利益，更事关社会公平正义与和谐稳定。本案中，人民法院运用"立+审+执"一体化纠纷解决机制，判令中标联合体对拖欠农民工工资共同承担清偿责任，20 天内全部执行完毕，高效兑现百余名农民工的合法权益。《保障农民工工资支付条例》第三十二条第一款规定："施工总承包单位应当按照有关规定存储工资保证金，专项用于支付为所承包工程提供劳动的农民工被拖欠的工资。"在审理过程中发现企业存在违法行为后，人民法院充分发挥司法能动作用，以司法建议"小切口"参与社会治理"大文章"，将司法建议融入欠薪治理工作，敦促行政机关依法履职尽责，责令企业依法及时存储农民工工资保证金，助推诉源治理工作。本案立足源头预防、前端治理，人民法院积极与行政部门对接，增强矛盾纠纷化解合力，妥善化解欠薪纠纷，实现政治效果、法律效果、社会效果的有机统一。

（资料来源：最高人民法院、人力资源社会保障部、中华全国总工会 2024 年 1 月发布的涉欠薪纠纷典型案例。）

第7章 人事争议处理特别规定

事业单位工第二次聘用合同到期事业单位可终止不再续订

童某于 2017 年 12 月 1 日通过公开招聘入职某公立医院，成为在职在编人员。双方订立了期限自 2017 年 12 月 1 日起至 2019 年 11 月 30 日止的《事业单位聘用合同书》。该合同第二十条约定："符合下列条件之一的，本合同即行终止，（一）本合同期限届满的……"第二十四条约定："在续订聘用合同时，乙方在甲方连续工作满 10 年且距法定退休年龄不足 10 年，提出订立聘用至退休的合同的，甲方应当与其订立聘用至退休的合同。"2019 年 12 月 1 日，双方续订聘用合同至 2021 年 11 月 30 日。2021 年 10 月 25 日，某医院通知童某聘用合同到期不再续签。童某认为，其连续两次与某医院订立聘用合同，第二次聘用合同到期后，某医院未与其订立无固定期限的聘用合同，也未支付相应的经济补偿金，违反《中华人民共和国劳动合同法》相关规定。因发生争议，童某向仲裁委员会提出仲裁申请。要求与某医院订立聘用至退休的合同。

仲裁委员会裁决驳回童某的仲裁请求，一审、二审判决结果与仲裁裁决结果一致。

本案争议焦点是，事业单位工作人员连续两次签订聘用合同，第二次聘用合同到期后，能否要求事业单位订立聘用至退休的合同？

《事业单位人事管理条例》第十四条规定："事业单位工作人员在本单位连续工作满 10 年且距法定退休年龄不足 10 年，提出订立聘用至退休合同的，事业单位应当与其订立聘用至退休的合同。"由此可见，事业单位工作人员订立无固定期限（聘用至退休的）合同的条件不同于普通劳动者，须满足"双10年"条件，事业单位才有义务与其订立聘用至退休的合同。此外，《北京市事业单位聘用合同制试行办法》（京政办发〔2002〕50号）第四十五条规定了支付经济补偿的情形：聘用单位提出解除聘用合同，受聘人员同意解除的；符合本办法第二十八条规定情形，由聘用单位单方面解除聘用合同的；因聘用单位未履行聘用合同，受聘人员解除聘用合同的；聘用单位分立、合并、撤销的，不能安置受聘人员到相应单位就业而解除聘用合同的。根据上述规定，某医院与董某终止聘用合同无须支付经济补偿。

《中华人民共和国劳动合同法》第九十六条规定："事业单位与实行聘用制的工作人员订立、履行、变更、解除或者终止劳动合同，法律、行政法规或者国务院另有规定的，依照其规定；未作规定的，依照本法有关规定执行。"依据该条规定，人事争议案件应优先适用人事方面的法律规定，在人事法律、行政法规或者国务院没有特别规定的情况下，才适用《中华人民共和国劳动合同法》等相关规定。《事业单位人事管理条例》《北京市事业单位聘用合同制试行办法》（京政办发〔2002〕50号）属于事业单位人事管理方面的特别规定，对订立聘用至退休的合同、支付经济补偿均有规定，应当优先适用。因此，事业单位有权在两次或两次以上聘用合同到期后依法选择不再续签。事业单位在选人用人时应贯彻公开、平等、竞争和择优的原则，保证工作人员的参与权、知情权和监督权；事业单位工作人员应了解熟悉人事管理相关法律规定，勿将"编制"视为"铁饭碗"，应积极进取不断提升自身的综合素质，从而保持在竞争中的优势。

（资料来源：北京市人力资源和社会保障局发布的2022年北京市劳动人事争议仲裁典型案例。）

在我国，人事争议是与劳动争议并行的概念，有时并称为劳动人事争议。实践中，人事争议的发案率远远低于劳动争议。本章就人事争议的一些特殊事项予以说明。

7.1 人事争议概述

7.1.1 人事争议的概念和范围

7.1.1.1 人事争议概念

人事争议是与人事关系相对应的。人事争议是人事关系中双方因权利、义务发生分歧而产生的争议。人事争议的主体较为广泛，国家机关、事业单位以及其他人事行政管理的相对人都是人事争议的主体。具体而言，人事争议发生在以下主体之间：实施公务员法的机关与聘任制公务员之间、参照公务员法管理的机关（单位）与聘任工作人员之间、事业单位与工作人员之间、社团组织与工作人员之间、军队文职人员聘用单位与文职人员之间。

❖ 相关知识

人事关系

人事关系是我国所特有的一个概念，在法律法规中并没有统一的定义。一般来说，在旧的人事管理体制中，国家机关和事业单位对工作人员实行身份管理，通过国家统一调配、调派建立人事关系。人事关系其实包含两个层次，即平等的聘用合同关系和不平等的管理关系。按照法律的一般理论，我们认为，人事关系中涉及的聘用合同的签订、变更、解除、终止等情形，是平等的聘用合同关系，而考核、职称评定等则是一种管理关系。

7.1.1.2 人事争议范围

《最高人民法院关于人民法院审理事业单位人事争议案件若干问题的规定》（法释〔2003〕13号）规定："本规定所称的人事争议是指事业单位与其工作人员之间因辞职、辞退及履行聘用合同所发生的争议。"

《劳动人事争议仲裁办案规则》规定，仲裁机构受理的人事争议包括：①实施公务员法的机关与聘任制公务员之间、参照公务员法管理的机关（单位）与聘任工作人员之间因履行聘任合同发生的争议；②事业单位与其建立人事关系的工作工作人员之间因终止人事关系以及履行聘用合同发生的争议；③社会团体与其建立人事关系的工作人员之间因终止人事关系以及履行聘用合同发生的争议；④军队文职人员用人单位与聘用制文职人员之间因履行聘用合同发生的争议。

需要注意的是，上述文件只是规定了人事争议仲裁、诉讼的范围，而实践中有些争议并不能通过仲裁、诉讼的程序解决，如事业单位工作人员与所在单位因职称评定、考核纠纷所产生的争议就不属于仲裁、诉讼的受案范围，只能通过申诉等途径解决。

7.1.2　人事争议处理的方式

人事争议发生后，当事人可以协商解决；不愿协商或者协商不成的，可以向主管部门申请调解，其中军队文职人员聘用单位与文职人员的人事争议，可以向聘用单位的上一级单位申请调解；不愿调解或调解不成的，可以向人事争议仲裁委员会申请仲裁。当事人也可以直接向人事争议仲裁机构申请仲裁。当事人对仲裁裁决不服的，可以向人民法院提起诉讼。

7.1.3　人事争议处理的原则

7.1.3.1　注重调解原则

人事争议发生之后，双方当事人是否协商、调解，不具有强制性。注重调解原则强调当事人尽量首选调解的方式予以解决。首先，调解解决劳动争议有利于构建和谐的劳动关系。其次，调解解决劳动争议快速、低廉、高效。最后，调解解决劳动争议形式灵活、接受度高。当然，解决劳动争议的终极价值是维护当事人的合法权益。

7.1.3.2　合法公正原则

合法原则不仅要求人事争议处理实体合法，还要求处理程序合法。各级调解、仲裁、审判机构在具体处理人事争议时，要严格依据国家法律法规的相关规定行事。

在人事争议处理过程中，无论是哪一级的处理机构都必须保证人事争议双方当事人处于平等的法律地位，享有平等合法的权利和履行相应的义务，当事人任何一方都不能享有超越法律规定的特权。

7.1.3.3 及时原则

及时原则在一定程度上可以理解为效率原则。人事争议处理机构要力求在法律规定的时限或者合理的期限内受理、办理、处理人事争议。这样不仅节约了成本，而且对保护双方当事人合法权益有重要意义。

7.2 人事争议处理特别规定

7.2.1 事业单位工作人员申诉

为贯彻实施《事业单位人事管理条例》，保障事业单位工作人员合法权益，中央组织部、人力资源和社会保障部发布了《事业单位工作人员申诉规定》（以下简称《规定》），对有关工作的管辖、申请受理、审理决定、执行监督等方面作出规定。

7.2.1.1 申诉范围

事业单位工作人员对涉及本人的处分、清退违规进人、撤销奖励、考核定为基本合格或者不合格、未按国家规定确定或者扣减工资福利待遇等几类人事处理不服的，可以申请复核；对复核结果不服的，可以提出申诉、再申诉。申请复核的由原处理单位管辖。提出申诉、再申诉的由相应的事业单位人事综合管理部门或主管部门管辖。

7.2.1.2 申诉程序

《规定》要求，受理复核申请的单位应当自接到申请书之日起30日内作出维持、撤销或者变更原人事处理的复核决定。受理申诉、再申诉申请的单位应当组成申诉公正委员会审理案件，根据申诉公正委员会的审理意见，区别不同情况，作出维持、撤销、变更原人事处理或重新处理的决定。处理决定应当在60日内作出。案情复杂的，可以适当延长，但是延长期限不得超过30日。

7.2.1.3 执行与监督

处理决定应当在发生效力后30日内执行。除维持原人事处理外，原处理单位应当在申诉、再申诉决定执行期满后30日内将执行情况报申诉、再申诉受理单位备案。对事业单位工作人员处理错误的，应当及时予以纠正；造成名誉损害的，应当赔礼道歉、恢复名誉、消除影响；造成经济损失的，应当根据有关规定给予赔偿。

对申请复核或者提出申诉、再申诉的事业单位工作人员打击报复等几类情形，将对相关责任人员和直接责任人员给予批评教育、调离岗位或者处分；涉嫌犯罪的，移送司法机关处理。申请复核、提出申诉的事业单位工作人员弄虚作假、捏造事实、诬陷他人的，根据情节轻重，给予批评教育或者处分；涉嫌犯罪的，移送司法机关处理。

7.2.2　人事争议调解

人事争议调解是指人事争议发生之后，人事争议调解机构或组织依据相关的法律法规，在双方当事人自愿、平等公正的原则下，通过与当事人进行沟通，使得双方互谅互让，自愿达成和解协议以解决劳动争议的处理方式。人事争议调解机制作为解决人事争议的"第一道防线"操作简捷、及时，可预防矛盾进一步激化，降低当事人走诉讼程序的可能性。

7.2.2.1　调解机构

《关于加强劳动人事争议调解工作的意见》（人社部发〔2009〕124 号）强调，事业单位要积极建立由人事部门代表、职工代表、工会代表、法律专家等组成的人事争议调解组织；加强主管部门对所属事业单位人事争议调解工作的指导；推动在教育、科技、文化、卫生等事业单位及其主管部门建立人事争议调解组织。

为了切实发挥调解组织预防争议的作用，规范事业单位人事管理，事业单位应积极探索有效化解人事争议的长效机制。

为了更好地开展人事争议调解工作，调解部门设主任 1 人，必要时可设立副主任。主任及副主任每 3 年改选一次，可以连选连任。无论是委任调解部门的主任、副主任，还是选取部门的工作人员，都应当把握几个关键点，选取那些公道正派、联系群众、热心调解工作，并有一定法律知识和人事政策水平的人员。此外，需格外注意的是，军队文职人员的人事争议处理归属于上级部门负责，这一点有别于一般事业单位中的部门调解。

7.2.2.2　调解程序

《关于加强劳动人事争议调解工作的意见》还提出了事业单位人事争议的层级处理程序，即简单争议由事业单位内部调解解决，复杂争议由单位主管部门调解解决。

单位内发生人事争议时，当事人一方应当以书面形式向调解部门提交调解申请，调解部门及时予以登记受理。具体的调解过程中，以及在查明事实的基础上，调解员分别约谈双方当事人，充分说理，耐心疏导，消除隔阂，促使当事人双方自愿达成协议。一旦双方达成调解协议，应当制作调解书，经双方当事人、调解员签字确认，调解部门、双方当事人三方各留一份。双方当事人应当按照调解协议的内容自觉履行义务，这样不仅可以增加调解的有效性，也可以避免司法资源的浪费。一般而言，调解时限为 30 日，即调解部门应当自受理调解之日起30 日内完成调解。到期未完成的，视为调解不成。

7.2.3　人事争议仲裁

人事争议仲裁是根据法律规定或者人事争议当事人自愿向法律授权的专门机构提出申请，该机构以第三方的身份介入人事争议解决过程中，根据相关规定就人事争议的事实与责任作出判断和裁决的法律活动。

7.2.3.1　仲裁机构

人事争议仲裁过程中，人事争议仲裁委员会肩负重要职责。《人事争议处理规定》指明了人事争议仲裁委员由公务员主管部门代表、聘任（用）单位代表、工会组织代表、受聘人员代表以及人事、法律专家组成。人事争议仲裁委员会组成人员应当是单数，设主任 1 名、副主任 2~4 名、委员若干名。处理人事争议时，委员会实行少数服从多数原则，不同意见应当如实记录。

人事争议仲裁制度实行仲裁庭制，这是人事争议仲裁委员会处理人事争议案件的基本形式。仲裁庭一般由 3 名仲裁员组成。仲裁员的职责是：受人事争议仲裁委员会的委托或当事人的选择，负责人事争议案件的具体处理工作。人事争议仲裁委员会指定 1 名仲裁员担任首席仲裁员，主持仲裁庭工作；另 2 名仲裁员可由双方当事人各选定 1 名，也可由人事争议仲裁委员会指定。简单的人事争议案件，经双方当事人同意，人事争议仲裁委员会可以指定 1 名仲裁员独任处理。除此之外，人事争议仲裁委员会可以聘任有关部门的工作人员、专家学者和律师为专职或兼职仲裁员。兼职仲裁员与专职仲裁员在仲裁活动中享有同等权利，并且兼职仲裁员进行仲裁活动时，所在单位应当给予支持。

7.2.3.2　仲裁管辖

法律法规对人事争议仲裁案件的受理范围与管辖进行了明确规定。中央机关、直属机构、直属事业单位及其在京所属事业单位的人事争议由中央机关及所属事业单位人事争议仲裁委员会处理。中央机关在京外垂直管理机构以及中央机关、直属机构、直属事业单位在京外所属事业单位的人事争议，由所在地的省、自治区、直辖市设立的人事争议仲裁委员会处理，也可由省、自治区、直辖市根据情况授权所在地的人事争议仲裁委员会处理。省自治区、直辖市，副省级市、地（市、州、盟）、县（市、区、旗）人事争议仲裁委员会的管辖范围，由省、自治区、直辖市确定。军队文职人员聘用单位与文职人员的人事争议，一般由聘用单位所在地的县（市、区、旗）人事争议仲裁委员会处理，其中师级聘用单位与文职人员的人事争议，由所在地的地（市、州、盟）、副省级市人事争议仲裁委员会处理，军级以上聘用单位与文职人员的人事争议由所在地的省、自治区、直辖市人事争议仲裁委员会处理。驻京部队聘用单位与文职人员的人事争议，由中央机关及所属事业单位人事争议仲裁委员会处理。

7.3　人事争议处理的法律适用

7.3.1　实体法依据

事业单位人事争议处理依据的实体法可以分为：相关法律和人事行政法律两类。事业单位中的人事关系与劳动关系具有相似的性质，双方既是平等主体之间形成的关系，也是带有依附关系的不平等主体之间形成的关系，只不过人事关系中的这种依附关系主要是指事业单位与工作人员之间的行政管理关系，与劳动关系中的劳动者与企业之间的人身依附关系存在差异。

人事关系的这些特点决定了人事争议处理不仅要依据人事行政法律法规，也要依据民法、劳动法等相关法律。而且，人事关系形成聘用合同，处理人事争议时也需要依据合同法的相关规定。此外，国家通过法律法规对一些特殊的公共事业领域进行了约束，处理这些领域中的人事争议时也需要适时依据相关的规定，主要包括教师法、执业医师法、解放军文职人员相关规定。

7.3.1.1　相关法律

民法是调整平等主体间财产关系和人身关系的法律。《最高人民法院关于审理劳动争议案件诉讼当事人问题的批复》指明，人事关系中双方当事人在法律适用上和诉讼地位上是平等的，由此，人事争议双方当事人处在平等的法律地位之上，《民法典》中有关保护公民和法人民事权益的规定，适用于人事争议的处理。

劳动法是调整劳动关系以及与劳动关系密切联系的其他关系的法律规范的总称。长期以来，劳动关系和人事关系并存于管理体制中，《劳动法》《劳动合同法》《劳动争议调解仲裁法》等劳动法律都对各自的适用范围进行了明确。《劳动法》规定"在中华人民共和国境内的企业、个体经济组织和与之形成劳动关系的劳动者，适用本法。国家机关、事业组织、社会团体和与之建立劳动合同关系的劳动者，依照本法执行"。《关于人民法院审理事业单位人事争议案件若干问题的规定》（法释〔2003〕13号）中"事业单位与其工作人员之间因辞职、辞退及履行聘用合同所发生的争议，适用《中华人民共和国劳动法》的规定处理"。此外，最高人民法院在《关于事业单位人事争议案件适用法律等问题的答复》（法函〔2004〕30号）中规定，"人民法院对事业单位人事争议案件的实体处理应当适用人事方面的法律规定，但涉及事业单位工作人员劳动权利的内容在人事法律中没有规定的，适用《中华人民共和国劳动法》的有关规定"。这些规定拓宽了人事争议处理的法律依据，因此，人事争议涉及工作人员劳动权利的，适用《劳动法》。同时，《劳动合同法》《劳动争议调解仲裁法》分别对聘用合同、事业单位争议如何适用作出了相应的规定。

人事争议产生的原因中，解除聘用合同、履行聘用合同占据较大比例。虽然聘用合同与一般的民事合同存在较大差别，但仍旧属于合同的范畴之内，人事争议处理过程中也可依据合同法的一般理论和原则。

7.3.1.2　人事行政法律

行政法是调整行政关系以及在此基础上产生的监督行政关系的法律规范和原则的总称，是我国重要的部门法之一。其中，人事行政法律是以人事行政关系作为调整对象，专门制定人事行政活动规则的法律规范的总称。我国人事行政法律涉及的领域非常宽，其中涉及事业单位人事制度改革、事业单位人员聘用制、事业单位工作人员辞职和辞退方面的人事行政法律是人事争议处理经常适用的行政法律。

（1）事业单位人员聘用制方面

国务院办公厅转发人事部《关于在事业单位试行人员聘用制度的意见》（国办发〔2002〕35号）《事业单位试行人员聘用制度有关问题的解释》（国人部发

〔2003〕61 号），明确了聘用制的基本原则、实施范围和制度等内容，并对相关问题作出了明确的解释。这两个文件是处理聘用合同争议的主要依据。

（2）事业单位工作人员辞职和辞退方面

《全民所有制事业单位专业技术人员和管理人员辞职暂行规定》（人调发〔1990〕19 号）《关于执行〈全民所有制事业单位专业技术人员和管理人员辞职暂行规定〉中有关问题的通知》（人调发〔1991〕14 号）《全民所有制事业单位辞退专业技术人员和管理人员暂行规定》（人调发〔1991〕18 号），对辞职、辞退的条件、程序等问题作出了规定，推动了事业单位辞职、辞退制度的建立，也为处理由此产生的争议提供了依据。

7.3.2　程序法依据

程序法一般规定主体实现权利关系的程序与方式。因此，人事争议处理的程序法依据就是处理人事争议必须依据的步骤和方法。程序法依据根据不同的人事争议处理机制而不同，即人事争议调解、仲裁、诉讼分别依据的程序性法律存在较大不同。

7.3.2.1　人事争议调解的程序法依据

事业单位人事争议调解所遵循的程序主要是根据《关于加强劳动人事争议调解工作的意见》、2009 年施行的《劳动人事争议仲裁办案规则》等文件和规章，以及各地方关于人事争议调解的规定中关于适用范围、机构设立与管辖、机构组成、机构职责、受理范围、受理时效等内容来进行具体设定。

7.3.2.2　人事争议仲裁的程序法依据

事业单位人事争议仲裁所遵循的程序主要是根据《人事争议处理规定》（国人部发〔2007〕109 号）、2009 年施行的《劳动人事争议仲裁办案规则》，以及地方人大、政府或人事行政主管部门依据相关法律法规、文件政策中关于受案范围、仲裁机构的设立及组成、仲裁庭组成、案件管辖、受理时效、举证责任、救济途径、裁决执行等内容进行设定的。

7.3.2.3　人事争议诉讼的程序法依据

事业单位人事争议诉讼所遵循的程序主要是根据《关于人民法院审理事业单位人事争议案件若干问题的规定》《关于事业单位人事争议案件适用法律等问题的答复》中关于法律适用、管辖、案由、时效、受案范围等内容设定的。

此外，人事争议诉讼仍然属于民事诉讼案件，因此诉讼程序也适用于《民事诉讼法》及相关的司法解释。

7.3.3 我国劳动争议处理与人事争议处理的异同

我国对劳动争议与人事争议的处理，既彼此区别，又存在共通之处。劳动争议处理与人事争议处理的相异点，主要表现在以下几方面：

第一，争议主体不同。根据《劳动争议调解仲裁法》第二条、《人事争议处理规定》第二条的规定，劳动争议主要发生在企业、个体经济组织、民办非企业单位等用人单位与劳动者之间；而人事争议主要发生在实施公务员法的机关与聘任制公务员之间、事业单位与工作人员之间、社会团体与工作人员之间、军队文职人员聘用单位与文职人员之间。

第二，受案范围不同。根据《劳动争议调解仲裁法》第二条、《人事争议处理规定》第二条的规定，劳动争议主要是劳动报酬、社会保险、终止和解除劳动合同等经济利益争议；而人事争议主要是除名、辞退、辞职、离职等解除人事关系以及履行聘用合同发生的争议。

第三，管辖方式不同。劳动争议主要是地域管辖；而人事争议采取地域管辖与级别管辖相结合的做法，更强调级别管辖。国家机关及其所属事业单位是按行政层级关系设立的，由较低级别的仲裁机构处理上一级甚至上几级国家机关及其所属事业单位的人事争议，不利于保证仲裁机构的中立性与独立行使仲裁权。

第四，法律适用不同。劳动争议处理主要依据《劳动合同法》《劳动法》《劳动争议调解仲裁法》及其他配套规章政策；而人事争议处理依据比较复杂，最高法院有关司法解释规定，人民法院对事业单位争议案件的实体处理应当适用人事方面的法律规定，但涉及事业单位工作人员劳动权利的内容在人事法律中没有规定的，适用《劳动法》的有关规定。《劳动合同法》第九十六条进一步规定，事业单位与实行聘用制的工作人员订立、履行、变更、解除或者终止劳动合同，法律、行政法规或者国务院另有规定的，依照其规定；未作规定的，依照本法有关规定执行。军队文职人员聘用单位与文职人员人事争议处理，主要依据《中国人民解放军文职人员条例》。

第五，调解组织不同。劳动争议主要由企业、乡镇街道劳动争议调解组织和基层人民调解组织调解。人事争议当事人既可以在事业单位人事争议调解委员会调解，也可以向主管部门申请调解，其中军队聘用单位与文职人员的人事争议，可以向聘用单位的上一级单位申请调解。

尽管劳动争议与人事争议存在区别，但从人事争议处理的主要发展历程来看，劳动争议与人事争议处理正在不断地融合，展现了趋同的未来趋势。两者间的相同点主要表现在以下几点：第一，立法宗旨相同，即保护当事人合法权益。第二，争议处理原则相同，即遵循合法、公正、及时、着重调解的原则。第三，仲裁办案程序相同。劳动人事争议按照《劳动争议调解仲裁法》及《劳动人事争议仲裁办案规则》规定程序处理。第四，仲裁机构相同。按照《劳动人事争议仲裁组织规则》规定，这两类争议都由劳动人事争议仲裁委员会处理。第五，争议处理基本制度相同。这两类仲裁都实行仲裁庭制度、合议制度、回避制度、公开审理制度、一裁两审制度。第六，仲裁与司法的衔接相同。这两类争议仲裁当事人对仲裁裁决不服的，均可以向法院提起民事诉讼寻求司法的最后保障。对生效裁决一方当事人不履行的，另一方当事人可以向法院申请强制执行。

◎ 综合案例分析
违约金发生争议不应影响事业单位职工办理离职手续

某大学附属中学系事业单位法人。姚某系在编人员，于2016年11月1日与某大学附属中学订立聘用合同，约定姚某担任物理教师，合同期限为2016年11月1日至2021年10月31日。该聘用合同第十五条约定："乙方（指姚某，下同）在下列情形下可随时单方面解除聘用合同：在试用期内；甲方（指某大学附属中学，下同）未履行合同约定的义务；5年服务期满后考入普通高等院校的；5年服务期满后被录用或者选调到国家机关工作；依法服兵役。"第十六条约定："乙方提出解除本合同，应提前30日以书面形式通知甲方。乙方未能与甲方协商一致的，乙方应当坚持正常工作，继续履行本合同；6个月后乙方再次提出解除本合同仍未能与甲方协商一致的，乙方即可单方面解除本合同，并按照约定承担违约责任。"双方另订立《补充协议》，其中第一条约定："因乙方个人原因辞职、调动、开除、出国留学等原因提前解除聘用合同时，按服务期剩余年限（不足1年按1年计算），每年人民币肆万元整向甲方支付违约赔偿金。"2019年3月5日，姚某以个人原因为由向某大学附属中学提出辞职未果。2019年9月5日，姚某再次以个人原因为由向某大学附属中学提出辞职。某大学附属中学要求姚某按照聘用合同约定支付120000元违约金。姚某认为，虽然双方约定的服务期为 5 年，其实际入职日期为 2016 年 7 月 1 日，其服务期应从入职之日而非订立聘用合同之日起算，其已服务满 3 年，故只同意支付 80000 元违约金，双方因此发生争议。某大学附属中学据此拒绝为姚某办理档案转移手续，姚某也未能如期入职新单位。2020 年 7 月 8 日，某大学附属中学向劳动人事争议仲裁委员会（以下简称仲裁委员会）提出仲裁申请，要求姚某支付违约金 120000 元；姚某随即提出仲裁反申请，要求某大学附属中学办理档案转移手续。

仲裁委员会查明姚某入职时间为 2016 年 7 月 1 日，服务期限已满 3 年，故裁决姚某向某大学附属中学支付违约金 80000 元，某大学附属中学十日内为姚某办理档案转移手续。裁决书送达后，双方当事人均服裁息诉。

本案例有两个争议焦点：一是姚某应支付的违约金金额究竟为多少；二是在姚某第二次提出辞职后，某大学附属中学是否应当及时为其办理档案转移手续。

《事业单位人事管理条例》第十七条规定："事业单位工作人员提前 30 日书面通知事业单位，可以解除聘用合同。但是，双方对解除聘用合同另有约定的除外。"《北京市事业单位聘用合同制试行办法》（京政办发〔2002〕50 号）第四十三条规定："属于下列情形之一的要承担违约责任：（一）任何一方违反聘用合同规定的；（二）聘用合同未到期，又不符合解除条件，单方面解除聘用合同的；（三）由于聘用单位原因订立无效或部分无效聘用合同的。违约金数额由双方当事人在聘用合同中自行约定，在聘用合同中未约定，但造成可计算经济损失的，由责任人按实际损失承担经济赔偿责任。"本案例中，某大学附属中学与姚某关于解除聘用合同及支付违约金的相关约定不违反法律法规的强制性规定，是双方当事人的真实意思表示，对双方具有约束力。由于聘用合同及《补充协议》均系某大学附属中学提供的格式条款合同，在服务期限究竟应从何时起算出现两种解释时，应作不利于合同提供方的解释，故仲裁委员会采信姚某关于违约金应为 80000 元的主张。《事业单位试行人员聘用制度有关问题的解释》（国人部发〔2003〕61 号）第 19 条规定："聘用合同解除后，单位和个人应当在 3 个月内办理人事档案转移手续。单位不得以任何理由扣留无聘用关系职工的人事档案；个人不得无故不办理档案转移手续。"从上述规定看，在姚某第二次提出辞职后，即发生聘用合同解除、双方人事关系终止的法律效果，某大学附属中学应当及时为姚某办理档案转移手续。

近年来，事业单位职工与事业单位因解除聘用合同引发的违约金争议在人事争议中占比较高，值得关注。事业单位在聘用合同中约定违约金时，应当结合单位的招录成本、工作年限、工作岗位、编制、是否已经完成进京落户手续、违约行为可能造成的经济损失等多种因素综合考量，并经与职工充分协商后确定，避免因约定违约金金额过高而被仲裁委员会或人民法院调整。事业单位在坚持事业留人、感情留人、待遇留人的同时，应客观理性地看待人才合理流动。在因职工提出辞职而发生违约金争议时，应及时为其办理社会保险关系及档案转移手续，避免因拖延办理影响职工再就业而引发更大矛盾纠纷。有关违约金争议无法通过自主协商或调解组织调解解决的，应依法及时通过仲裁、诉讼法律途径解决。

（资料来源：北京市人力资源和社会保障局发布的 2022 年北京市劳动人事争议仲裁典型案例。）

第8章 典型劳动争议案件的处理方案

"云办公"情形下，劳动者仍应自觉遵守劳动纪律

　　杨某系永瑞公司员工，2020 年初永瑞公司安排全体员工居家办公，并要求员工通过即时通信办公软件沟通工作。杨某的主管领导分别于 2020 年 2 月、3 月、4 月在工作时间多次通过该办公软件与杨某沟通工作，杨某均未回复，2020 年 4 月 13 日永瑞公司在工作时间再次通过该办公软件向杨某安排工作，杨某超过 6 小时未予回应，永瑞公司于当日向杨某做出第 1 次书面警告，要求杨某改正，并强调居家办公工作纪律，要求其在工作时间应当保证在办公软件中即时回复公司信息，超过规定时间视为旷工，书面警告超过 2 次将予以辞退。后杨某于 4 月 14 日、16 日在工作时间内均出现超过 3 小时未回复其直属领导工作信息的情况，永瑞公司于 4 月 14 日、17 日连续发出 2 次书面警告。4 月 22 日杨某又一次在工作时间内超过 3 小时未回复其直属领导工作信息，永瑞公司以杨某"不服从公司管理，严重违反劳动纪律"为由做出书面解除劳动合同通知。杨某以要求永瑞公司支付违法解除劳动合同赔偿金为由申请劳动仲裁，仲裁裁决认定永瑞公司违法解除劳动合同，永瑞公司不服，诉至法院。

　　法院经审理后认为，劳动者应完成劳动任务，遵守劳动纪律和职业道德。该规定是对劳动者的基本要求，即便在规章制度未作出明确规定、劳动合同亦未明确约定的情形下，如劳动者存在严重违反劳动纪律或职业道德的行为，用人单位可依上述规定与劳动者解除劳动合同。杨某在居家办公期间，连续数月、多次、长时间不回应永瑞公司的工作要求，违反了劳动者基本的劳动义务；在多次警告

之后，仍然不能勤勉履行职责。杨某行为已经严重违背职业道德，严重违反劳动纪律，使得永瑞公司与其建立劳动关系的目的落空，永瑞公司与其解除劳动关系，合理合法。因此，法院判令永瑞公司无须向杨某支付违法解除劳动合同赔偿金。

随着现代科技进步与用工管理形式的日益多样化，部分用人单位对劳动者的用工管理形式从"线下"变为"线上"，但规章制度未跟上用工管理形式的变化。"云办公"模式下，劳动者仍应遵守劳动纪律及职业道德。本案例争议指向规章制度未明确规定的情况下，居家办公期间劳动纪律标准的认定，劳动者存在何种情形可以认定为"严重违反劳动纪律"，触发用人单位解除权。关于劳动纪律和职业道德的外延，并无统一标准。但通常认为，劳动纪律是劳动者在劳动过程中必须遵守的劳动规则和秩序，职业道德则体现为观念、习惯、信念等。对劳动者而言，遵守合理合法的劳动纪律有利于自己从用人单位发展中获益；对用人单位而言，确保劳动纪律的合理合法也有利于留住人才并获得发展。司法实践中就劳动者是否严重违反劳动纪律和职业道德，需要综合考虑以下因素：一是该劳动纪律和职业道德的标准是否符合社会普遍认同的价值观；二是劳动者主观上是否存在严重过错甚至故意；三是劳动者的相关作为或不作为对用人单位生产经营及管理方面的影响，是否足以影响双方建立的劳动关系；四是用人单位是否就劳动者的行为予以警告或规制，以此为劳动者提供改正可能及劳动者对此的反馈。本案例中，劳动者在居家办公期间连续数月、多次、长时间不回应公司工作要求，属于变相拒绝、拖延完成工作任务，其行为严重违反劳动纪律，也严重违背职业道德，损害了双方的信任及合作基础，故法院认定用人单位解除劳动合同的行为合法有效，无须向该名劳动者支付违法解除劳动合同赔偿金。

（资料来源：北京市海淀区人民法院 2024 年 5 月 16 日发布的劳动人事争议典型案例。）

随着法律规定的不断完善，越来越多的劳动争议能够纳入法律的调整范围，因此劳动争议的类型处于一个不断增多的过程中。本章就实践中一些典型的劳动争议所涉及的法律依据、应查清的相关问题和举证责任进行阐述，从而指出劳动争议常见类型的一般处理方案。

8.1 确立劳动关系或签订劳动合同的争议

8.1.1 确认是否存在劳动关系的争议

8.1.1.1 主要法律依据

《关于确立劳动关系有关事项的通知》（劳社部发〔2005〕12号）。

8.1.1.2 应查清的相关问题及举证责任

具体情形之一：被申请单位否认与劳动者存在任何关系的。

1）劳动者与被申请单位是否签有劳动合同。

2）劳动者的工资支付情况：是否由被申请单位支付过工资，如工资由自然人支付，实际工资支付者是不是被申请单位的人，支付的理由是什么。

3）劳动者的社会保险缴纳情况：是否由被申请单位缴纳了社会保险。

4）城镇职工的档案关系是否在被申请单位处或由被申请单位委托存档。

5）劳动者有无与被申请单位存在劳动关系的其他证据（如工作证、服务证、收入证明、介绍信、暂住证等）。

6）被申请单位有无证据证明其主张（全体员工的花名册、工资支付记录、社保缴纳记录等）。

具体情形之二：被申请单位承认与劳动者存在关系，但否认是劳动关系（被申请单位承担举证责任）。

1）劳动者是否已依法享受基本养老保险待遇（核查社会保险）。

2）被申请单位主张与劳动者建立劳务关系的：

A. 是否签有符合法律法规规定的劳务协议；

B. 日常工作地点、形式、管理是否明显不同于用人单位职工；

C. 劳务费用结算情况。

3）被申请单位主张劳动者与第三方建立劳动关系的：

A. 涉及劳务派遣的，是否有劳务派遣协议，是否有劳务派遣名单，劳动者与劳务派遣单位是否签有劳动合同；

B. 涉及建筑行业发包、分包、转包的，第三方是否具有符合行业规定的资质（工伤案件），是否有符合行业规定的书面协议，劳动者与第三方是否签有劳动合同；

C. 涉及个人承包者所雇用人员的，承包者是否属于本单位职工，是否由承包者管理并结算费用。

8.1.2　劳动者要求订立无固定期限劳动合同的争议

8.1.2.1　主要法律依据

1）《劳动合同法》第十四条；

2）《劳动合同法实施条例》（国务院令第535号）第十二条。

8.1.2.2　应查清的相关问题及举证责任

1）由用人单位举证劳动者的入职时间。

2）是否满足订立无固定期限劳动合同的条件：

A. 是否在用人单位连续工作并已满10年（劳动者举证）。

B. 自2008年1月1日后是否连续两次订立固定期限劳动合同（劳动者举证）；

C. 是否未订立书面劳动合同已满1年（用人单位举证）。

3）是否为公益性岗位。

8.1.3　劳动者要求支付未签订劳动合同双倍工资的争议

8.1.3.1　主要法律依据

《劳动合同法》第八十二条。

8.1.3.2　应查清的相关问题及举证责任

1）劳动者与用人单位建立劳动关系的时间（用人单位举证）。

2）劳动者的月工资标准、构成（用人单位举证）。

3）未签订劳动合同的期间（用人单位举证）。

4）用人单位主张签有其他协议或劳动者主张劳动合同内容不符合法律规定的：审查是否具有劳动合同的基本法定条款、欠缺部分是否实际影响劳动者的劳动权益。

5）劳动者是否满足签订无固定期限劳动合同的条件。

6）用人单位主张存在减免责任的情形（用人单位举证）：

A. 非全日制用工，每日工作时间不超过4小时，每周累计不超过24小时，劳动报酬的结算周期不超过 15 日。

B. 劳动者是否已依法享受基本养老保险待遇。

C. 劳动者是否明确表示要继续享受未就业人员待遇：入职后仍享受社会保险自谋职业补助。

7）是否有倒签劳动合同的。

8.1.3.3 补充说明

1）用人单位自用工之日起未与劳动者签订劳动合同的，支付未签订劳动合同双倍工资最长为 11 个月。

2）劳动合同期满后劳动关系延续但未续订劳动合同的，支付未签订劳动合同的双倍工资最长为 12 个月。

3）追索未签订劳动合同双倍工资的时效，适用《劳动争议调解仲裁法》第二十七条第一款。由于用人单位未与劳动者订立劳动合同属于违法行为，故仲裁时效自违法行为终了之日起计算。

8.1.4 违法约定试用期的争议

8.1.4.1 主要法律依据

《劳动合同法》第十九条、第八十三条。

8.1.4.2 应查清的相关问题及举证责任

（1）试用期的约定是否符合法律规定

1）试用期期限是否超过法定的标准。

2）是否已约定过试用期。

（2）试用期工资发放情况

是否低于本单位相同岗位最低档工资或者劳动合同约定工资的 80%，是否低于用人单位所在地的最低工资标准。

8.2 解除和终止劳动合同的争议

8.2.1 处理此类争议的基本原则

1）2008 年 1 月 1 日以前支付解除劳动合同经济补偿金的标准，按《违反和解除劳动合同的经济补偿办法》执行，2008 年 1 月 1 日以后的，按《劳动合同法》有关规定执行。

2）《劳动合同法》增加了终止劳动合同经济补偿、违法解除劳动合同赔偿金、解除劳动合同代通知金（部分情况）等规定。

3）《劳动合同法》取消了支付经济补偿最多不超过 12 个月（部分情况）、企业月平均工资标准等规定。

8.2.2　劳动者主张解除劳动合同经济补偿的争议

8.2.2.1　主要法律依据

1）《劳动合同法》第三十六条、第三十八条至第四十三条、第四十六条、第四十七条。

2）《劳动合同法实施条例》（国务院令第 535 号）。

3）最高人民法院《关于审理劳动争议案件适用法律问题的解释（一）》。

8.2.2.2　应查清的相关问题及举证责任

1）劳动者与用人单位建立劳动关系的期间（用人单位举证）。

2）劳动关系是否解除（主张方举证）。

3）解除劳动关系的时间（主张方举证）。

4）劳动者离开用人单位前 12 个月的平均工资、工资构成（用人单位举证）。

5）是否为公益性岗位。

8.2.2.3　具体情形之一：劳动者主张由用人单位提出双方协商一致解除劳动合同，应支付经济补偿的（劳动者举证）

1）是否由用人单位方提出。

2）是否签订协议书，是否已实际履行。

8.2.2.4　具体情形之二：劳动者主张因用人单位存在《劳动合同法》第三十八条规定的情形提出解除劳动合同，应支付经济补偿的

1）劳动者提出解除劳动合同的原因是否属于《劳动合同法》第三十八条规定的情形（劳动者举证）。

2）用人单位是否存在《劳动合同法》第三十八条规定的情形：

A. 劳动者主张未按照劳动合同约定提供劳动保护或劳动条件的，应由劳动者说明并承担主要举证责任；

B. 劳动者主张未及时足额支付劳动报酬的，用人单位承担主要举证责任；

C. 劳动者主张未依法为其缴纳社会保险费的，用人单位承担主要举证责任；

D. 劳动者主张用人单位存在《劳动合同法》第三十八条其他项规定情形的，劳动者承担举证责任。

8.2.2.5　具体情形之三：用人单位主张因劳动者存在《劳动合同法》第三十九条规定的情形提出解除劳动合同，不应支付经济补偿的（用人单位举证）

1）是否符合第（一）项条件：

A. 是否依法约定了试用期。

B. 能否证明劳动者不符合录用条件。

2）是否符合第（二）项条件：

A. 有无经民主程序制定的规章制度（2008 年 1 月 1 日之后产生的）。

B. 规章制度是否已经公示、送达、告知劳动者。

C. 劳动者是否存在严重违反规章制度的行为。

D. 解除程序是否符合规章制度并送达劳动者。

3）是否符合第（三）项条件：

A. 劳动者的工作岗位职责。

B. 劳动者是否存在严重失职或营私舞弊的行为。

C. 是否能认定造成了重大损害。

4）是否符合其他条件：用人单位对解除劳动合同决定的合法性负有举证责任。

8.2.2.6　具体情形之四：用人单位以《劳动合同法》第四十条规定解除劳动合同的（用人单位举证）

1）是否存在符合《劳动合同法》第四十条规定可以解除劳动合同的基本事实。

2）是否存在《劳动合同法》第四十二条规定的情形。

8.2.2.7　具体情形之五：用人单位以《劳动合同法》第四十一条解除劳动合同的（用人单位举证）

1）是否存在符合《劳动合同法》第四十一条规定可以解除劳动合同的基本事实。

2）是否需要裁减人员 20 人以上或者裁减人员不足 20 人但占企业职工总数的 10% 以上。

3）是否履行了法定程序：

A. 用人单位提前 30 日向工会或者全体职工说明情况，听取工会或者职工的意见。

B. 裁减人员的方案已向劳动行政部门报告。

4）是否存在《劳动合同法》第四十二条规定的情形。

8.2.2.8　补充说明

1）下列原因劳动者提出解除劳动合同，用人单位可不支付经济补偿：

A. 用人单位在劳动者入职前期未为其缴纳社会保险，之后依法为劳动者缴纳社会保险已逾 1 年的。

B. 用人单位按照劳动者的实际工作年限缴纳了社会保险，劳动者主张缴费基数不符合社会保险政策的。

2）劳动者主张计算经济补偿的工作年限高于在用人单位实际工作年限，或者经济补偿的基数高于用人单位标准的，劳动者承担举证责任。

3）由用人单位单方解除劳动合同，还应审查是否事先将理由通知了工会，以及是否听取工会的意见。如果用人单位无工会，此项可以不审查。

4）劳动者提出解除劳动合同时的理由为个人原因，但是在审理时却主张系因《劳动合同法》第三十八条规定的情形解除劳动合同的，对该陈述不予采信。

5）劳动者按照《劳动合同法》第三十八条、第四十一条第一款第（三）、（四）项的规定解除劳动合同，其解除劳动合同经济补偿只计算 2008 年 1 月 1 日之后的连续工作年限。

8.2.3　劳动者主张终止劳动合同经济补偿的争议

8.2.3.1　主要法律依据

1）《劳动合同法》第四十四条、第四十六条。

2）《劳动合同法实施条例》（国务院令第 535 号）。

8.2.3.2　应查清的相关问题及举证责任

1）劳动者与用人单位建立劳动关系的时间（用人单位举证）。

2）是否符合《劳动合同法》第四十四条规定的劳动合同终止情形（主张方举证）。

3）终止劳动合同的时间（主张方举证）。

4）劳动者终止劳动合同前 12 个月的平均工资。

5）是否符合支付终止劳动经济补偿的案件：

A. 除用人单位维持或者提高劳动合同约定条件续订劳动合同，劳动者不同意续订的情形外，劳动合同到期终止的。

B. 因用人单位被依法宣告破产造成劳动合同终止的。

C. 因用人单位被吊销营业执照、责令关闭、撤销或者用人单位决定提前解散而造成劳动合同终止的。

6）是否为公益性岗位。

8.2.3.3 补充说明

1）终止劳动合同的经济补偿只计算 2008 年 1 月 1 日以后的工作年限。

2）劳动者主张计算经济补偿的工作年限高于在用人单位的实际工作年限，或者经济补偿的基数高于用人单位提出的标准的，劳动者承担举证责任。

8.2.4 劳动者主张代通知金的争议

8.2.4.1 主要法律依据

《劳动合同法》第四十条。

8.2.4.2 应查清的相关问题及举证责任

1）解除劳动合同的依据是否符合《劳动合同法》第四十条的情形。

2）用人单位以书面形式通知劳动者解除或终止劳动合同的时间。

3）解除劳动合同前 12 个月的平均工资或解除/终止劳动合同前一个月劳动者的工资标准。

8.2.5 劳动者主张违法解除（终止）劳动合同的争议

8.2.5.1 主要法律依据

1）《劳动合同法》第四十条至第四十二条、第四十五条、第四十七条、第四十八条、第八十七条。

2）《劳动合同法实施条例》（国务院令第 535 号）。

3）《工伤保险条例》（国务院令第 375 号）。

4）《企业职工患病或非因工负伤医疗期规定》（劳部发〔1994〕479 号）。

8.2.5.2 应查清的相关问题及举证责任

1）劳动者与用人单位建立劳动关系的时间（用人单位举证）。

2）解除（终止）劳动合同的时间（主张方举证）。

3）劳动者最后 12 个月的平均工资，工资构成（用人单位举证）。

4）用人单位作出解除（终止）劳动合同决定是否符合法律规定（用人单位举证，主要从事实、规则制定、告知义务、规章制度产生的民主程序、工会意见、送达等方面）。

5）是否属于《劳动合同法》第四十二条规定的情形之一，而用人单位以《劳动合同法》第四十条、第四十一条为由解除劳动合同的情形。

6）是否属于不得终止劳动合同的情形：

A. 劳动者是否患职业病或者因工负伤并被确认达到伤残等级，且可以退出工作岗位或者依法要求续订劳动合同的。

B. 劳动者是否处在规定的医疗期内或者女职工在孕期、产期、哺乳期内，应顺延至相应期限届满的。

8.2.5.3　补充说明

1）经认定系用人单位违法解除（终止）劳动合同的，劳动者可选择要求撤销解除（终止）劳动合同决定，继续履行劳动合同。如继续履行劳动合同的条件不存在或者劳动者不要求继续履行的，其可主张支付双倍经济补偿标准的赔偿金。

2）赔偿金的计算年限自用工之日起计算。

8.3　劳动报酬争议

8.3.1　工资支付争议

8.3.1.1　主要法律依据

《劳动合同法》第三十条第一款。

8.3.1.2　应查清的相关问题及举证责任

1）劳动者的工资标准、构成（用人单位举证，主要证据为劳动合同、工资支付记录）。

2）劳动者工资的发放时间、核算周期、发放方式（用人单位举证，银行转账的劳动者有对实发工资的举证能力）。

3）劳动者在所主张工资的期间是否正常提供了劳动：

A. 用人单位主张劳动关系已解除的，用人单位承担劳动关系解除情况的举证责任。

B. 用人单位主张劳动者未出勤的，用人单位承担出勤记录的举证责任。

4）用人单位是否已足额支付劳动者工资：

A. 用人单位主张已支付的，用人单位承担工资支付记录的举证责任。

B. 用人单位主张已根据计件、考核等情况足额支付工资的，用人单位承担计件、考核结果合理合法性及已公示的举证责任。

C. 用人单位主张应扣减劳动者工资的，用人单位对减少劳动者报酬的决定负有举证责任。

D. 劳动者主张应发工资高于其工资标准的，劳动者对主张的依据负有举证责任。

5）劳动者主张加发相当于工资报酬25%经济补偿的（用人单位举证，用人单位证明不存在克扣或者无故拖欠劳动者工资的情形）。

8.3.2 加班工资争议

8.3.2.1 主要法律依据

1）《劳动法》第四十四条。

2）最高人民法院《关于审理劳动争议案件适用法律问题的解释（一）》第四十二条。

8.3.2.2 应查清的相关问题及举证责任

1）劳动者执行的工时制：劳动合同约定情况，如为不定时工作制或者综合计算工时工作制，是否经过劳动行政部门审批或为《中华人民共和国公司法》规定的高级管理人员，审批的有效期间及计算周期，是否向劳动者告知或者明示（用人单位举证）。

2）加班工资的基数：按照劳动合同约定的劳动者本人所在岗位相对应的工资标准确定，劳动合同未约定的，按照集体合同约定的加班工资基数以及休假期间工资标准确定，劳动合同、集体合同均未约定的，按照劳动者本人正常劳动应得的工资确定。

8.3.2.3　具体情形之一：用人单位以不存在加班进行抗辩的

1）劳动者主张存在非周期性加班的，应说明具体的加班时间、加班内容，并对加班事实的存在或用人单位掌握加班事实存在的证据负有举证责任。

2）劳动者主张周期性加班的：

A. 劳动者主张存在每天超过8小时工作或每周超过5天工作的加班事实的，劳动者对加班事实的存在或用人单位掌握加班事实存在的证据负有举证责任。

B. 用人单位主张存在每天少于8小时，每周总工作时间不超过40小时，每周至少休息1天的，用人单位对上述主张负有举证责任。

3）用人单位主张劳动者的超时在岗期间为值班的，用人单位承担举证责任：

A. 超时在岗期间的工作任务、强度是否明显区别于正常工作时间。

B. 超时在岗期间是否能休息。

C. 劳动者是否吃住在用人单位。

D. 用人单位是否已经支付值班津贴。

4）用人单位以劳动者没有提交加班申请并经批准进行抗辩的，用人单位承担举证责任：

A. 劳动合同无约定。

B. 有无符合法定程序制定的规章制度的规定。

5）用人单位主张休息日加班已倒休的，用人单位对该主张负有举证责任。

6）劳动者主张加发相当于加班工资报酬25%的经济补偿的，用人单位举证，用人单位证明不存在克扣或者无故拖欠劳动者加班工资的情形。

8.3.2.4　具体情形之二：用人单位主张已足额支付加班工资的

1）劳动者的工资构成，用人单位举证。

2）用人单位的加班工资支付情况，用人单位举证。

8.3.2.5　补充说明

1）劳动者加班是否由用人单位安排，其工作内容是否属于应在正常工作时间内完成的。

2）劳动者的工资构成是否全部或主要为计件工资，超时工作的部分是否以计件工资的形式支付了，是否有证据能证明延时、休息日、法定休假日工作时具体计件数，是不是劳动者为获取更多劳动报酬而主动申请超时计件工作。

3）劳动者仅凭打卡记录不足以证明存在加班的事实。

8.3.3 未休年休假工资争议

8.3.3.1 主要法律依据

1)《职工带薪年休假条例》（国务院令第 514 号）。

2)《企业职工带薪年休假实施办法》（人力资源和社会保障部令第 1 号）。

8.3.3.2 应查清的相关问题及举证责任

1）是否应享受带薪年休假：

A. 劳动者是否连续工作 1 年以上（劳动者举证）。

B. 劳动者是否存在《职工带薪年休假条例》第四条规定的情形（用人单位举证）。

2）应享受带薪年休假的标准：

A. 劳动者入职用人单位前的工作年限（劳动者举证）。

B. 劳动者在本单位的工作年限（用人单位举证）。

3）是否存在不应支付年休假工资的情形：

A. 劳动者是否已休年休假（用人单位举证）。

B. 劳动者是否因其本人原因书面提出不休假（用人单位举证）。

C. 是否由劳动者提出解除劳动合同（用人单位举证）。

D. 劳动者解除劳动合同的理由（劳动者举证）。

8.3.3.3 补充说明

1）主张未休年休假工资的仲裁时效，适用《劳动争议调解仲裁》第二十七条第四款的规定。

2）劳动者因个人原因提出辞职的，其辞职当年度的年休假补偿可不支付。

8.4 社会保险待遇争议

8.4.1 处理此类案件的基本原则

1）各项社会保险开展的时间不同，以北京市为例，城镇职工的养老保险起始于 1992 年 10 月，失业保险起始于 1999 年 11 月，农民工的养老保险和失业保险起始于 1999 年 6 月，工伤保险起始于 2004 年 1 月，生育保险起始于 2005 年 7 月，基本医疗保险起始于 2001 年 4 月。

2）《中华人民共和国社会保险法》（以下简称《社会保险法》）于 2011 年 7 月 1 日实施，取消了因地域、户籍性质等差异造成的社会保险待遇差异。

3）用人单位依法缴纳社会保险的，相关社会保险待遇应由社会保险基金支付，劳动者要求用人单位支付没有依据，但用人单位有收到社会保险基金支付的相关待遇后转付给劳动者的义务。

4）用人单位未依法缴纳社会保险的，劳动者满足享受社会保险待遇条件时，参照依法缴纳社会保险时劳动者应享受的社会保险待遇作为劳动者的社会保险待遇损失，由用人单位承担支付义务。

5）劳动者因用人单位未按时缴纳社会保险要求补缴社会保险，因用人单位未足额缴纳社会保险要求补缴或支付待遇损失的，不属于劳动争议处理范围，应告知其向社会保险行政部门主张权益。

8.4.2　工伤保险待遇争议

8.4.2.1　主要法律依据

1）《社会保险法》；

2）《工伤保险条例》（国务院令 375 号）。

3）《国务院关于修改〈工伤保险条例〉的决定》（国务院令 586 号）。

8.4.2.2　应查清的相关问题及举证责任

1）工伤发生的时间（以工伤证为准）。

2）工伤认定的情况（以工伤证为准）。

3）劳动能力鉴定情况（以工伤证为准）。

4）工伤保险缴费情况（用人单位举证）。

8.4.2.3　具体情形之一：停工留薪期工资

1）工伤职工原工资待遇（用人单位举证）。

2）工伤职工受伤情况（以工伤证为准）。

3）用人单位是否确定停工留薪期并书面通知工伤职工（用人单位举证）。

4）工伤职工住院情况、出院后因工伤继续休息的工伤医疗机构诊断证明（劳动者举证）。

5）主张超过规定的停工留薪期工资的，工伤职工是否向用人单位书面提出申请并获同意，用人单位有异议时劳动能力鉴定委员会有何结论（劳动者举证）。

8.4.2.4　具体情形之二：一次性工伤医疗补助金、一次性伤残就业补助金

劳动关系是否解除以及解除的时间（劳动者举证）。

8.4.2.5　具体情形之三：工伤医疗费

1）工伤医疗费用发生时间、数额（劳动者举证）。

2）在确定工伤医疗机构后是否在工伤医疗机构治疗（劳动者举证）。

3）社保部门审核情况（委托审核）。

8.4.2.6　具体情形之四：住院期间伙食费

1）住院时间（劳动者举证）。

2）2011年1月1日以前认定工伤的：用人单位因公出差伙食补助标准（用人单位举证）。

8.4.2.7　具体情形之五：交通、食宿费

1）是否经医疗机构出具证明，报经办机构同意，工伤职工到统筹地区以外就医（劳动者举证）。

2）交通费、食宿费发生的时间、数额（劳动者举证）。

8.4.2.8　具体情形之六：伤残津贴

1）工伤职工是否被鉴定为一级至六级伤残（以工伤证为准）。

2）劳动者的工资标准（用人单位举证）。

8.4.2.9　具体情形之七：生活护理费

是否经劳动能力鉴定委员会确认需要生活护理及其等级（以社保机构出具的待遇核准表为准）。

8.4.2.10　具体情形之八：工亡待遇

申请人是否属于因工死亡职工生前提供主要生活来源，且无劳动能力的亲属（由申请人举证，一般可由户籍所在地的镇级以上人民政府出具证明）。

8.4.2.11　补充说明

1）2011年1月1日《工伤保险条例》修正后，用人单位在依法缴纳工伤保险费后，只承担停工留薪期工资、五、六级工伤职工的伤残津贴，一次性伤残就业补助金等三项费用。

2）一次性伤残补助金是否采用新标准取决于工伤认定书时间是否在2011年1月1日之后。

3）一次性伤残就业补助金是否采用新标准取决于劳动关系解除时间是否在 2011 年 1 月 1 日之后。

4）住院伙食补助费是否采用新标准并由工伤保险基金支付取决于住院治疗时间是否在 2011 年 1 月 1 日之后。

5）外埠就医的交通、食宿费是否由工伤保险基金支付取决于就医时间是否在 2011 年 1 月 1 日之后。

6）劳动者受伤之后至劳动关系解除期间如未再向用人单位提供劳动的，且无证明其处于停工留薪期间或依据工伤医疗机构诊断证明休息，也无证明因用人单位原因造成其未上班的，可按劳动关系中止处理。

8.4.3　医疗保险待遇争议

8.4.3.1　主要法律依据
没有统一的法律法规，主要参照地方规章。

8.4.3.2　应查清的相关问题及举证责任
1）用人单位是否为劳动者依法缴纳基本医疗保险（用人单位举证）。

2）医疗费单据的社保部门审核情况。

3）劳动者病假的情况，劳动者是否有连续完整的诊断或休假证明（劳动者举证）。

4）劳动关系存续情况，劳动者是否履行请假手续（劳动者主要承担举证责任）。

8.5　用人单位向劳动者主张权益的争议

根据《劳动合同法》第二十五条的规定，除违反服务期约定的、违反竞业限制的两种情形外，用人单位不得与劳动者约定违约金。

8.5.1　用人单位主张劳动者违反服务期约定的争议

8.5.1.1　主要法律依据
1）《劳动合同法》第二十二条。

2）《劳动合同法实施条例》（国务院令第 535 号）第十六条。

8.5.1.2　应查清的相关问题及举证责任

1）用人单位是否为劳动者提供了支出专项培训费用的专业技术培训：

A. 有凭证的培训费用。

B. 培训期间的差旅费用。

2）用人单位是否与劳动者签订服务期协议。

3）是否因劳动者原因造成双方劳动关系在劳动合同或服务期内或服务期协议届满前解除。

8.5.1.3　补充说明

1）劳动者违反服务期约定需向用人单位支付违约金的，数额不得超过用人单位提供的培训费用。

2）用人单位要求劳动者支付的违约金不得超过服务期尚未履行部分所应分摊的培训费用的份额。

8.5.2　用人单位主张劳动者违反竞业限制的争议

8.5.2.1　主要法律依据

《劳动合同法》第二十三条、第二十四条。

8.5.2.2　应查清的相关问题及举证责任

1）用人单位与劳动者是否约定了竞业限制条款（协议）、竞业限制的补偿、违约金（用人单位举证）。

2）竞业限制条款针对的劳动者是否属于用人单位的高级管理人员、高级技术人员和其他负有保密义务的人员，竞业限制期限是否超过两年（用人单位举证）。

3）劳动合同解除或终止后，用人单位是否按月支付劳动者竞业限制经济补偿（用人单位举证）。

4）劳动者是否存在违反竞业限制的情形：

A. 到与本单位生产或者经营同类产品、从事同类业务的有竞争关系的其他用人单位工作（用人单位举证）；

B. 自己开业生产或者经营同类产品、从事同类业务（用人单位举证）。

8.5.3　用人单位主张劳动者办理工作交接的争议

8.5.3.1　主要法律依据

《劳动合同法》第五十条第二款。

8.5.3.2　应查清的相关问题及举证责任

1）劳动合同关系是否解除。

2）双方对交接工作是否有书面约定。

8.5.3.3　补充说明

劳动者拒不按照约定交接工作的，用人单位可暂不支付其经济补偿。

拓展阅读

劳动争议的案由

　　劳动争议处理机构在立案时，会对"案由"进行登记，案由客观地呈现了劳动争议的内容。通过对案由的统计分析，可以反映出劳动争议的热点问题，有助于劳动行政部门开展有针对性的劳动关系管理举措，并且引导用人单位和劳动者规范自身的行为。同时，案由对于有关劳动争议的学术研究也很有意义。

　　一、劳动争议案由的理解和适用

　　（一）一级案由

　　劳动争议，是指中华人民共和国境内的用人单位与劳动者发生的争议，主要是指《劳动争议调解仲裁法》第二条规定的范畴，是个统称的案由。

　　（二）二级案由

　　1. 确认劳动关系争议

　　确认劳动关系争议是指劳动者与用人单位就劳动关系定性问题发生的争议，如劳动关系是否存在、是否终止、是否有效等进行确认。

　　2. 劳动合同争议

　　《劳动争议调解仲裁法》规定，劳动合同争议是指在中华人民共和国境内的用人单位与劳动者因订立、履行、变更、解除和终止劳动合同以及因未签订劳动合同引发的两倍工资争议，解除或终止劳动合同引起的支付经济补偿、赔偿金或违约金等发生的争议。

3. 社会保险争议

社会保险争议是指劳动者要求用人单位按照社会保险法律法规的规定，缴纳社会基本养老保险、基本医疗保险、工伤保险、失业保险和生育保险费用和劳动者在发生劳动风险的情况下获得社会保险待遇而发生的争议。

4. 劳动报酬争议

《劳动法》第五十条规定，用人单位应当以货币形式按月支付给劳动者劳动报酬，不得克扣或无故拖欠。劳动者因劳动报酬被克扣或拖欠与用人单位发生的争议、劳动者与用人单位因工资标准发生的争议、因奖金、津贴、加班工资等引发的争议属于劳动报酬争议。

5. 福利待遇争议

福利待遇争议是指用人单位和有关社会服务机构为满足劳动者生活的共同需要和特殊需要，在工资和社会保险之外向职工及其亲属提供一定货币、实物、服务等形式的物质帮助而发生的争议。包含劳动者、用人单位因是否安排休息休假、补假，如公休日、探亲假等引发的争议。

6. 劳动保护争议

劳动保护是指用人单位在是否违反劳动法、社会保障法等国家、地方规定的女工保护、未成年工保护、工时、休假保护等方面在公法上的基准要求侵害劳动者而发生的争议。

（三）三级案由

1. 劳动合同争议

在该案由规定下，根据当前劳动合同争议较常发生的情形，细化为以下八个三级案由：

（1）订立劳动合同争议：是指劳动者和用人单位就彼此之间建立劳动关系进行自愿、平等协商过程中等引发的争议，如用人单位在用工之日起超过1个月不满1年未与劳动者订立书面劳动合同、应订立无固定期限劳动合同而未签订无固定期限劳动合同引发的是否应当支付两倍工资发生的争议、续签劳动合同过程中因工作岗位等无法达成一致意见时发生的争议等。

（2）履行劳动合同争议：是指劳动者和用人单位按照劳动合同约定，履行各自义务，实现各自权利的过程中引发的争议，主要是劳动报酬、社会保险待遇及福利、经济补偿金、违约金、赔偿金以及变更、解除、终止劳动合同以外条款发生的争议。

（3）更劳动合同争议：是指在劳动合同尚未履行或者尚未履行完毕之前，因劳动者、用人单位一方或双方需要对合同条款进行变更但无法达成协议而引发的争议。

（4）解除劳动合同争议：是指合同尚未履行完毕或者未全部履行以前，由于合同一方或双方提前消灭劳动合同关系而引发的争议。

（5）终止劳动合同争议：是指劳动合同由于一定的法律事实的出现而终，劳动关系随之消灭过程中引发的争议。

（6）经济补偿、赔偿金争议：是指解除劳动合同后因给付经济补偿金、赔偿金发生的争议。

（7）违约金争议：是指当事人因违反劳动合同约定提前解除劳动合同而引发的是否应当支付违约金发生的争议、因履行服务期协议或竞业限制协议而引发的违约金争议。

（8）职业培训争议：是指劳动者与用人单位因职业培训及培训费而引发的争议。

2. 社会保险争议

在该案由规定下，细化为五个三级案由：

（1）养老保险争议。

（2）医疗保险争议。

（3）工伤保险争议。

（4）失业保险争议。

（5）生育保险争议。

3. 劳动报酬争议

（1）追索劳动报酬争议：是指用人单位无故克扣或拖欠劳动者正常工作时间的工资报酬而引发的争议。

（2）加班工资争议：是指用人单位无故克扣或拖欠劳动者延长工作时间、休息休假工作的工资报酬而引发的争议。

（3）工资标准争议：是指劳动者与用人单位因工资标准引发的争议。

（4）奖金、津贴、补贴争议：是指劳动者与用人单位因奖金、津贴、补贴而引发的争议。

二、涉及多项争议案件案由的确定

根据案由规定中对劳动争议案件争议焦点的分类，劳动者申请仲裁时，如果争议焦点明确，如解除劳动合同关系后就经济补偿金的支付发生的争议，很明显应该立为"经济补偿金争议"；仅就追索劳动报酬发生的争议，立案案由为"追索劳动报酬争议"。但现在大部分劳动者与用人单位发生争议，向劳动争议仲裁委员会申请仲裁时，往往都不是单一的请求，一起看似简单的劳动争议案件中，劳动者往往要求用人单位支付经济补偿金、被拖欠的劳动报酬、加班工资以及参加社会保险等，对于这类案件，仅将案由列为"经济补偿金争议"或者"追索劳动报酬争议"，肯定是有欠妥当的。

在劳动争议类案件的受理过程中，应该根据争议的内容，第一，从三级案由中选择案由；第二，三级案由中没有规定的，在二级案由中进行选择，如劳动者既追索劳动报酬，又要求支付加班工资的，案由应列为"劳动报酬争议"；第三，对于二级案由中没有规定的，可以选择适用第一级案由，如劳动者追索劳动报酬，要求用人单位为其办理社会保险、支付经济补偿的，可将案由定为"劳动争议"。综上所述，确定案由时秉承的原则是"能细化就细化，不能细化层层概括"。

（资料来源：根据劳动争议仲裁机构《劳动争议案由规定》整理，法院系统采用的《民事案件案由规定》对劳动争议案由规定略有差异。）

◎ **综合案例分析**
如何认定网络主播与文化传播公司之间是否存在劳动关系？

李某于 2018 年 11 月 29 日与某文化传播公司订立为期 2 年的《艺人独家合作协议》，约定：李某聘请某文化传播公司为其经纪人，某文化传播公司为李某提供网络主播培训及推广宣传，将其培养成为知名的网络主播；在合同期内，某文化传播公司为李某提供整套直播设备和直播室，负责安排李某的全部直播工作及直播之外的商业或非商业公众活动，全权代理李某涉及直播、出版、演出、广告、录音、录像等与演艺有关的商业或非商业公众活动，可在征得李某同意后作为其委托代理人签署有关合同；李某有权参与某文化传播公司安排的商业活动的策划过程、了解直播收支情况，并对个人形象定位等事项提出建议，但一经双方协商一致，李某必须严格遵守相关约定；李某直播内容和时间均由其自行确定，其每月获得各直播平台后台礼物累计价值 5000 元，可得基本收入 2600 元，超过

5000 元部分由公司和李某进行四六分成，超过 9000 元部分进行三七分成，超过 12000 元部分进行二八分成。从事直播活动后，李某按照某文化传播公司要求入驻 2 家直播平台，双方均严格履行协议约定的权利义务。李某每天直播时长、每月直播天数均不固定，月收入均未超过 3500 元。2019 年 3 月 31 日，李某因直播收入较低，单方解除《艺人独家合作协议》，并以公司未缴纳社会保险费为由要求某文化传播公司向其支付解除劳动合同经济补偿。某文化传播公司以双方之间不存在劳动关系为由拒绝支付。

李某向仲裁委员会申请仲裁，仲裁委员会裁决双方之间不存在劳动关系。李某不服仲裁裁决，诉至人民法院，请求确认与某文化传播公司之间于 2018 年 11 月 29 日至 2019 年 3 月 31 日期间存在劳动关系，某文化传播公司支付解除劳动合同经济补偿。一审法院判决：李某与某文化传播公司之间不存在劳动关系。李某不服一审判决，提起上诉。二审法院判决：驳回上诉，维持原判。

本案例的争议焦点是，某文化传播公司对李某的管理是否属于劳动管理？

在传统演艺领域，企业以经纪人身份与艺人订立的合同通常兼具委托合同、中介合同、行纪合同等性质，并因合同约定产生企业对艺人的"管理"行为，但此类管理与劳动管理存在明显差异：从"管理"的主要目的看，企业除安排艺人从事演艺活动为其创造经济收益之外，还要对艺人进行培训、包装、宣传、推广等，使之获得相对独立的公众知名度和市场价值；而在劳动关系中，企业通过劳动管理组织劳动者进行生产经营活动，并不以提升劳动者独立的公众知名度和市场价值为目的。从"管理"事项的确定看，企业对艺人的管理内容和程度通常由双方自主协商约定，艺人还可以就自身形象设计、发展规划和收益分红等事项与企业进行协商；而在订立劳动合同时，单个劳动者与企业之间进行个性化协商的空间一般比较有限，劳动纪律、报酬标准、奖惩办法等规章制度通常由企业统一制定并普遍适用于企业内部的劳动者。此外，从劳动成果分配方式看，企业作为经纪人，一般以约定的分成方式获取艺人创造的经济收益；而在劳动关系中，企业直接占有劳动者的劳动成果，按照统一标准向劳动者支付报酬及福利，不以约定分成作为主要分配方式。综上，企业作为经纪人与艺人之间的法律关系体现出平等协商的特点，而存在劳动关系的用人单位与劳动者之间则体现出较强的从属性特征，可据此对两种法律关系予以区分。

本案例中，通过《艺人独家合作协议》内容及履行情况可以看出，某文化传播公司作为李某的经纪人，虽然也安排李某从事为其创造直接经济收益的直播活动,但其主要目的是通过培训、包装、宣传、推广等手段使李某成为知名的网络主播;李某的直播时间及内容由其自主决定,其他相关活动要求等由双方协商确定,李某对其个人包装、活动参与等事项有协商权,对其创造的经济收益有知情权;双方以李某创造的经济收益为衡量标准,约定了"阶梯式"的收益分成方式。因此,双方之间的法律关系体现出平等协商的特点,并未体现出《关于确立劳动关系有关事项的通知》(劳社部发〔2005〕12号)规定的劳动管理及从属性特征,应当认定为民事关系。李某提出确认劳动关系并支付解除劳动合同经济补偿的诉求,与事实不符,不予支持。

近年来,随着网红经济的迅速发展,大量网络主播经纪公司也应运而生。与传统演艺业相比,网络主播行业具有更强的灵活性、互动性、可及性和价值多元性,经纪公司"造星"周期和"投资—回报"周期也相应缩短。一些经纪公司沿袭传统方式与主播建立民事合作关系,以培养知名主播、组织主播参加各类商业或非商业公众活动为主业,通过平等协商确定双方权利义务,以约定的分成方式进行收益分配;但与此同时,一些企业招用网络主播的主要目的是开展"直播带货"业务,以网络直播手段推销各类产品,主播对个人包装、直播内容、演艺方式、收益分配等没有协商权,双方之间体现出较强的从属性特征,更加符合确立劳动关系的情形。因此,在仲裁和司法实践中,应当加强对法律关系的个案分析,重点审查企业与网络主播之间的权利义务内容及确定方式,综合认定双方之间的法律关系性质。

(资料来源:人力资源和社会保障部与最高人民法院2023年5月27日联合发布的第三批劳动人事争议典型案例。)

附录　常用法律法规

中华人民共和国劳动争议调解仲裁法

（2007 年 12 月 29 日第十届全国人民代表大会常务委员会第三十一次会议通过）

第一章　总则

第一条　为了公正及时解决劳动争议，保护当事人合法权益，促进劳动关系和谐稳定，制定本法。

第二条　中华人民共和国境内的用人单位与劳动者发生的下列劳动争议，适用本法：

（一）因确认劳动关系发生的争议；

（二）因订立、履行、变更、解除和终止劳动合同发生的争议；

（三）因除名、辞退和辞职、离职发生的争议；

（四）因工作时间、休息休假、社会保险、福利、培训以及劳动保护发生的争议；

（五）因劳动报酬、工伤医疗费、经济补偿或者赔偿金等发生的争议；

（六）法律、法规规定的其他劳动争议。

第三条　解决劳动争议，应当根据事实，遵循合法、公正、及时、着重调解的原则，依法保护当事人的合法权益。

第四条 发生劳动争议，劳动者可以与用人单位协商，也可以请工会或者第三方共同与用人单位协商，达成和解协议。

第五条 发生劳动争议，当事人不愿协商、协商不成或者达成和解协议后不履行的，可以向调解组织申请调解；不愿调解、调解不成或者达成调解协议后不履行的，可以向劳动争议仲裁委员会申请仲裁；对仲裁裁决不服的，除本法另有规定的外，可以向人民法院提起诉讼。

第六条 发生劳动争议，当事人对自己提出的主张，有责任提供证据。与争议事项有关的证据属于用人单位掌握管理的，用人单位应当提供；用人单位不提供的，应当承担不利后果。

第七条 发生劳动争议的劳动者一方在十人以上，并有共同请求的，可以推举代表参加调解、仲裁或者诉讼活动。

第八条 县级以上人民政府劳动行政部门会同工会和企业方面代表建立协调劳动关系三方机制，共同研究解决劳动争议的重大问题。

第九条 用人单位违反国家规定，拖欠或者未足额支付劳动报酬，或者拖欠工伤医疗费、经济补偿或者赔偿金的，劳动者可以向劳动行政部门投诉，劳动行政部门应当依法处理。

第二章 调解

第十条 发生劳动争议，当事人可以到下列调解组织申请调解：

（一）企业劳动争议调解委员会；

（二）依法设立的基层人民调解组织；

（三）在乡镇、街道设立的具有劳动争议调解职能的组织。

企业劳动争议调解委员会由职工代表和企业代表组成。职工代表由工会成员担任或者由全体职工推举产生，企业代表由企业负责人指定。企业劳动争议调解委员会主任由工会成员或者双方推举的人员担任。

第十一条 劳动争议调解组织的调解员应当由公道正派、联系群众、热心调解工作，并具有一定法律知识、政策水平和文化水平的成年公民担任。

第十二条 当事人申请劳动争议调解可以书面申请，也可以口头申请。口头申请的，调解组织应当当场记录申请人基本情况、申请调解的争议事项、理由和时间。

第十三条　调解劳动争议，应当充分听取双方当事人对事实和理由的陈述，耐心疏导，帮助其达成协议。

第十四条　经调解达成协议的，应当制作调解协议书。

调解协议书由双方当事人签名或者盖章，经调解员签名并加盖调解组织印章后生效，对双方当事人具有约束力，当事人应当履行。

自劳动争议调解组织收到调解申请之日起十五日内未达成调解协议的，当事人可以依法申请仲裁。

第十五条　达成调解协议后，一方当事人在协议约定期限内不履行调解协议的，另一方当事人可以依法申请仲裁。

第十六条　因支付拖欠劳动报酬、工伤医疗费、经济补偿或者赔偿金事项达成调解协议，用人单位在协议约定期限内不履行的，劳动者可以持调解协议书依法向人民法院申请支付令。人民法院应当依法发出支付令。

第三章　仲裁

第一节　一般规定

第十七条　劳动争议仲裁委员会按照统筹规划、合理布局和适应实际需要的原则设立。省、自治区人民政府可以决定在市、县设立；直辖市人民政府可以决定在区、县设立。直辖市、设区的市也可以设立一个或者若干个劳动争议仲裁委员会。劳动争议仲裁委员会不按行政区划层层设立。

第十八条　国务院劳动行政部门依照本法有关规定制定仲裁规则。省、自治区、直辖市人民政府劳动行政部门对本行政区域的劳动争议仲裁工作进行指导。

第十九条　劳动争议仲裁委员会由劳动行政部门代表、工会代表和企业方面代表组成。劳动争议仲裁委员会组成人员应当是单数。

劳动争议仲裁委员会依法履行下列职责：

（一）聘任、解聘专职或者兼职仲裁员；

（二）受理劳动争议案件；

（三）讨论重大或者疑难的劳动争议案件；

（四）对仲裁活动进行监督。

劳动争议仲裁委员会下设办事机构，负责办理劳动争议仲裁委员会的日常工作。

第二十条　劳动争议仲裁委员会应当设仲裁员名册。

仲裁员应当公道正派并符合下列条件之一：

（一）曾任审判员的；

（二）从事法律研究、教学工作并具有中级以上职称的；

（三）具有法律知识、从事人力资源管理或者工会等专业工作满五年的；

（四）律师执业满三年的。

第二十一条　劳动争议仲裁委员会负责管辖本区域内发生的劳动争议。

劳动争议由劳动合同履行地或者用人单位所在地的劳动争议仲裁委员会管辖。双方当事人分别向劳动合同履行地和用人单位所在地的劳动争议仲裁委员会申请仲裁的，由劳动合同履行地的劳动争议仲裁委员会管辖。

第二十二条　发生劳动争议的劳动者和用人单位为劳动争议仲裁案件的双方当事人。

劳务派遣单位或者用工单位与劳动者发生劳动争议的，劳务派遣单位和用工单位为共同当事人。

第二十三条　与劳动争议案件的处理结果有利害关系的第三人，可以申请参加仲裁活动或者由劳动争议仲裁委员会通知其参加仲裁活动。

第二十四条　当事人可以委托代理人参加仲裁活动。委托他人参加仲裁活动，应当向劳动争议仲裁委员会提交有委托人签名或者盖章的委托书，委托书应当载明委托事项和权限。

第二十五条　丧失或者部分丧失民事行为能力的劳动者，由其法定代理人代为参加仲裁活动；无法定代理人的，由劳动争议仲裁委员会为其指定代理人。劳动者死亡的，由其近亲属或者代理人参加仲裁活动。

第二十六条　劳动争议仲裁公开进行，但当事人协议不公开进行或者涉及国家秘密、商业秘密和个人隐私的除外。

第二节　申请和受理

第二十七条　劳动争议申请仲裁的时效期间为一年。仲裁时效期间从当事人知道或者应当知道其权利被侵害之日起计算。

前款规定的仲裁时效，因当事人一方向对方当事人主张权利，或者向有关部门请求权利救济，或者对方当事人同意履行义务而中断。从中断时起，仲裁时效期间重新计算。

因不可抗力或者有其他正当理由，当事人不能在本条第一款规定的仲裁时效期间申请仲裁的，仲裁时效中止。从中止时效的原因消除之日起，仲裁时效期间继续计算。

劳动关系存续期间因拖欠劳动报酬发生争议的，劳动者申请仲裁不受本条第一款规定的仲裁时效期间的限制；但是，劳动关系终止的，应当自劳动关系终止之日起一年内提出。

第二十八条 申请人申请仲裁应当提交书面仲裁申请，并按照被申请人人数提交副本。

仲裁申请书应当载明下列事项：

（一）劳动者的姓名、性别、年龄、职业、工作单位和住所，用人单位的名称、住所和法定代表人或者主要负责人的姓名、职务；

（二）仲裁请求和所根据的事实、理由；

（三）证据和证据来源、证人姓名和住所。

书写仲裁申请确有困难的，可以口头申请，由劳动争议仲裁委员会记入笔录，并告知对方当事人。

第二十九条 劳动争议仲裁委员会收到仲裁申请之日起五日内，认为符合受理条件的，应当受理，并通知申请人；认为不符合受理条件的，应当书面通知申请人不予受理，并说明理由。对劳动争议仲裁委员会不予受理或者逾期未作出决定的，申请人可以就该劳动争议事项向人民法院提起诉讼。

第三十条 劳动争议仲裁委员会受理仲裁申请后，应当在五日内将仲裁申请书副本送达被申请人。

被申请人收到仲裁申请书副本后，应当在十日内向劳动争议仲裁委员会提交答辩书。劳动争议仲裁委员会收到答辩书后，应当在五日内将答辩书副本送达申请人。被申请人未提交答辩书的，不影响仲裁程序的进行。

第三节 开庭和裁决

第三十一条 劳动争议仲裁委员会裁决劳动争议案件实行仲裁庭制。仲裁庭由三名仲裁员组成，设首席仲裁员。简单劳动争议案件可以由一名仲裁员独任仲裁。

第三十二条 劳动争议仲裁委员会应当在受理仲裁申请之日起五日内将仲裁

庭的组成情况书面通知当事人。

第三十三条　仲裁员有下列情形之一，应当回避，当事人也有权以口头或者书面方式提出回避申请：

（一）是本案当事人或者当事人、代理人的近亲属的；

（二）与本案有利害关系的；

（三）与本案当事人、代理人有其他关系，可能影响公正裁决的；

（四）私自会见当事人、代理人，或者接受当事人、代理人的请客送礼的。

劳动争议仲裁委员会对回避申请应当及时作出决定，并以口头或者书面方式通知当事人。

第三十四条　仲裁员有本法第三十三条第四项规定情形，或者有索贿受贿、徇私舞弊、枉法裁决行为的，应当依法承担法律责任。劳动争议仲裁委员会应当将其解聘。

第三十五条　仲裁庭应当在开庭五日前，将开庭日期、地点书面通知双方当事人。当事人有正当理由的，可以在开庭三日前请求延期开庭。是否延期，由劳动争议仲裁委员会决定。

第三十六条　申请人收到书面通知，无正当理由拒不到庭或者未经仲裁庭同意中途退庭的，可以视为撤回仲裁申请。

被申请人收到书面通知，无正当理由拒不到庭或者未经仲裁庭同意中途退庭的，可以缺席裁决。

第三十七条　仲裁庭对专门性问题认为需要鉴定的，可以交由当事人约定的鉴定机构鉴定；当事人没有约定或者无法达成约定的，由仲裁庭指定的鉴定机构鉴定。

根据当事人的请求或者仲裁庭的要求，鉴定机构应当派鉴定人参加开庭。当事人经仲裁庭许可，可以向鉴定人提问。

第三十八条　当事人在仲裁过程中有权进行质证和辩论。质证和辩论终结时，首席仲裁员或者独任仲裁员应当征询当事人的最后意见。

第三十九条　当事人提供的证据经查证属实的，仲裁庭应当将其作为认定事实的根据。

劳动者无法提供由用人单位掌握管理的与仲裁请求有关的证据，仲裁庭可以要求用人单位在指定期限内提供。用人单位在指定期限内不提供的，应当承担不利后果。

第四十条 仲裁庭应当将开庭情况记入笔录。当事人和其他仲裁参加人认为对自己陈述的记录有遗漏或者差错的，有权申请补正。如果不予补正，应当记录该申请。

笔录由仲裁员、记录人员、当事人和其他仲裁参加人签名或者盖章。

第四十一条 当事人申请劳动争议仲裁后，可以自行和解。达成和解协议的，可以撤回仲裁申请。

第四十二条 仲裁庭在作出裁决前，应当先行调解。

调解达成协议的，仲裁庭应当制作调解书。

调解书应当写明仲裁请求和当事人协议的结果。调解书由仲裁员签名，加盖劳动争议仲裁委员会印章，送达双方当事人。调解书经双方当事人签收后，发生法律效力。

调解不成或者调解书送达前，一方当事人反悔的，仲裁庭应当及时作出裁决。

第四十三条 仲裁庭裁决劳动争议案件，应当自劳动争议仲裁委员会受理仲裁申请之日起四十五日内结束。案情复杂需要延期的，经劳动争议仲裁委员会主任批准，可以延期并书面通知当事人，但是延长期限不得超过十五日。逾期未作出仲裁裁决的，当事人可以就该劳动争议事项向人民法院提起诉讼。

仲裁庭裁决劳动争议案件时，其中一部分事实已经清楚，可以就该部分先行裁决。

第四十四条 仲裁庭对追索劳动报酬、工伤医疗费、经济补偿或者赔偿金的案件，根据当事人的申请，可以裁决先予执行，移送人民法院执行。

仲裁庭裁决先予执行的，应当符合下列条件：

（一）当事人之间权利义务关系明确；

（二）不先予执行将严重影响申请人的生活。

劳动者申请先予执行的，可以不提供担保。

第四十五条 裁决应当按照多数仲裁员的意见作出，少数仲裁员的不同意见应当记入笔录。仲裁庭不能形成多数意见时，裁决应当按照首席仲裁员的意见作出。

第四十六条 裁决书应当载明仲裁请求、争议事实、裁决理由、裁决结果和裁决日期。裁决书由仲裁员签名，加盖劳动争议仲裁委员会印章。对裁决持不同意见的仲裁员，可以签名，也可以不签名。

第四十七条　下列劳动争议，除本法另有规定的外，仲裁裁决为终局裁决，裁决书自作出之日起发生法律效力：

（一）追索劳动报酬、工伤医疗费、经济补偿或者赔偿金，不超过当地月最低工资标准十二个月金额的争议；

（二）因执行国家的劳动标准在工作时间、休息休假、社会保险等方面发生的争议。

第四十八条　劳动者对本法第四十七条规定的仲裁裁决不服的，可以自收到仲裁裁决书之日起十五日内向人民法院提起诉讼。

第四十九条　用人单位有证据证明本法第四十七条规定的仲裁裁决有下列情形之一，可以自收到仲裁裁决书之日起三十日内向劳动争议仲裁委员会所在地的中级人民法院申请撤销裁决：

（一）适用法律、法规确有错误的；

（二）劳动争议仲裁委员会无管辖权的；

（三）违反法定程序的；

（四）裁决所根据的证据是伪造的；

（五）对方当事人隐瞒了足以影响公正裁决的证据的；

（六）仲裁员在仲裁该案时有索贿受贿、徇私舞弊、枉法裁决行为的。

人民法院经组成合议庭审查核实裁决有前款规定情形之一的，应当裁定撤销。

仲裁裁决被人民法院裁定撤销的，当事人可以自收到裁定书之日起十五日内就该劳动争议事项向人民法院提起诉讼。

第五十条　当事人对本法第四十七条规定以外的其他劳动争议案件的仲裁裁决不服的，可以自收到仲裁裁决书之日起十五日内向人民法院提起诉讼；期满不起诉的，裁决书发生法律效力。

第五十一条　当事人对发生法律效力的调解书、裁决书，应当依照规定的期限履行。一方当事人逾期不履行的，另一方当事人可以依照民事诉讼法的有关规定向人民法院申请执行。受理申请的人民法院应当依法执行。

第四章　附则

第五十二条　事业单位实行聘用制的工作人员与本单位发生劳动争议的，依照本法执行；法律、行政法规或者国务院另有规定的，依照其规定。

第五十三条 劳动争议仲裁不收费。劳动争议仲裁委员会的经费由财政予以保障。

第五十四条 本法自 2008 年 5 月 1 日起施行。

劳动人事争议仲裁办案规则

中华人民共和国人力资源和社会保障部令第 33 号

《劳动人事争议仲裁办案规则》已经 2017 年 4 月 24 日人力资源社会保障部第 123 次部务会审议通过，现予公布，自 2017 年 7 月 1 日起施行。

部长 尹蔚民

2017 年 5 月 8 日

第一章 总则

第一条 为公正及时处理劳动人事争议（以下简称争议），规范仲裁办案程序，根据《中华人民共和国劳动争议调解仲裁法》（以下简称调解仲裁法）以及《中华人民共和国公务员法》（以下简称公务员法）、《事业单位人事管理条例》、《中国人民解放军文职人员条例》和有关法律、法规、国务院有关规定，制定本规则。

第二条 本规则适用下列争议的仲裁：

（一）企业、个体经济组织、民办非企业单位等组织与劳动者之间，以及机关、事业单位、社会团体与其建立劳动关系的劳动者之间，因确认劳动关系，订立、履行、变更、解除和终止劳动合同，工作时间、休息休假、社会保险、福利、培训以及劳动保护，劳动报酬、工伤医疗费、经济补偿或者赔偿金等发生的争议；

（二）实施公务员法的机关与聘任制公务员之间、参照公务员法管理的机关（单位）与聘任工作人员之间因履行聘任合同发生的争议；

（三）事业单位与其建立人事关系的工作人员之间因终止人事关系以及履行

聘用合同发生的争议；

（四）社会团体与其建立人事关系的工作人员之间因终止人事关系以及履行聘用合同发生的争议；

（五）军队文职人员用人单位与聘用制文职人员之间因履行聘用合同发生的争议；

（六）法律、法规规定由劳动人事争议仲裁委员会（以下简称仲裁委员会）处理的其他争议。

第三条　仲裁委员会处理争议案件，应当遵循合法、公正的原则，先行调解，及时裁决。

第四条　仲裁委员会下设实体化的办事机构，称为劳动人事争议仲裁院（以下简称仲裁院）。

第五条　劳动者一方在十人以上并有共同请求的争议，或者因履行集体合同发生的劳动争议，仲裁委员会应当优先立案，优先审理。

第二章　一般规定

第六条　发生争议的用人单位未办理营业执照、被吊销营业执照、营业执照到期继续经营、被责令关闭、被撤销以及用人单位解散、歇业，不能承担相关责任的，应当将用人单位和其出资人、开办单位或者主管部门作为共同当事人。

第七条　劳动者与个人承包经营者发生争议，依法向仲裁委员会申请仲裁的，应当将发包的组织和个人承包经营者作为共同当事人。

第八条　劳动合同履行地为劳动者实际工作场所地，用人单位所在地为用人单位注册、登记地或者主要办事机构所在地。用人单位未经注册、登记的，其出资人、开办单位或者主管部门所在地为用人单位所在地。

双方当事人分别向劳动合同履行地和用人单位所在地的仲裁委员会申请仲裁的，由劳动合同履行地的仲裁委员会管辖。有多个劳动合同履行地的，由最先受理的仲裁委员会管辖。劳动合同履行地不明确的，由用人单位所在地的仲裁委员会管辖。

案件受理后，劳动合同履行地或者用人单位所在地发生变化的，不改变争议仲裁的管辖。

第九条　仲裁委员会发现已受理案件不属于其管辖范围的，应当移送至有管辖权的仲裁委员会，并书面通知当事人。

对上述移送案件，受移送的仲裁委员会应当依法受理。受移送的仲裁委员会认为移送的案件按照规定不属于其管辖，或者仲裁委员会之间因管辖争议协商不成的，应当报请共同的上一级仲裁委员会主管部门指定管辖。

第十条　当事人提出管辖异议的，应当在答辩期满前书面提出。仲裁委员会应当审查当事人提出的管辖异议，异议成立的，将案件移送至有管辖权的仲裁委员会并书面通知当事人；异议不成立的，应当书面决定驳回。

当事人逾期提出的，不影响仲裁程序的进行。

第十一条　当事人申请回避，应当在案件开庭审理前提出，并说明理由。回避事由在案件开庭审理后知晓的，也可以在庭审辩论终结前提出。

当事人在庭审辩论终结后提出回避申请的，不影响仲裁程序的进行。

仲裁委员会应当在回避申请提出的三日内，以口头或者书面形式作出决定。以口头形式作出的，应当记入笔录。

第十二条　仲裁员、记录人员是否回避，由仲裁委员会主任或者其委托的仲裁院负责人决定。仲裁委员会主任担任案件仲裁员是否回避，由仲裁委员会决定。

在回避决定作出前，被申请回避的人员应当暂停参与该案处理，但因案件需要采取紧急措施的除外。

第十三条　当事人对自己提出的主张有责任提供证据。与争议事项有关的证据属于用人单位掌握管理的，用人单位应当提供；用人单位不提供的，应当承担不利后果。

第十四条　法律没有具体规定、按照本规则第十三条规定无法确定举证责任承担的，仲裁庭可以根据公平原则和诚实信用原则，综合当事人举证能力等因素确定举证责任的承担。

第十五条　承担举证责任的当事人应当在仲裁委员会指定的期限内提供有关证据。当事人在该期限内提供证据确有困难的，可以向仲裁委员会申请延长期限，仲裁委员会根据当事人的申请适当延长。当事人逾期提供证据的，仲裁委员会应当责令其说明理由；拒不说明理由或者理由不成立的，仲裁委员会可以根据不同情形不予采纳该证据，或者采纳该证据但予以训诫。

第十六条　当事人因客观原因不能自行收集的证据，仲裁委员会可以根据当事人的申请，参照民事诉讼有关规定予以收集；仲裁委员会认为有必要的，也可以决定参照民事诉讼有关规定予以收集。

第十七条　仲裁委员会依法调查取证时，有关单位和个人应当协助配合。

仲裁委员会调查取证时，不得少于两人，并应当向被调查对象出示工作证件和仲裁委员会出具的介绍信。

第十八条　争议处理中涉及证据形式、证据提交、证据交换、证据质证、证据认定等事项，本规则未规定的，可以参照民事诉讼证据规则的有关规定执行。

第十九条　仲裁期间包括法定期间和仲裁委员会指定期间。

仲裁期间的计算，本规则未规定的，仲裁委员会可以参照民事诉讼关于期间计算的有关规定执行。

第二十条　仲裁委员会送达仲裁文书必须有送达回证，由受送达人在送达回证上记明收到日期，并签名或者盖章。受送达人在送达回证上的签收日期为送达日期。

因企业停业等原因导致无法送达且劳动者一方在十人以上的，或者受送达人拒绝签收仲裁文书的，通过在受送达人住所留置、张贴仲裁文书，并采用拍照、录像等方式记录的，自留置、张贴之日起经过三日即视为送达，不受本条第一款的限制。

仲裁文书的送达方式，本规则未规定的，仲裁委员会可以参照民事诉讼关于送达方式的有关规定执行。

第二十一条　案件处理终结后，仲裁委员会应当将处理过程中形成的全部材料立卷归档。

第二十二条　仲裁案卷分正卷和副卷装订。

正卷包括：仲裁申请书、受理（不予受理）通知书、答辩书、当事人及其他仲裁参加人的身份证明材料、授权委托书、调查证据、勘验笔录、当事人提供的证据材料、委托鉴定材料、开庭通知、庭审笔录、延期通知书、撤回仲裁申请书、调解书、裁决书、决定书、案件移送函、送达回证等。

副卷包括：立案审批表、延期审理审批表、中止审理审批表、调查提纲、阅卷笔录、会议笔录、评议记录、结案审批表等。

第二十三条　仲裁委员会应当建立案卷查阅制度。对案卷正卷材料，应当允许当事人及其代理人依法查阅、复制。

第二十四条　仲裁裁决结案的案卷，保存期不少于十年；仲裁调解和其他方式结案的案卷，保存期不少于五年；国家另有规定的，从其规定。

保存期满后的案卷，应当按照国家有关档案管理的规定处理。

第二十五条　在仲裁活动中涉及国家秘密或者军事秘密的，按照国家或者军队有关保密规定执行。

当事人协议不公开或者涉及商业秘密和个人隐私的，经相关当事人书面申请，仲裁委员会应当不公开审理。

第三章　仲裁程序

第一节　申请和受理

第二十六条　本规则第二条第（一）、（三）、（四）、（五）项规定的争议，申请仲裁的时效期间为一年。仲裁时效期间从当事人知道或者应当知道其权利被侵害之日起计算。

本规则第二条第（二）项规定的争议，申请仲裁的时效期间适用公务员法有关规定。

劳动人事关系存续期间因拖欠劳动报酬发生争议的，劳动者申请仲裁不受本条第一款规定的仲裁时效期间的限制；但是，劳动人事关系终止的，应当自劳动人事关系终止之日起一年内提出。

第二十七条　在申请仲裁的时效期间内，有下列情形之一的，仲裁时效中断：

（一）一方当事人通过协商、申请调解等方式向对方当事人主张权利的；

（二）一方当事人通过向有关部门投诉，向仲裁委员会申请仲裁，向人民法院起诉或者申请支付令等方式请求权利救济的；

（三）对方当事人同意履行义务的。

从中断时起，仲裁时效期间重新计算。

第二十八条　因不可抗力，或者有无民事行为能力或者限制民事行为能力劳动者的法定代理人未确定等其他正当理由，当事人不能在规定的仲裁时效期间申请仲裁的，仲裁时效中止。从中止时效的原因消除之日起，仲裁时效期间继续计算。

第二十九条　申请人申请仲裁应当提交书面仲裁申请，并按照被申请人人数提交副本。

仲裁申请书应当载明下列事项：

（一）劳动者的姓名、性别、出生日期、身份证件号码、住所、通讯地址和联系电话，用人单位的名称、住所、通讯地址、联系电话和法定代表人或者主要负责人的姓名、职务；

（二）仲裁请求和所根据的事实、理由；

（三）证据和证据来源，证人姓名和住所。

书写仲裁申请确有困难的，可以口头申请，由仲裁委员会记入笔录，经申请人签名、盖章或者捺印确认。

对于仲裁申请书不规范或者材料不齐备的，仲裁委员会应当当场或者在五日内一次性告知申请人需要补正的全部材料。

仲裁委员会收取当事人提交的材料应当出具收件回执。

第三十条　仲裁委员会对符合下列条件的仲裁申请应当予以受理，并在收到仲裁申请之日起五日内向申请人出具受理通知书：

（一）属于本规则第二条规定的争议范围；

（二）有明确的仲裁请求和事实理由；

（三）申请人是与本案有直接利害关系的自然人、法人或者其他组织，有明确的被申请人；

（四）属于本仲裁委员会管辖范围。

第三十一条　对不符合本规则第三十条第（一）、（二）、（三）项规定之一的仲裁申请，仲裁委员会不予受理，并在收到仲裁申请之日起五日内向申请人出具不予受理通知书；对不符合本规则第三十条第（四）项规定的仲裁申请，仲裁委员会应当在收到仲裁申请之日起五日内，向申请人作出书面说明并告知申请人向有管辖权的仲裁委员会申请仲裁。

对仲裁委员会逾期未作出决定或者决定不予受理的，申请人可以就该争议事项向人民法院提起诉讼。

第三十二条　仲裁委员会受理案件后，发现不应当受理的，除本规则第九条规定外，应当撤销案件，并自决定撤销案件后五日内，以决定书的形式通知当事人。

第三十三条　仲裁委员会受理仲裁申请后，应当在五日内将仲裁申请书副本送达被申请人。

被申请人收到仲裁申请书副本后，应当在十日内向仲裁委员会提交答辩书。仲裁委员会收到答辩书后，应当在五日内将答辩书副本送达申请人。被申请人逾期未提交答辩书的，不影响仲裁程序的进行。

第三十四条　符合下列情形之一，申请人基于同一事实、理由和仲裁请求又申请仲裁的，仲裁委员会不予受理：

（一）仲裁委员会已经依法出具不予受理通知书的；

（二）案件已在仲裁、诉讼过程中或者调解书、裁决书、判决书已经发生法律效力的。

第三十五条　仲裁处理结果作出前，申请人可以自行撤回仲裁申请。申请人再次申请仲裁的，仲裁委员会应当受理。

第三十六条　被申请人可以在答辩期间提出反申请，仲裁委员会应当自收到被申请人反申请之日起五日内决定是否受理并通知被申请人。

决定受理的，仲裁委员会可以将反申请和申请合并处理。

反申请应当另行申请仲裁的，仲裁委员会应当书面告知被申请人另行申请仲裁；反申请不属于本规则规定应当受理的，仲裁委员会应当向被申请人出具不予受理通知书。

被申请人答辩期满后对申请人提出反申请的，应当另行申请仲裁。

第二节　开庭和裁决

第三十七条　仲裁委员会应当在受理仲裁申请之日起五日内组成仲裁庭并将仲裁庭的组成情况书面通知当事人。

第三十八条　仲裁庭应当在开庭五日前，将开庭日期、地点书面通知双方当事人。当事人有正当理由的，可以在开庭三日前请求延期开庭。是否延期，由仲裁委员会根据实际情况决定。

第三十九条　申请人收到书面开庭通知，无正当理由拒不到庭或者未经仲裁庭同意中途退庭的，可以按撤回仲裁申请处理；申请人重新申请仲裁的，仲裁委员会不予受理。被申请人收到书面开庭通知，无正当理由拒不到庭或者未经仲裁庭同意中途退庭的，仲裁庭可以继续开庭审理，并缺席裁决。

第四十条　当事人申请鉴定的，鉴定费由申请鉴定方先行垫付，案件处理终结后，由鉴定结果对其不利方负担。鉴定结果不明确的，由申请鉴定方负担。

第四十一条　开庭审理前，记录人员应当查明当事人和其他仲裁参与人是否到庭，宣布仲裁庭纪律。

开庭审理时，由仲裁员宣布开庭、案由和仲裁员、记录人员名单，核对当事人，告知当事人有关的权利义务，询问当事人是否提出回避申请。

开庭审理中，仲裁员应当听取申请人的陈述和被申请人的答辩，主持庭审调查、质证和辩论、征询当事人最后意见，并进行调解。

第四十二条　仲裁庭应当将开庭情况记入笔录。当事人或者其他仲裁参与人认为对自己陈述的记录有遗漏或者差错的，有权当庭申请补正。仲裁庭认为申请无理由或者无必要的，可以不予补正，但是应当记录该申请。

仲裁员、记录人员、当事人和其他仲裁参与人应当在庭审笔录上签名或者盖章。当事人或者其他仲裁参与人拒绝在庭审笔录上签名或者盖章的，仲裁庭应当记明情况附卷。

第四十三条　仲裁参与人和其他人应当遵守仲裁庭纪律，不得有下列行为：

（一）未经准许进行录音、录像、摄影；

（二）未经准许以移动通信等方式现场传播庭审活动；

（三）其他扰乱仲裁庭秩序、妨害审理活动进行的行为。

仲裁参与人或者其他人有前款规定的情形之一的，仲裁庭可以训诫、责令退出仲裁庭，也可以暂扣进行录音、录像、摄影、传播庭审活动的器材，并责令其删除有关内容。拒不删除的，可以采取必要手段强制删除，并将上述事实记入庭审笔录。

第四十四条　申请人在举证期限届满前可以提出增加或者变更仲裁请求；仲裁庭对申请人增加或者变更的仲裁请求审查后认为应当受理的，应当通知被申请人并给予答辩期，被申请人明确表示放弃答辩期的除外。

申请人在举证期限届满后提出增加或者变更仲裁请求的，应当另行申请仲裁。

第四十五条　仲裁庭裁决案件，应当自仲裁委员会受理仲裁申请之日起四十五日内结束。案情复杂需要延期的，经仲裁委员会主任或者其委托的仲裁院负责人书面批准，可以延期并书面通知当事人，但延长期限不得超过十五日。

第四十六条　有下列情形的，仲裁期限按照下列规定计算：

（一）仲裁庭追加当事人或者第三人的，仲裁期限从决定追加之日起重新计算；

（二）申请人需要补正材料的，仲裁委员会收到仲裁申请的时间从材料补正之日起重新计算；

（三）增加、变更仲裁请求的，仲裁期限从受理增加、变更仲裁请求之日起重新计算；

（四）仲裁申请和反申请合并处理的，仲裁期限从受理反申请之日起重新计算；

（五）案件移送管辖的，仲裁期限从接受移送之日起重新计算；

（六）中止审理期间、公告送达期间不计入仲裁期限内；

（七）法律、法规规定应当另行计算的其他情形。

第四十七条 有下列情形之一的，经仲裁委员会主任或者其委托的仲裁院负责人批准，可以中止案件审理，并书面通知当事人：

（一）劳动者一方当事人死亡，需要等待继承人表明是否参加仲裁的；

（二）劳动者一方当事人丧失民事行为能力，尚未确定法定代理人参加仲裁的；

（三）用人单位终止，尚未确定权利义务承继者的；

（四）一方当事人因不可抗拒的事由，不能参加仲裁的；

（五）案件审理需要以其他案件的审理结果为依据，且其他案件尚未审结的；

（六）案件处理需要等待工伤认定、伤残等级鉴定以及其他鉴定结论的；

（七）其他应当中止仲裁审理的情形。

中止审理的情形消除后，仲裁庭应当恢复审理。

第四十八条 当事人因仲裁庭逾期未作出仲裁裁决而向人民法院提起诉讼并立案受理的，仲裁委员会应当决定该案件终止审理；当事人未就该争议事项向人民法院提起诉讼的，仲裁委员会应当继续处理。

第四十九条 仲裁庭裁决案件时，其中一部分事实已经清楚的，可以就该部分先行裁决。当事人对先行裁决不服的，可以按照调解仲裁法有关规定处理。

第五十条 仲裁庭裁决案件时，申请人根据调解仲裁法第四十七条第（一）项规定，追索劳动报酬、工伤医疗费、经济补偿或者赔偿金，如果仲裁裁决涉及数项，对单项裁决数额不超过当地月最低工资标准十二个月金额的事项，应当适用终局裁决。

前款经济补偿包括《中华人民共和国劳动合同法》（以下简称劳动合同法）规定的竞业限制期限内给予的经济补偿、解除或者终止劳动合同的经济补偿等；赔偿金包括劳动合同法规定的未签订书面劳动合同第二倍工资、违法约定试用期的赔偿金、违法解除或者终止劳动合同的赔偿金等。

根据调解仲裁法第四十七条第（二）项的规定，因执行国家的劳动标准在工作时间、休息休假、社会保险等方面发生的争议，应当适用终局裁决。

仲裁庭裁决案件时，裁决内容同时涉及终局裁决和非终局裁决的，应当分别制作裁决书，并告知当事人相应的救济权利。

第五十一条　仲裁庭对追索劳动报酬、工伤医疗费、经济补偿或者赔偿金的案件，根据当事人的申请，可以裁决先予执行，移送人民法院执行。

仲裁庭裁决先予执行的，应当符合下列条件：

（一）当事人之间权利义务关系明确；

（二）不先予执行将严重影响申请人的生活。

劳动者申请先予执行的，可以不提供担保。

第五十二条　裁决应当按照多数仲裁员的意见作出，少数仲裁员的不同意见应当记入笔录。仲裁庭不能形成多数意见时，裁决应当按照首席仲裁员的意见作出。

第五十三条　裁决书应当载明仲裁请求、争议事实、裁决理由、裁决结果、当事人权利和裁决日期。裁决书由仲裁员签名，加盖仲裁委员会印章。对裁决持不同意见的仲裁员，可以签名，也可以不签名。

第五十四条　对裁决书中的文字、计算错误或者仲裁庭已经裁决但在裁决书中遗漏的事项，仲裁庭应当及时制作决定书予以补正并送达当事人。

第五十五条　当事人对裁决不服向人民法院提起诉讼的，按照调解仲裁法有关规定处理。

第三节　简易处理

第五十六条　争议案件符合下列情形之一的，可以简易处理：

（一）事实清楚、权利义务关系明确、争议不大的；

（二）标的额不超过本省、自治区、直辖市上年度职工年平均工资的；

（三）双方当事人同意简易处理的。

仲裁委员会决定简易处理的，可以指定一名仲裁员独任仲裁，并应当告知当事人。

第五十七条　争议案件有下列情形之一的，不得简易处理：

（一）涉及国家利益、社会公共利益的；

（二）有重大社会影响的；

（三）被申请人下落不明的；

（四）仲裁委员会认为不宜简易处理的。

第五十八条　简易处理的案件，经与被申请人协商同意，仲裁庭可以缩短或者取消答辩期。

第五十九条　简易处理的案件，仲裁庭可以用电话、短信、传真、电子邮件等简便方式送达仲裁文书，但送达调解书、裁决书除外。

以简便方式送达的开庭通知，未经当事人确认或者没有其他证据证明当事人已经收到的，仲裁庭不得按撤回仲裁申请处理或者缺席裁决。

第六十条　简易处理的案件，仲裁庭可以根据案件情况确定举证期限、开庭日期、审理程序、文书制作等事项，但应当保障当事人陈述意见的权利。

第六十一条　仲裁庭在审理过程中，发现案件不宜简易处理的，应当在仲裁期限届满前决定转为按照一般程序处理，并告知当事人。

案件转为按照一般程序处理的，仲裁期限自仲裁委员会受理仲裁申请之日起计算，双方当事人已经确认的事实，可以不再进行举证、质证。

第四节　集体劳动人事争议处理

第六十二条　处理劳动者一方在十人以上并有共同请求的争议案件，或者因履行集体合同发生的劳动争议案件，适用本节规定。

符合本规则第五十六条第一款规定情形之一的集体劳动人事争议案件，可以简易处理，不受本节规定的限制。

第六十三条　发生劳动者一方在十人以上并有共同请求的争议的，劳动者可以推举三至五名代表参加仲裁活动。代表人参加仲裁的行为对其所代表的当事人发生效力，但代表人变更、放弃仲裁请求或者承认对方当事人的仲裁请求，进行和解，必须经被代表的当事人同意。

因履行集体合同发生的劳动争议，经协商解决不成的，工会可以依法申请仲裁；尚未建立工会的，由上级工会指导劳动者推举产生的代表依法申请仲裁。

第六十四条　仲裁委员会应当自收到当事人集体劳动人事争议仲裁申请之日起五日内作出受理或者不予受理的决定。决定受理的，应当自受理之日起五日内将仲裁庭组成人员、答辩期限、举证期限、开庭日期和地点等事项一次性通知当事人。

第六十五条　仲裁委员会处理集体劳动人事争议案件，应当由三名仲裁员组成仲裁庭，设首席仲裁员。

仲裁委员会处理因履行集体合同发生的劳动争议，应当按照三方原则组成仲裁庭处理。

第六十六条　仲裁庭处理集体劳动人事争议，开庭前应当引导当事人自行协商，或者先行调解。

仲裁庭处理集体劳动人事争议案件，可以邀请法律工作者、律师、专家学者等第三方共同参与调解。

协商或者调解未能达成协议的，仲裁庭应当及时裁决。

第六十七条　仲裁庭开庭场所可以设在发生争议的用人单位或者其他便于及时处理争议的地点。

第四章　调解程序

第一节　仲裁调解

第六十八条　仲裁委员会处理争议案件，应当坚持调解优先，引导当事人通过协商、调解方式解决争议，给予必要的法律释明以及风险提示。

第六十九条　对未经调解、当事人直接申请仲裁的争议，仲裁委员会可以向当事人发出调解建议书，引导其到调解组织进行调解。当事人同意先行调解的，应当暂缓受理；当事人不同意先行调解的，应当依法受理。

第七十条　开庭之前，经双方当事人同意，仲裁庭可以委托调解组织或者其他具有调解能力的组织、个人进行调解。

自当事人同意之日起十日内未达成调解协议的，应当开庭审理。

第七十一条　仲裁庭审理争议案件时，应当进行调解。必要时可以邀请有关单位、组织或者个人参与调解。

第七十二条　仲裁调解达成协议的，仲裁庭应当制作调解书。

调解书应当写明仲裁请求和当事人协议的结果。调解书由仲裁员签名，加盖仲裁委员会印章，送达双方当事人。调解书经双方当事人签收后，发生法律效力。

调解不成或者调解书送达前，一方当事人反悔的，仲裁庭应当及时作出裁决。

第七十三条　当事人就部分仲裁请求达成调解协议的，仲裁庭可以就该部分先行出具调解书。

第二节　调解协议的仲裁审查

第七十四条　经调解组织调解达成调解协议的，双方当事人可以自调解协议生效之日起十五日内，共同向有管辖权的仲裁委员会提出仲裁审查申请。

当事人申请审查调解协议，应当向仲裁委员会提交仲裁审查申请书、调解协议和身份证明、资格证明以及其他与调解协议相关的证明材料，并提供双方当事人的送达地址、电话号码等联系方式。

第七十五条　仲裁委员会收到当事人仲裁审查申请，应当及时决定是否受理。决定受理的，应当出具受理通知书。

有下列情形之一的，仲裁委员会不予受理：

（一）不属于仲裁委员会受理争议范围的；

（二）不属于本仲裁委员会管辖的；

（三）超出规定的仲裁审查申请期间的；

（四）确认劳动关系的；

（五）调解协议已经人民法院司法确认的。

第七十六条　仲裁委员会审查调解协议，应当自受理仲裁审查申请之日起五日内结束。因特殊情况需要延期的，经仲裁委员会主任或者其委托的仲裁院负责人批准，可以延长五日。

调解书送达前，一方或者双方当事人撤回仲裁审查申请的，仲裁委员会应当准许。

第七十七条　仲裁委员会受理仲裁审查申请后，应当指定仲裁员对调解协议进行审查。

仲裁委员会经审查认为调解协议的形式和内容合法有效的，应当制作调解书。调解书的内容应当与调解协议的内容相一致。调解书经双方当事人签收后，发生法律效力。

第七十八条　调解协议具有下列情形之一的，仲裁委员会不予制作调解书：

（一）违反法律、行政法规强制性规定的；

（二）损害国家利益、社会公共利益或者公民、法人、其他组织合法权益的；

（三）当事人提供证据材料有弄虚作假嫌疑的；

（四）违反自愿原则的；

（五）内容不明确的；

（六）其他不能制作调解书的情形。

仲裁委员会决定不予制作调解书的，应当书面通知当事人。

第七十九条　当事人撤回仲裁审查申请或者仲裁委员会决定不予制作调解书的，应当终止仲裁审查。

第五章　附　则

第八十条　本规则规定的"三日"、"五日"、"十日"指工作日，"十五日"、"四十五日"指自然日。

第八十一条　本规则自 2017 年 7 月 1 日起施行。2009 年 1 月 1 日人力资源社会保障部公布的《劳动人事争议仲裁办案规则》（人力资源和社会保障部令第 2 号）同时废止。

劳动人事争议仲裁组织规则

中华人民共和国人力资源和社会保障部令第 34 号

《劳动人事争议仲裁组织规则》已经 2017 年 4 月 24 日人力资源社会保障部第 123 次部务会审议通过，现予公布，自 2017 年 7 月 1 日起施行。

部长　尹蔚民

2017 年 5 月 8 日

第一章　总则

第一条　为公正及时处理劳动人事争议（以下简称争议），根据《中华人民共和国劳动争议调解仲裁法》（以下简称调解仲裁法）和《中华人民共和国公务员法》、《事业单位人事管理条例》、《中国人民解放军文职人员条例》等有关法律、法规，制定本规则。

第二条　劳动人事争议仲裁委员会（以下简称仲裁委员会）由人民政府依法设立，专门处理争议案件。

第三条　人力资源社会保障行政部门负责指导本行政区域的争议调解仲裁工作，组织协调处理跨地区、有影响的重大争议，负责仲裁员的管理、培训等工作。

第二章　仲裁委员会及其办事机构

第四条　仲裁委员会按照统筹规划、合理布局和适应实际需要的原则设立，由省、自治区、直辖市人民政府依法决定。

第五条　仲裁委员会由干部主管部门代表、人力资源社会保障等相关行政部门代表、军队文职人员工作管理部门代表、工会代表和用人单位方面代表等组成。

仲裁委员会组成人员应当是单数。

第六条　仲裁委员会设主任一名，副主任和委员若干名。

仲裁委员会主任由政府负责人或者人力资源社会保障行政部门主要负责人担任。

第七条　仲裁委员会依法履行下列职责：

（一）聘任、解聘专职或者兼职仲裁员；

（二）受理争议案件；

（三）讨论重大或者疑难的争议案件；

（四）监督本仲裁委员会的仲裁活动；

（五）制定本仲裁委员会的工作规则；

（六）其他依法应当履行的职责。

第八条　仲裁委员会应当每年至少召开两次全体会议，研究本仲裁委员会职责履行情况和重要工作事项。

仲裁委员会主任或者三分之一以上的仲裁委员会组成人员提议召开仲裁委员会会议的，应当召开。

仲裁委员会的决定实行少数服从多数原则。

第九条　仲裁委员会下设实体化的办事机构，具体承担争议调解仲裁等日常工作。办事机构称为劳动人事争议仲裁院（以下简称仲裁院），设在人力资源社会保障行政部门。

仲裁院对仲裁委员会负责并报告工作。

第十条　仲裁委员会的经费依法由财政予以保障。仲裁经费包括人员经费、公用经费、仲裁专项经费等。

仲裁院可以通过政府购买服务等方式聘用记录人员、安保人员等办案辅助人员。

第十一条　仲裁委员会组成单位可以派兼职仲裁员常驻仲裁院，参与争议调解仲裁活动。

第三章　仲裁庭

第十二条　仲裁委员会处理争议案件实行仲裁庭制度，实行一案一庭制。

仲裁委员会可以根据案件处理实际需要设立派驻仲裁庭、巡回仲裁庭、流动仲裁庭，就近就地处理争议案件。

第十三条　处理下列争议案件应当由三名仲裁员组成仲裁庭，设首席仲裁员：

（一）十人以上并有共同请求的争议案件；

（二）履行集体合同发生的争议案件；

（三）有重大影响或者疑难复杂的争议案件；

（四）仲裁委员会认为应当由三名仲裁员组庭处理的其他争议案件。

简单争议案件可以由一名仲裁员独任仲裁。

第十四条　记录人员负责案件庭审记录等相关工作。

记录人员不得由本庭仲裁员兼任。

第十五条　仲裁庭组成不符合规定的，仲裁委员会应当予以撤销并重新组庭。

第十六条　仲裁委员会应当有专门的仲裁场所。仲裁场所应当悬挂仲裁徽章，张贴仲裁庭纪律及注意事项等，并配备仲裁庭专业设备、档案储存设备、安全监控设备和安检设施等。

第十七条　仲裁工作人员在仲裁活动中应当统一着装，佩戴仲裁徽章。

第四章　仲裁员

第十八条　仲裁员是由仲裁委员会聘任、依法调解和仲裁争议案件的专业工作人员。

仲裁员分为专职仲裁员和兼职仲裁员。专职仲裁员和兼职仲裁员在调解仲裁活动中享有同等权利，履行同等义务。

兼职仲裁员进行仲裁活动，所在单位应当予以支持。

第十九条　仲裁委员会应当依法聘任一定数量的专职仲裁员，也可以根据办案工作需要，依法从干部主管部门、人力资源社会保障行政部门、军队文职人员工作管理部门、工会、企业组织等相关机构的人员以及专家学者、律师中聘任兼职仲裁员。

第二十条　仲裁员享有以下权利：

（一）履行职责应当具有的职权和工作条件；

（二）处理争议案件不受干涉；

（三）人身、财产安全受到保护；

（四）参加聘前培训和在职培训；

（五）法律、法规规定的其他权利。

第二十一条　仲裁员应当履行以下义务：

（一）依法处理争议案件；

（二）维护国家利益和公共利益，保护当事人合法权益；

（三）严格执行廉政规定，恪守职业道德；

（四）自觉接受监督；

（五）法律、法规规定的其他义务。

第二十二条　仲裁委员会聘任仲裁员时，应当从符合调解仲裁法第二十条规定的仲裁员条件的人员中选聘。

仲裁委员会应当根据工作需要，合理配备专职仲裁员和办案辅助人员。专职仲裁员数量不得少于三名，办案辅助人员不得少于一名。

第二十三条　仲裁委员会应当设仲裁员名册，并予以公告。

省、自治区、直辖市人力资源社会保障行政部门应当将本行政区域内仲裁委员会聘任的仲裁员名单报送人力资源社会保障部备案。

第二十四条　仲裁员聘期一般为五年。仲裁委员会负责仲裁员考核，考核结果作为解聘和续聘仲裁员的依据。

第二十五条　仲裁委员会应当制定仲裁员工作绩效考核标准，重点考核办案质量和效率、工作作风、遵纪守法情况等。考核结果分为优秀、合格、不合格。

第二十六条　仲裁员有下列情形之一的，仲裁委员会应当予以解聘：

（一）聘期届满不再续聘的；

（二）在聘期内因工作岗位变动或者其他原因不再履行仲裁员职责的；

（三）年度考核不合格的；

（四）因违纪、违法犯罪不能继续履行仲裁员职责的；

（五）其他应当解聘的情形。

第二十七条　人力资源社会保障行政部门负责对拟聘任的仲裁员进行聘前培训。

拟聘为省、自治区、直辖市仲裁委员会仲裁员及副省级市仲裁委员会仲裁员的，参加人力资源社会保障部组织的聘前培训；拟聘为地（市）、县（区）仲裁委员会仲裁员的，参加省、自治区、直辖市人力资源社会保障行政部门组织的仲裁员聘前培训。

第二十八条　人力资源社会保障行政部门负责每年对本行政区域内的仲裁员进行政治思想、职业道德、业务能力和作风建设培训。

仲裁员每年脱产培训的时间累计不少于四十学时。

第二十九条　仲裁委员会应当加强仲裁员作风建设，培育和弘扬具有行业特色的仲裁文化。

第三十条　人力资源社会保障部负责组织制定仲裁员培训大纲，开发培训教材，建立师资库和考试题库。

第三十一条　建立仲裁员职业保障机制，拓展仲裁员职业发展空间。

第五章　仲裁监督

第三十二条　仲裁委员会应当建立仲裁监督制度，对申请受理、办案程序、处理结果、仲裁工作人员行为等进行监督。

第三十三条　仲裁员不得有下列行为：

（一）徇私枉法，偏袒一方当事人；

（二）滥用职权，侵犯当事人合法权益；

（三）利用职权为自己或者他人谋取私利；

（四）隐瞒证据或者伪造证据；

（五）私自会见当事人及其代理人，接受当事人及其代理人的请客送礼；

（六）故意拖延办案、玩忽职守；

（七）泄露案件涉及的国家秘密、商业秘密和个人隐私或者擅自透露案件处理情况；

（八）在受聘期间担任所在仲裁委员会受理案件的代理人；

（九）其他违法违纪的行为。

第三十四条 仲裁员有本规则第三十三条规定情形的，仲裁委员会视情节轻重，给予批评教育、解聘等处理；被解聘的，五年内不得再次被聘为仲裁员。仲裁员所在单位根据国家有关规定对其给予处分；构成犯罪的，依法追究刑事责任。

第三十五条 记录人员等办案辅助人员应当认真履行职责，严守工作纪律，不得有玩忽职守、偏袒一方当事人、泄露案件涉及的国家秘密、商业秘密和个人隐私或者擅自透露案件处理情况等行为。

办案辅助人员违反前款规定的，应当按照有关法律法规和本规则第三十四条的规定处理。

第六章 附 则

第三十六条 被聘任为仲裁员的，由人力资源社会保障部统一免费发放仲裁员证和仲裁徽章。

第三十七条 仲裁委员会对被解聘、辞职以及其他原因不再聘任的仲裁员，应当及时收回仲裁员证和仲裁徽章，并予以公告。

第三十八条 本规则自 2017 年 7 月 1 日起施行。2010 年 1 月 20 日人力资源社会保障部公布的《劳动人事争议仲裁组织规则》（人力资源和社会保障部令第 5 号）同时废止。

企业劳动争议协商调解规定

中华人民共和国人力资源和社会保障部令第 17 号

《企业劳动争议协商调解规定》已经人力资源和社会保障部第 76 次部务会审

议通过，现予公布，自 2012 年 1 月 1 日起施行。

部长　尹蔚民

二〇一一年十一月三十日

第一章　总则

第一条　为规范企业劳动争议协商、调解行为，促进劳动关系和谐稳定，根据《中华人民共和国劳动争议调解仲裁法》，制定本规定。

第二条　企业劳动争议协商、调解，适用本规定。

第三条　企业应当依法执行职工大会、职工代表大会、厂务公开等民主管理制度，建立集体协商、集体合同制度，维护劳动关系和谐稳定。

第四条　企业应当建立劳资双方沟通对话机制，畅通劳动者利益诉求表达渠道。

劳动者认为企业在履行劳动合同、集体合同，执行劳动保障法律、法规和企业劳动规章制度等方面存在问题的，可以向企业劳动争议调解委员会（以下简称调解委员会）提出。调解委员会应当及时核实情况，协调企业进行整改或者向劳动者做出说明。

劳动者也可以通过调解委员会向企业提出其他合理诉求。调解委员会应当及时向企业转达，并向劳动者反馈情况。

第五条　企业应当加强对劳动者的人文关怀，关心劳动者的诉求，关注劳动者的心理健康，引导劳动者理性维权，预防劳动争议发生。

第六条　协商、调解劳动争议，应当根据事实和有关法律法规的规定，遵循平等、自愿、合法、公正、及时的原则。

第七条　人力资源和社会保障行政部门应当指导企业开展劳动争议预防调解工作，具体履行下列职责：

（一）指导企业遵守劳动保障法律、法规和政策；

（二）督促企业建立劳动争议预防预警机制；

（三）协调工会、企业代表组织建立企业重大集体性劳动争议应急调解协调机制，共同推动企业劳动争议预防调解工作；

（四）检查辖区内调解委员会的组织建设、制度建设和队伍建设情况。

第二章 协商

第八条 发生劳动争议，一方当事人可以通过与另一方当事人约见、面谈等方式协商解决。

第九条 劳动者可以要求所在企业工会参与或者协助其与企业进行协商。工会也可以主动参与劳动争议的协商处理，维护劳动者合法权益。

劳动者可以委托其他组织或者个人作为其代表进行协商。

第十条 一方当事人提出协商要求后，另一方当事人应当积极做出口头或者书面回应。5日内不做出回应的，视为不愿协商。协商的期限由当事人书面约定，在约定的期限内没有达成一致的，视为协商不成。当事人可以书面约定延长期限。

第十一条 协商达成一致，应当签订书面和解协议。和解协议对双方当事人具有约束力，当事人应当履行。

经仲裁庭审查，和解协议程序和内容合法有效的，仲裁庭可以将其作为证据使用。但是，当事人为达成和解的目的作出妥协所涉及的对争议事实的认可，不得在其后的仲裁中作为对其不利的证据。

第十二条 发生劳动争议，当事人不愿协商、协商不成或者达成和解协议后，一方当事人在约定的期限内不履行和解协议的，可以依法向调解委员会或者乡镇、街道劳动就业社会保障服务所（中心）等其他依法设立的调解组织申请调解，也可以依法向劳动人事争议仲裁委员会（以下简称仲裁委员会）申请仲裁。

第三章 调解

第十三条 大中型企业应当依法设立调解委员会，并配备专职或者兼职工作人员。

有分公司、分店、分厂的企业，可以根据需要在分支机构设立调解委员会。总部调解委员会指导分支机构调解委员会开展劳动争议预防调解工作。

调解委员会可以根据需要在车间、工段、班组设立调解小组。

第十四条 小微型企业可以设立调解委员会，也可以由劳动者和企业共同推举人员，开展调解工作。

第十五条　调解委员会由劳动者代表和企业代表组成，人数由双方协商确定，双方人数应当对等。劳动者代表由工会委员会成员担任或者由全体劳动者推举产生，企业代表由企业负责人指定。调解委员会主任由工会委员会成员或者双方推举的人员担任。

第十六条　调解委员会履行下列职责：

（一）宣传劳动保障法律、法规和政策；

（二）对本企业发生的劳动争议进行调解；

（三）监督和解协议、调解协议的履行；

（四）聘任、解聘和管理调解员；

（五）参与协调履行劳动合同、集体合同、执行企业劳动规章制度等方面出现的问题；

（六）参与研究涉及劳动者切身利益的重大方案；

（七）协助企业建立劳动争议预防预警机制。

第十七条　调解员履行下列职责：

（一）关注本企业劳动关系状况，及时向调解委员会报告；

（二）接受调解委员会指派，调解劳动争议案件；

（三）监督和解协议、调解协议的履行；

（四）完成调解委员会交办的其他工作。

第十八条　调解员应当公道正派、联系群众、热心调解工作，具有一定劳动保障法律政策知识和沟通协调能力。调解员由调解委员会聘任的本企业工作人员担任，调解委员会成员均为调解员。

第十九条　调解员的聘期至少为1年，可以续聘。调解员不能履行调解职责时，调解委员会应当及时调整。

第二十条　调解员依法履行调解职责，需要占用生产或者工作时间的，企业应当予以支持，并按照正常出勤对待。

第二十一条　发生劳动争议，当事人可以口头或者书面形式向调解委员会提出调解申请。

申请内容应当包括申请人基本情况、调解请求、事实与理由。

口头申请的，调解委员会应当当场记录。

第二十二条　调解委员会接到调解申请后，对属于劳动争议受理范围且双方当事人同意调解的，应当在 3 个工作日内受理。对不属于劳动争议受理范围或者一方当事人不同意调解的，应当做好记录，并书面通知申请人。

第二十三条 发生劳动争议，当事人没有提出调解申请，调解委员会可以在征得双方当事人同意后主动调解。

第二十四条 调解委员会调解劳动争议一般不公开进行。但是，双方当事人要求公开调解的除外。

第二十五条 调解委员会根据案件情况指定调解员或者调解小组进行调解，在征得当事人同意后，也可以邀请有关单位和个人协助调解。

调解员应当全面听取双方当事人的陈述，采取灵活多样的方式方法，开展耐心、细致的说服疏导工作，帮助当事人自愿达成调解协议。

第二十六条 经调解达成调解协议的，由调解委员会制作调解协议书。调解协议书应当写明双方当事人基本情况、调解请求事项、调解的结果和协议履行期限、履行方式等。

调解协议书由双方当事人签名或者盖章，经调解员签名并加盖调解委员会印章后生效。

调解协议书一式三份，双方当事人和调解委员会各执一份。

第二十七条 生效的调解协议对双方当事人具有约束力，当事人应当履行。

双方当事人可以自调解协议生效之日起 15 日内共同向仲裁委员会提出仲裁审查申请。仲裁委员会受理后，应当对调解协议进行审查，并根据《劳动人事争议仲裁办案规则》第五十四条规定，对程序和内容合法有效的调解协议，出具调解书。

第二十八条 双方当事人未按前条规定提出仲裁审查申请，一方当事人在约定的期限内不履行调解协议的，另一方当事人可以依法申请仲裁。

仲裁委员会受理仲裁申请后，应当对调解协议进行审查，调解协议合法有效且不损害公共利益或者第三人合法利益的，在没有新证据出现的情况下，仲裁委员会可以依据调解协议作出仲裁裁决。

第二十九条 调解委员会调解劳动争议，应当自受理调解申请之日起 15 日内结束。但是，双方当事人同意延期的可以延长。

在前款规定期限内未达成调解协议的，视为调解不成。

第三十条 当事人不愿调解、调解不成或者达成调解协议后，一方当事人在约定的期限内不履行调解协议的，调解委员会应当做好记录，由双方当事人签名或者盖章，并书面告知当事人可以向仲裁委员会申请仲裁。

第三十一条　有下列情形之一的，按照《劳动人事争议仲裁办案规则》第十条的规定属于仲裁时效中断，从中断时起，仲裁时效期间重新计算：

（一）一方当事人提出协商要求后，另一方当事人不同意协商或者在5日内不做出回应的；

（二）在约定的协商期限内，一方或者双方当事人不同意继续协商的；

（三）在约定的协商期限内未达成一致的；

（四）达成和解协议后，一方或者双方当事人在约定的期限内不履行和解协议的；

（五）一方当事人提出调解申请后，另一方当事人不同意调解的；

（六）调解委员会受理调解申请后，在第二十九条规定的期限内一方或者双方当事人不同意调解的；

（七）在第二十九条规定的期限内未达成调解协议的；

（八）达成调解协议后，一方当事人在约定期限内不履行调解协议的。

第三十二条　调解委员会应当建立健全调解登记、调解记录、督促履行、档案管理、业务培训、统计报告、工作考评等制度。

第三十三条　企业应当支持调解委员会开展调解工作，提供办公场所，保障工作经费。

第三十四条　企业未按照本规定成立调解委员会，劳动争议或者群体性事件频发，影响劳动关系和谐，造成重大社会影响的，由县级以上人力资源和社会保障行政部门予以通报；违反法律法规规定的，依法予以处理。

第三十五条　调解员在调解过程中存在严重失职或者违法违纪行为，侵害当事人合法权益的，调解委员会应当予以解聘。

第四章　附则

第三十六条　民办非企业单位、社会团体开展劳动争议协商、调解工作参照本规定执行。

第三十七条　本规定自2012年1月1日起施行。

事业单位工作人员申诉规定

（中共中央组织部、人力资源和社会保障部 2014 年 6 月 27 日发布）

第一章　总则

第一条　为保障事业单位工作人员合法权益，依法处理事业单位工作人员的申诉，促进事业单位及其主管部门依法行使职权，根据《事业单位人事管理条例》，制定本规定。

第二条　事业单位工作人员对涉及本人的人事处理不服的，可以依照本规定申请复核；对复核结果不服的，可以依照本规定提出申诉、再申诉。

法律法规对事业单位工作人员申诉另有规定的，从其规定。

各级党委管理的事业单位领导人员的申诉，依照干部人事管理权限，按照有关规定办理。

第三条　处理事业单位工作人员申诉，应当坚持合法、公正、公平、及时的原则，依照规定的权限、条件和程序进行。

第四条　事业单位工作人员提出申诉，应当以事实为依据，不得捏造事实，诬告、陷害他人。

第五条　复核、申诉、再申诉期间不停止人事处理的执行。

事业单位工作人员不因申请复核或者提出申诉、再申诉而被加重处理。

第六条　复核、申诉、再申诉应当由事业单位工作人员本人申请。本人丧失行为能力、部分丧失行为能力或者死亡的，可以由其近亲属或监护人代为申请。

第二章　管辖

第七条　事业单位工作人员对人事处理不服申请复核的，由原处理单位管辖。

第八条　事业单位工作人员对中央和地方直属事业单位作出的复核决定不服

提出的申诉，由同级事业单位人事综合管理部门管辖。

事业单位工作人员对中央和地方各部门所属事业单位作出的复核决定不服提出的申诉，由主管部门管辖。

事业单位工作人员对主管部门或者其他有关部门作出的复核决定不服提出的申诉，由同级事业单位人事综合管理部门管辖。

事业单位工作人员对乡镇党委和人民政府作出的复核决定不服提出的申诉，由县级事业单位人事综合管理部门管辖。

第九条　事业单位工作人员对主管部门作出的申诉处理决定不服提出的再申诉，由同级事业单位人事综合管理部门管辖。

事业单位工作人员对市级、县级事业单位人事综合管理部门作出的申诉处理决定不服提出的再申诉，由上一级事业单位人事综合管理部门管辖。

第十条　事业单位工作人员对中央垂直管理部门省级以下机关作出的复核决定不服提出的申诉，由上一级机关管辖；对申诉处理决定不服提出的再申诉，由作出申诉处理决定机关的同级事业单位人事综合管理部门或者上一级机关管辖。

第三章　申请与受理

第十一条　事业单位工作人员对涉及本人的下列人事处理不服，可以申请复核或者提出申诉、再申诉：

（一）处分；

（二）清退违规进人；

（三）撤销奖励；

（四）考核定为基本合格或者不合格；

（五）未按国家规定确定或者扣减工资福利待遇；

（六）法律、法规、规章规定可以提出申诉的其他人事处理。

第十二条　申请复核或者提出申诉、再申诉的时效期间为三十日。复核的时效期间自申请人知道或者应当知道人事处理之日起计算；申诉、再申诉的时效期间自申请人收到复核决定、申诉处理决定之日起计算。

因不可抗力或者有其他正当理由，当事人不能在本条规定的时效期间内申请复核或者提出申诉、再申诉的，经受理机关批准可以延长期限。

第十三条　申请人申请复核和提出申诉、再申诉，应当提交申请书，同时提交原人事处理决定、复核决定或者申诉处理决定等材料的复印件。申请书可以通过当面提交、邮寄或者传真等方式提出。

申请人当面递交申请书的，受理单位应当场出具收件回执。

第十四条　申请书应当载明下列内容：

（一）申请人的姓名、出生年月、单位、岗位、政治面貌、联系方式、住址及其他基本情况；

（二）原处理单位的名称、地址、联系方式；

（三）复核、申诉、再申诉的事项、理由和要求；

（四）申请日期。

第十五条　受理单位应当对申请人提交的申请书是否符合受理条件进行审查，在接到申请书之日起十五日内，作出受理或者不予受理的决定，并以书面形式通知申请人。不予受理的，应当说明理由。

第十六条　符合以下条件的复核、申诉、再申诉，应予受理：

（一）申请人符合本规定第六条的规定；

（二）复核、申诉、再申诉事项属于本规定第十一条规定的受理范围；

（三）在规定的期限内提出；

（四）属于受理单位管辖范围；

（五）材料齐备。

凡不符合上述条件之一的，不予受理。申请材料不齐备的，应当一次性告知申请人所需补正的全部材料，申请人按照要求补正全部材料的，应予受理。

第十七条　在处理决定作出前，申请人可以以书面形式提出撤回复核、申诉、再申诉的申请。

受理单位在接到申请人关于撤回复核、申诉、再申诉的书面申请后，可以决定终结处理工作。

终结复核决定应当以书面形式告知申请人；终结申诉处理决定应以书面形式告知申请人和原处理单位；终结再申诉处理决定应当以书面形式告知申请人、申诉受理单位和原处理单位。

第四章　审理与决定

第十八条　受理复核申请的单位应当自接到申请书之日起三十日内作出维

持、撤销或者变更原人事处理的复核决定，并以书面形式通知申请人。

受理申诉、再申诉申请的单位应当自决定受理之日起六十日内作出处理决定。案情复杂的，可以适当延长，但是延长期限不得超过三十日。

第十九条　受理申诉、再申诉的单位应当组成申诉公正委员会审理案件。

申诉公正委员会由受理申诉、再申诉的单位相关工作人员组成，必要时可以吸收其他相关人员参加。申诉公正委员会组成人数应当是单数，不得少于三人。申诉公正委员会负责人一般由主管申诉、再申诉工作的单位负责人或者负责申诉、再申诉的工作机构负责人担任。

第二十条　受理申诉、再申诉的单位有权要求有关单位提交答辩材料，有权对申诉、再申诉事项进行相关调查。

调查应当由两名以上工作人员进行，接受调查的单位或者个人有配合调查的义务，应当如实提供情况和证据。

第二十一条　申诉公正委员会应当根据调查情况对下列事项进行审议：

（一）原人事处理认定的事实是否存在、清楚，证据是否确实充分；

（二）原人事处理适用的法律、法规、规章和有关规定是否正确；

（三）原人事处理的程序是否符合规定；

（四）原人事处理是否显失公正；

（五）被申诉单位有无超越或者滥用职权的情形；

（六）其他需要审议的事项。

在审理对复核决定、申诉处理决定不服的申诉、再申诉时，申诉公正委员会还应当对复核决定、申诉处理决定进行审议。

审理期间，申诉公正委员会应当允许申请人进行必要的陈述或者申辩。

第二十二条　申诉公正委员会应当按照客观公正和少数服从多数的原则，提出审理意见。

第二十三条　受理单位应当根据申诉公正委员会的审理意见，区别不同情况，作出下列申诉处理决定：

（一）原人事处理认定事实清楚，适用法律、法规、规章和有关规定正确，处理恰当、程序合法的，维持原人事处理；

（二）原人事处理认定事实不存在的，或者超越职权、滥用职权作出处理的，按照管理权限责令原处理单位撤销或者直接撤销原人事处理；

（三）原人事处理认定事实清楚，但认定情节有误，或者适用法律、法规、规章和有关规定有错误，或者处理明显不当的，按照管理权限责令原处理单位变更或者直接变更原人事处理；

（四）原人事处理认定事实不清，证据不足，或者违反规定程序和权限的，责令原处理单位重新处理。

再申诉处理决定应当参照前款规定作出。

事业单位工作人员对重新处理后作出的处理决定不服，可以提出申诉或者再申诉。

第二十四条　作出申诉处理决定后，应当制作申诉处理决定书。申诉处理决定书应当载明下列内容：

（一）申诉人的姓名、出生年月、单位、岗位及其他基本情况；

（二）原处理单位的名称、地址、联系方式、人事处理和复核决定所认定的事实、理由及适用的法律、法规、规章和有关规定；

（三）申诉的事项、理由及要求；

（四）申诉公正委员会认定的事实、理由及适用的法律、法规、规章和有关规定；

（五）申诉处理决定；

（六）作出决定的日期；

（七）其他需要载明的内容。

再申诉处理决定作出后，应当制作再申诉处理决定书。再申诉处理决定书除前款规定内容外，还应当载明申诉处理决定的内容和作出申诉处理决定的日期。

申诉、再申诉处理决定书应当加盖受理申诉、再申诉单位或者申诉公正委员会的印章。

第二十五条　复核决定应当及时送达申请人。

申诉处理决定书应当及时送达申请人和原处理单位。

再申诉处理决定书应当及时送达申请人、申诉受理单位和原处理单位。

第二十六条　复核决定、申诉处理决定书、再申诉处理决定书按照下列规定送达：

（一）直接送达申请人本人，受送达人在送达回证上签名或者盖章，签收日期为送达日期；

（二）申请人本人不在的，可以由其同住的具有完全民事行为能力的近亲属在送达回证上签名或者盖章，视为送达，签收日期为送达日期；

（三）申请人或者其同住的具有完全民事行为能力的近亲属拒绝接收或者拒绝签名、盖章的，送达人应当邀请有关基层组织的代表或者其他有关人员到场，见证现场情况，由送达人在送达回证上记明拒收事由和日期，由送达人、见证人签名或者盖章，将处理决定留在申请人的住所或者所在单位，视为送达。送达人、见证人签名或者盖章日期为送达日期；

（四）直接送达确有困难的，可以通过邮寄送达。以回执上注明的收件日期为送达日期；

（五）上述规定的方式无法送达的，可以在相关媒体上公告送达，并在案卷中记明原因和经过。自公告发布之日起，经过六十日，即视为送达。

第二十七条　原处理单位应当将复核决定、申诉处理决定书、再申诉处理决定书存入申请人的个人档案。

第五章　执行与监督

第二十八条　处理决定应当在发生效力后三十日内执行。

下列处理决定是发生效力的最终决定：

（一）已过规定期限没有提出申诉的复核决定；

（二）已过规定期限没有提出再申诉的申诉处理决定；

（三）中央和省级事业单位人事综合管理部门作出的申诉处理决定；

（四）再申诉处理决定。

第二十九条　除维持原人事处理外，原处理单位应当在申诉、再申诉决定执行期满后三十日内将执行情况报申诉、再申诉受理单位备案。

原处理单位逾期不执行的，申请人可以向作出发生效力的决定的单位提出执行申请。接到执行申请的单位应当责令原处理单位执行。

第三十条　对事业单位工作人员处理错误的，应当及时予以纠正；造成名誉损害的，应当赔礼道歉、恢复名誉、消除影响；造成经济损失的，应当根据有关规定给予赔偿。

第三十一条　参与复核、申诉、再申诉审理的工作人员有下列情形之一的，应当提出回避申请：

（一）与申请人或者原处理单位主要负责人、承办人员有夫妻关系、直系血亲、三代以内旁系血亲关系或者近姻亲关系的；

（二）与原人事处理及案件有利害关系的；

（三）与申请人或者原处理单位主要负责人、承办人员有其他关系，可能影响案件公正处理的。

有前款规定的情形的，申请人、与原人事处理及案件有利害关系的公民、法人或者其他组织有权要求其回避。

复核案件审理工作人员的回避，由受理复核单位负责人决定。申诉或再申诉案件审理工作组织负责人的回避由受理单位负责人员集体决定；其他工作人员的回避，由申诉或再申诉案件审理工作组织负责人决定。回避决定作出前，相关人员应当暂停参与案件的调查和审理。

第三十二条　因下列情形之一侵害事业单位工作人员合法权益的，对相关责任人员和直接责任人员，应当根据有关规定，视情节轻重，给予批评教育、调离岗位或者处分；涉嫌犯罪的，移送司法机关处理；

（一）对申请复核或者提出申诉、再申诉的事业单位工作人员打击报复的；

（二）超越或者滥用职权的；

（三）适用法律、法规、规章错误或者违反规定程序的；

（四）在复核、申诉、再申诉工作中应当作为而不作为的；

（五）拒不执行发生效力的申诉、再申诉处理决定的；

（六）违反本规定的其他情形。

第三十三条　申请复核、提出申诉的事业单位工作人员弄虚作假、捏造事实、诬陷他人的，根据情节轻重，给予批评教育或者处分；涉嫌犯罪的，移送司法机关处理。

第六章　附则

第三十四条　机关工勤人员申请复核或者提出申诉、再申诉，参照本规定执行。

第三十五条　本规定自 2014 年 7 月 1 日起施行。

最高人民法院关于审理劳动争议案件
适用法律问题的解释（一）

法释〔2020〕26号

《最高人民法院关于审理劳动争议案件适用法律问题的解释（一）》已于2020年12月25日由最高人民法院审判委员会第1825次会议通过，现予公布，自2021年1月1日起施行。

最高人民法院

2020年12月29日

为正确审理劳动争议案件，根据《中华人民共和国民法典》《中华人民共和国劳动法》《中华人民共和国劳动合同法》《中华人民共和国劳动争议调解仲裁法》《中华人民共和国民事诉讼法》等相关法律规定，结合审判实践，制定本解释。

第一条　劳动者与用人单位之间发生的下列纠纷，属于劳动争议，当事人不服劳动争议仲裁机构作出的裁决，依法提起诉讼的，人民法院应予受理：

（一）劳动者与用人单位在履行劳动合同过程中发生的纠纷；

（二）劳动者与用人单位之间没有订立书面劳动合同，但已形成劳动关系后发生的纠纷；

（三）劳动者与用人单位因劳动关系是否已经解除或者终止，以及应否支付解除或者终止劳动关系经济补偿金发生的纠纷；

（四）劳动者与用人单位解除或者终止劳动关系后，请求用人单位返还其收取的劳动合同定金、保证金、抵押金、抵押物发生的纠纷，或者办理劳动者的人事档案、社会保险关系等移转手续发生的纠纷；

（五）劳动者以用人单位未为其办理社会保险手续，且社会保险经办机构不能补办导致其无法享受社会保险待遇为由，要求用人单位赔偿损失发生的纠纷；

（六）劳动者退休后，与尚未参加社会保险统筹的原用人单位因追索养老金、医疗费、工伤保险待遇和其他社会保险待遇而发生的纠纷；

（七）劳动者因为工伤、职业病，请求用人单位依法给予工伤保险待遇发生的纠纷；

（八）劳动者依据劳动合同法第八十五条规定，要求用人单位支付加付赔偿金发生的纠纷；

（九）因企业自主进行改制发生的纠纷。

第二条 下列纠纷不属于劳动争议：

（一）劳动者请求社会保险经办机构发放社会保险金的纠纷；

（二）劳动者与用人单位因住房制度改革产生的公有住房转让纠纷；

（三）劳动者对劳动能力鉴定委员会的伤残等级鉴定结论或者对职业病诊断鉴定委员会的职业病诊断鉴定结论的异议纠纷；

（四）家庭或者个人与家政服务人员之间的纠纷；

（五）个体工匠与帮工、学徒之间的纠纷；

（六）农村承包经营户与受雇人之间的纠纷。

第三条 劳动争议案件由用人单位所在地或者劳动合同履行地的基层人民法院管辖。

劳动合同履行地不明确的，由用人单位所在地的基层人民法院管辖。

法律另有规定的，依照其规定。

第四条 劳动者与用人单位均不服劳动争议仲裁机构的同一裁决，向同一人民法院起诉的，人民法院应当并案审理，双方当事人互为原告和被告，对双方的诉讼请求，人民法院应当一并作出裁决。在诉讼过程中，一方当事人撤诉的，人民法院应当根据另一方当事人的诉讼请求继续审理。双方当事人就同一仲裁裁决分别向有管辖权的人民法院起诉的，后受理的人民法院应当将案件移送给先受理的人民法院。

第五条 劳动争议仲裁机构以无管辖权为由对劳动争议案件不予受理，当事人提起诉讼的，人民法院按照以下情形分别处理：

（一）经审查认为该劳动争议仲裁机构对案件确无管辖权的，应当告知当事人向有管辖权的劳动争议仲裁机构申请仲裁；

（二）经审查认为该劳动争议仲裁机构有管辖权的，应当告知当事人申请仲裁，并将审查意见书面通知该劳动争议仲裁机构；劳动争议仲裁机构仍不受理，当事人就该劳动争议事项提起诉讼的，人民法院应予受理。

第六条 劳动争议仲裁机构以当事人申请仲裁的事项不属于劳动争议为由，作出不予受理的书面裁决、决定或者通知，当事人不服依法提起诉讼的，人民法院应当分别情况予以处理：

（一）属于劳动争议案件的，应当受理；

（二）虽不属于劳动争议案件，但属于人民法院主管的其他案件，应当依法受理。

第七条　劳动争议仲裁机构以申请仲裁的主体不适格为由，作出不予受理的书面裁决、决定或者通知，当事人不服依法提起诉讼，经审查确属主体不适格的，人民法院不予受理；已经受理的，裁定驳回起诉。

第八条　劳动争议仲裁机构为纠正原仲裁裁决错误重新作出裁决，当事人不服依法提起诉讼的，人民法院应当受理。

第九条　劳动争议仲裁机构仲裁的事项不属于人民法院受理的案件范围，当事人不服依法提起诉讼的，人民法院不予受理；已经受理的，裁定驳回起诉。

第十条　当事人不服劳动争议仲裁机构作出的预先支付劳动者劳动报酬、工伤医疗费、经济补偿或者赔偿金的裁决，依法提起诉讼的，人民法院不予受理。

用人单位不履行上述裁决中的给付义务，劳动者依法申请强制执行的，人民法院应予受理。

第十一条　劳动争议仲裁机构作出的调解书已经发生法律效力，一方当事人反悔提起诉讼的，人民法院不予受理；已经受理的，裁定驳回起诉。

第十二条　劳动争议仲裁机构逾期未作出受理决定或仲裁裁决，当事人直接提起诉讼的，人民法院应予受理，但申请仲裁的案件存在下列事由的除外：

（一）移送管辖的；

（二）正在送达或者送达延误的；

（三）等待另案诉讼结果、评残结论的；

（四）正在等待劳动争议仲裁机构开庭的；

（五）启动鉴定程序或者委托其他部门调查取证的；

（六）其他正当事由。

当事人以劳动争议仲裁机构逾期未作出仲裁裁决为由提起诉讼的，应当提交该仲裁机构出具的受理通知书或者其他已接受仲裁申请的凭证、证明。

第十三条　劳动者依据劳动合同法第三十条第二款和调解仲裁法第十六条规定向人民法院申请支付令，符合民事诉讼法第十七章督促程序规定的，人民法院应予受理。

依据劳动合同法第三十条第二款规定申请支付令被人民法院裁定终结督促程

序后，劳动者就劳动争议事项直接提起诉讼的，人民法院应当告知其先向劳动争议仲裁机构申请仲裁。

依据调解仲裁法第十六条规定申请支付令被人民法院裁定终结督促程序后，劳动者依据调解协议直接提起诉讼的，人民法院应予受理。

第十四条　人民法院受理劳动争议案件后，当事人增加诉讼请求的，如该诉讼请求与讼争的劳动争议具有不可分性，应当合并审理；如属独立的劳动争议，应当告知当事人向劳动争议仲裁机构申请仲裁。

第十五条　劳动者以用人单位的工资欠条为证据直接提起诉讼，诉讼请求不涉及劳动关系其他争议的，视为拖欠劳动报酬争议，人民法院按照普通民事纠纷受理。

第十六条　劳动争议仲裁机构作出仲裁裁决后，当事人对裁决中的部分事项不服，依法提起诉讼的，劳动争议仲裁裁决不发生法律效力。

第十七条　劳动争议仲裁机构对多个劳动者的劳动争议作出仲裁裁决后，部分劳动者对仲裁裁决不服，依法提起诉讼的，仲裁裁决对提起诉讼的劳动者不发生法律效力；对未提起诉讼的部分劳动者，发生法律效力，如其申请执行的，人民法院应当受理。

第十八条　仲裁裁决的类型以仲裁裁决书确定为准。仲裁裁决书未载明该裁决为终局裁决或者非终局裁决，用人单位不服该仲裁裁决向基层人民法院提起诉讼的，应当按照以下情形分别处理：

（一）经审查认为该仲裁裁决为非终局裁决的，基层人民法院应予受理；

（二）经审查认为该仲裁裁决为终局裁决的，基层人民法院不予受理，但应告知用人单位可以自收到不予受理裁定书之日起三十日内向劳动争议仲裁机构所在地的中级人民法院申请撤销该仲裁裁决；已经受理的，裁定驳回起诉。

第十九条　仲裁裁决书未载明该裁决为终局裁决或者非终局裁决，劳动者依据调解仲裁法第四十七条第一项规定，追索劳动报酬、工伤医疗费、经济补偿或者赔偿金，如果仲裁裁决涉及数项，每项确定的数额均不超过当地月最低工资标准十二个月金额的，应当按照终局裁决处理。

第二十条　劳动争议仲裁机构作出的同一仲裁裁决同时包含终局裁决事项和非终局裁决事项，当事人不服该仲裁裁决向人民法院提起诉讼的，应当按照非终局裁决处理。

第二十一条　劳动者依据调解仲裁法第四十八条规定向基层人民法院提起诉

讼，用人单位依据调解仲裁法第四十九条规定向劳动争议仲裁机构所在地的中级人民法院申请撤销仲裁裁决的，中级人民法院应当不予受理；已经受理的，应当裁定驳回申请。

被人民法院驳回起诉或者劳动者撤诉的，用人单位可以自收到裁定书之日起三十日内，向劳动争议仲裁机构所在地的中级人民法院申请撤销仲裁裁决。

第二十二条　用人单位依据调解仲裁法第四十九条规定向中级人民法院申请撤销仲裁裁决，中级人民法院作出的驳回申请或者撤销仲裁裁决的裁定为终审裁定。

第二十三条　中级人民法院审理用人单位申请撤销终局裁决的案件，应当组成合议庭开庭审理。经过阅卷、调查和询问当事人，对没有新的事实、证据或者理由，合议庭认为不需要开庭审理的，可以不开庭审理。

中级人民法院可以组织双方当事人调解。达成调解协议的，可以制作调解书。一方当事人逾期不履行调解协议的，另一方可以申请人民法院强制执行。

第二十四条　当事人申请人民法院执行劳动争议仲裁机构作出的发生法律效力的裁决书、调解书，被申请人提出证据证明劳动争议仲裁裁决书、调解书有下列情形之一，并经审查核实的，人民法院可以根据民事诉讼法第二百三十七条规定，裁定不予执行：

（一）裁决的事项不属于劳动争议仲裁范围，或者劳动争议仲裁机构无权仲裁的；

（二）适用法律、法规确有错误的；

（三）违反法定程序的；

（四）裁决所根据的证据是伪造的；

（五）对方当事人隐瞒了足以影响公正裁决的证据的；

（六）仲裁员在仲裁该案时有索贿受贿、徇私舞弊、枉法裁决行为的；

（七）人民法院认定执行该劳动争议仲裁裁决违背社会公共利益的。

人民法院在不予执行的裁定书中，应当告知当事人在收到裁定书之次日起三十日内，可以就该劳动争议事项向人民法院提起诉讼。

第二十五条　劳动争议仲裁机构作出终局裁决，劳动者向人民法院申请执行，用人单位向劳动争议仲裁机构所在地的中级人民法院申请撤销的，人民法院应当裁定中止执行。

用人单位撤回撤销终局裁决申请或者其申请被驳回的，人民法院应当裁定恢复执行。仲裁裁决被撤销的，人民法院应当裁定终结执行。

用人单位向人民法院申请撤销仲裁裁决被驳回后，又在执行程序中以相同理由提出不予执行抗辩的，人民法院不予支持。

第二十六条　用人单位与其它单位合并的，合并前发生的劳动争议，由合并后的单位为当事人；用人单位分立为若干单位的，其分立前发生的劳动争议，由分立后的实际用人单位为当事人。

用人单位分立为若干单位后，具体承受劳动权利义务的单位不明确的，分立后的单位均为当事人。

第二十七条　用人单位招用尚未解除劳动合同的劳动者，原用人单位与劳动者发生的劳动争议，可以列新的用人单位为第三人。

原用人单位以新的用人单位侵权为由提起诉讼的，可以列劳动者为第三人。

原用人单位以新的用人单位和劳动者共同侵权为由提起诉讼的，新的用人单位和劳动者列为共同被告。

第二十八条　劳动者在用人单位与其他平等主体之间的承包经营期间，与发包方和承包方双方或者一方发生劳动争议，依法提起诉讼的，应当将承包方和发包方作为当事人。

第二十九条　劳动者与未办理营业执照、营业执照被吊销或者营业期限届满仍继续经营的用人单位发生争议的，应当将用人单位或者其出资人列为当事人。

第三十条　未办理营业执照、营业执照被吊销或者营业期限届满仍继续经营的用人单位，以挂靠等方式借用他人营业执照经营的，应当将用人单位和营业执照出借方列为当事人。

第三十一条　当事人不服劳动争议仲裁机构作出的仲裁裁决，依法提起诉讼，人民法院审查认为仲裁裁决遗漏了必须共同参加仲裁的当事人的，应当依法追加遗漏的人为诉讼当事人。

被追加的当事人应当承担责任的，人民法院应当一并处理。

第三十二条　用人单位与其招用的已经依法享受养老保险待遇或者领取退休金的人员发生用工争议而提起诉讼的，人民法院应当按劳务关系处理。

企业停薪留职人员、未达到法定退休年龄的内退人员、下岗待岗人员以及企业经营性停产放长假人员，因与新的用人单位发生用工争议而提起诉讼的，人民法院应当按劳动关系处理。

第三十三条　外国人、无国籍人未依法取得就业证件即与中华人民共和国境内的用人单位签订劳动合同，当事人请求确认与用人单位存在劳动关系的，人民法院不予支持。

持有《外国专家证》并取得《外国人来华工作许可证》的外国人，与中华人民共和国境内的用人单位建立用工关系的，可以认定为劳动关系。

第三十四条　劳动合同期满后，劳动者仍在原用人单位工作，原用人单位未表示异议的，视为双方同意以原条件继续履行劳动合同。一方提出终止劳动关系的，人民法院应予支持。

根据劳动合同法第十四条规定，用人单位应当与劳动者签订无固定期限劳动合同而未签订的，人民法院可以视为双方之间存在无固定期限劳动合同关系，并以原劳动合同确定双方的权利义务关系。

第三十五条　劳动者与用人单位就解除或者终止劳动合同办理相关手续、支付工资报酬、加班费、经济补偿或者赔偿金等达成的协议，不违反法律、行政法规的强制性规定，且不存在欺诈、胁迫或者乘人之危情形的，应当认定有效。

前款协议存在重大误解或者显失公平情形，当事人请求撤销的，人民法院应予支持。

第三十六条　当事人在劳动合同或者保密协议中约定了竞业限制，但未约定解除或者终止劳动合同后给予劳动者经济补偿，劳动者履行了竞业限制义务，要求用人单位按照劳动者在劳动合同解除或者终止前十二个月平均工资的30%按月支付经济补偿的，人民法院应予支持。

前款规定的月平均工资的30%低于劳动合同履行地最低工资标准的，按照劳动合同履行地最低工资标准支付。

第三十七条　当事人在劳动合同或者保密协议中约定了竞业限制和经济补偿，当事人解除劳动合同时，除另有约定外，用人单位要求劳动者履行竞业限制义务，或者劳动者履行了竞业限制义务后要求用人单位支付经济补偿的，人民法院应予支持。

第三十八条　当事人在劳动合同或者保密协议中约定了竞业限制和经济补偿，劳动合同解除或者终止后，因用人单位的原因导致三个月未支付经济补偿，劳动者请求解除竞业限制约定的，人民法院应予支持。

第三十九条　在竞业限制期限内，用人单位请求解除竞业限制协议的，人民法院应予支持。

在解除竞业限制协议时，劳动者请求用人单位额外支付劳动者三个月的竞业限制经济补偿的，人民法院应予支持。

第四十条　劳动者违反竞业限制约定，向用人单位支付违约金后，用人单位要求劳动者按照约定继续履行竞业限制义务的，人民法院应予支持。

第四十一条　劳动合同被确认为无效，劳动者已付出劳动的，用人单位应当按照劳动合同法第二十八条、第四十六条、第四十七条的规定向劳动者支付劳动报酬和经济补偿。

由于用人单位原因订立无效劳动合同，给劳动者造成损害的，用人单位应当赔偿劳动者因合同无效所造成的经济损失。

第四十二条　劳动者主张加班费的，应当就加班事实的存在承担举证责任。但劳动者有证据证明用人单位掌握加班事实存在的证据，用人单位不提供的，由用人单位承担不利后果。

第四十三条　用人单位与劳动者协商一致变更劳动合同，虽未采用书面形式，但已经实际履行了口头变更的劳动合同超过一个月，变更后的劳动合同内容不违反法律、行政法规且不违背公序良俗，当事人以未采用书面形式为由主张劳动合同变更无效的，人民法院不予支持。

第四十四条　因用人单位作出的开除、除名、辞退、解除劳动合同、减少劳动报酬、计算劳动者工作年限等决定而发生的劳动争议，用人单位负举证责任。

第四十五条　用人单位有下列情形之一，迫使劳动者提出解除劳动合同的，用人单位应当支付劳动者的劳动报酬和经济补偿，并可支付赔偿金：

（一）以暴力、威胁或者非法限制人身自由的手段强迫劳动的；

（二）未按照劳动合同约定支付劳动报酬或者提供劳动条件的；

（三）克扣或者无故拖欠劳动者工资的；

（四）拒不支付劳动者延长工作时间工资报酬的；

（五）低于当地最低工资标准支付劳动者工资的。

第四十六条　劳动者非因本人原因从原用人单位被安排到新用人单位工作，原用人单位未支付经济补偿，劳动者依据劳动合同法第三十八条规定与新用人单位解除劳动合同，或者新用人单位向劳动者提出解除、终止劳动合同，在计算支付经济补偿或赔偿金的工作年限时，劳动者请求把在原用人单位的工作年限合并计算为新用人单位工作年限的，人民法院应予支持。

用人单位符合下列情形之一的，应当认定属于"劳动者非因本人原因从原用人单位被安排到新用人单位工作"：

（一）劳动者仍在原工作场所、工作岗位工作，劳动合同主体由原用人单位变更为新用人单位；

（二）用人单位以组织委派或任命形式对劳动者进行工作调动；

（三）因用人单位合并、分立等原因导致劳动者工作调动；

（四）用人单位及其关联企业与劳动者轮流订立劳动合同；

（五）其他合理情形。

第四十七条　建立了工会组织的用人单位解除劳动合同符合劳动合同法第三十九条、第四十条规定，但未按照劳动合同法第四十三条规定事先通知工会，劳动者以用人单位违法解除劳动合同为由请求用人单位支付赔偿金的，人民法院应予支持，但起诉前用人单位已经补正有关程序的除外。

第四十八条　劳动合同法施行后，因用人单位经营期限届满不再继续经营导致劳动合同不能继续履行，劳动者请求用人单位支付经济补偿的，人民法院应予支持。

第四十九条　在诉讼过程中，劳动者向人民法院申请采取财产保全措施，人民法院经审查认为申请人经济确有困难，或者有证据证明用人单位存在欠薪逃匿可能的，应当减轻或者免除劳动者提供担保的义务，及时采取保全措施。

人民法院作出的财产保全裁定中，应当告知当事人在劳动争议仲裁机构的裁决书或者在人民法院的裁判文书生效后三个月内申请强制执行。逾期不申请的，人民法院应当裁定解除保全措施。

第五十条　用人单位根据劳动合同法第四条规定，通过民主程序制定的规章制度，不违反国家法律、行政法规及政策规定，并已向劳动者公示的，可以作为确定双方权利义务的依据。

用人单位制定的内部规章制度与集体合同或者劳动合同约定的内容不一致，劳动者请求优先适用合同约定的，人民法院应予支持。

第五十一条　当事人在调解仲裁法第十条规定的调解组织主持下达成的具有劳动权利义务内容的调解协议，具有劳动合同的约束力，可以作为人民法院裁判的根据。

当事人在调解仲裁法第十条规定的调解组织主持下仅就劳动报酬争议达成调解协议，用人单位不履行调解协议确定的给付义务，劳动者直接提起诉讼的，人民法院可以按照普通民事纠纷受理。

第五十二条　当事人在人民调解委员会主持下仅就给付义务达成的调解协

议，双方认为有必要的，可以共同向人民调解委员会所在地的基层人民法院申请司法确认。

第五十三条　用人单位对劳动者作出的开除、除名、辞退等处理，或者因其他原因解除劳动合同确有错误的，人民法院可以依法判决予以撤销。

对于追索劳动报酬、养老金、医疗费以及工伤保险待遇、经济补偿金、培训费及其他相关费用等案件，给付数额不当的，人民法院可以予以变更。

第五十四条　本解释自 2021 年 1 月 1 日起施行。

参考文献

［1］关怀．劳动法学［M］．法律出版社，1996.

［2］薛澜等．危机管理［M］．清华大学出版社，2003.

［3］王振麒．劳动人事争议处理［M］．复旦大学出版社，2011.

［4］［英］西蒙·罗伯茨等纠纷解决过程：ADR 与形成决定的主要形式（第二版）［M］．北京大学出版社，2011.

［5］杨志明．劳动人事争议调解仲裁［M］．中国劳动社会保障出版社，2012.

［6］人力资源和社会保障部调解仲裁管理司．劳动人事争议仲裁案例［M］．中国劳动社会保障出版社，2013.

［7］谭玲．劳动争议审判前沿问题研究［M］．中国民主法制出版社，2013.

［8］王蓓．我国劳动争议处理制度分析：基于法经济学的视角［M］．法律出版社，2013.

［9］北京市劳动和社会保障法学会．劳动争议疑难案例审理与解析［M］．中国法制出版社，2013.

［10］江必新，何东宁，王莉．最高人民法院指导性案例裁判规则理解与适用·劳动争议卷［M］．中国法制出版社，2013.

［11］陈枝辉．劳动争议疑难案件仲裁审判要点与依据（第 3 版）［M］．法律出版社，2013.

［12］李志晦．新型员工关系管理实务［M］．清华大学出版社，2015.

［13］刘兰，唐鑛．劳动争议处理：Labor dispute settlement［M］．东北财经大学出版社，2015.

［14］唐鑛等．企业劳动关系管理［M］．中国人民大学出版社，2017.

[15] 王全兴. 劳动法 [M]. 法律出版社，2017.

[16] 韩红俊等. 非诉讼纠纷解决机制（ADR）理论与实务 [M]. 法律出版社，2019.

[17] 范愉. 非诉讼程序（ADR）教程 [M]. 中国人民大学出版社，2020.

[18] 程延园，王甫希. 劳动法与劳动争议处理 [M]. 中国人民大学出版社，2020.

[19] 黄兴国，王昱，付洪哲. 企业用工合规指引常见风险及应对法学理论 [M]. 法律出版社，2023.

[20] 姚先国. 民营经济发展与劳资关系调整 [J]. 浙江社会科学，2005 (2)：78-86.

[21] 谢增毅. 我国劳动争议处理的理念、制度与挑战 [J]. 2008，30 (5).

[22] 范跃如. 劳动争议诉讼与劳动争议仲裁关系的重构 [J]. 河南师范大学学报（哲学社会科学版），2008 (3)：122-125.

[23] 翟玉娟. 劳动争议 ADR 研究——兼及《中华人民共和国劳动争议调解仲裁法》之解读 [J]. 法学评论，2009，27 (4)：133-140.

[24] 苏力. 关于能动司法与大调解 [J]. 中国法学，2010 (1)：5-16.

[25] 易定红，袁青川. 劳动关系谈判力量研究的回顾与探讨 [J]. 中国人力资源开发，2012 (5)：86-92.

[26] 马俊军. 劳动争议中的替代性纠纷解决机制 [J]. 广东行政学院学报，2012，24 (3)：72-76.

[27] 王蓓. 我国劳动争议仲裁制度的缺陷与完善 [J]. 河北大学学报（哲学社会科学版），2013，38 (3)：75-82.

[28] 龚文龙，黄通菊. 论新时期我国劳动争议非诉讼解决机制的完善——以法经济学为研究视角 [J]. 四川师范大学学报（社会科学版），2015，42 (5)：98-102.

[29] 向静林. 市场纠纷与政府介入—— 一个风险转化的解释框架 [J]. 社会学研究，2016，31 (4)：27-51，242-243.

[30] 周静，程延园，向远，顾元玉，罗小凡. 预防的障碍——我国企业劳动争议预防机制建设的问题与对策分析 [J]. 中国人力资源开发，2016 (22)：79-85.

［31］王少波．一裁终局制度的适用困境与突破——《劳动争议调解仲裁法》制度与运行中的不一致性分析［J］．中国人力资源开发，2017（11）：156-162.

［32］董保华．劳动领域群体争议的法律规制［J］．法学，2017（7）：39-55.

［33］涂永前，贾卿璇．劳动争议处理研究综述及未来展望［J］．山东科技大学学报（社会科学版），2018，20（5）：20-27，34.

［34］沈建峰，姜颖．劳动争议仲裁的存在基础、定性与裁审关系，2019（4）.

［35］孟泉，雷晓天．我国劳动争议调解社会化的两种模式及其局限［J］．中国人力资源开发，2021，38（7）：19-35.

［36］向玉琼，赵焱鑫．"叠层式情境互动"：危机治理中国家与社会的互动逻辑——基于中国疫情防控的历时性考察［J］．公共管理学报，2022，19（2）：12-22+165.

［37］孟泉，杨滨伊．从"结构性冲突"到"协调性合意"：新时代劳动领域"枫桥经验"的概念内涵与治理机制，2024，41（6）.